Isergebirglers Lesebuch

Nichts auf der Welt kann verhindern,
daß die Heimat in den Herzen
der aus ihr Vertriebenen weiterlebt.

Gustav Leutelt

Isergebirglers Lesebuch

Poesie und Prosa
für die Heimatkreise
Reichenberg, Gablonz und Friedland
in Nordböhmen

Herausgegeben und zusammengestellt
von Helmut Preußler

Helmut Preußler Verlag · Nürnberg

Das Buch bewahrt die Seele der Heimat.
Es führt über Zeit und Raum
zurück in der Väter Land. —
Nimm ein Heimatbuch zur Hand
und du bist daheim.

ISBN-NR.: 3-921332-72-9

Druck: Helmut Preußler Verlag + Druckerei, Nürnberg

Umschlagbilder:
Oberhanichen unter dem Jeschken (Titelseite)
Blick zur Liebigwarte, im Hintergrund der Jeschken (Rückseite)

Der Jeschken-Iser-Gau

Zwei Tatsachen will ich deutlich machen: einmal, daß es ein schönes Stück Land ist, das wir unsere Heimat nennen, und zum anderen, daß der Besitz, ja der Reichtum, den wir dort zurücklassen mußten, nicht so sehr in gütigen Geschenken der Natur bestand, sondern aus der Arbeit und dem nimmermüden Fleiß gewachsen ist, die mit unseren Vorvätern ins Land kamen und dort von der Rodung an bis zu unserer Austreibung durch all die Jahrhunderte hindurch immer wieder tragende Balken waren, aus denen sich schließlich ein Gebäude fügte, darin auch ein gewisser allgemeiner Wohlstand herrschte, wie jeder feste Wille, mit Ausdauer gepaart, sinngemäß zu erfreulichem und auch ansehnlichem Ergebnis führt.

Doch hat nicht immer eitel Sonnenschein über die böhmischen Wälder, auch nicht über unsere engere Heimat geschienen. Harte Zeiten haben die Entwicklung gehemmt und sie weilenweise auch weit zurückgeworfen. Durch die Hussitenstürme brach viel zusammen; der Ortsname Wustung, dem man in unserer Heimat immer wieder begegnet, erinnert noch heute an jene Zeiten, da eben nach den Zerstörungen diese oder jene vordem schon bestandene Siedlung nicht mehr da war, im Augenblick auch nicht wieder aufgerichtet werden konnte, sondern eben wüst gelegen ist, bis die niedergeschlagenen, eingeengten und brachliegenden Kräfte sich wieder aufgerichtet, geweitet und neu belebt hatten und nicht nur die entstandenen Lücken ausfüllten, sondern darüber hinaus weiter und größer aufbauten.

Brauche ich bei dieser Kennzeichnung der entscheidenden Grundlagen noch im besonderen anzuführen, daß all die Dinge des technischen Fortschritts, die zeitgemäßen Einrichtungen der öffentlichen Verwaltung und der Gemeinschaftspflege in unserer Heimat eine selbstverständliche Anwendung erfuhren? Hier in einem etwas langsameren, dort in einem flotteren Zeitmaß, wie es sich aus den örtlichen Verhältnissen ergab oder von der Art der entscheidenden Menschen bestimmt wurde. Das gilt von dem wohlausgebauten Verkehrsnetz an Straßen und Wegen, Eisenbahnen, Straßenbahnen und Autobuslinien und den öffentlichen Vorkehrungen in volksgesundheitlicher Beziehung, wie Wasserleitung, Kanalisation, Beleuchtung, Krankenhäusern und Bädern bis zu den allgemeinen Grundlagen für die Bewahrung und Entfaltung der kulturellen Werte: die allgemeine Volksschule, seit 1869 als öffentliche Einrichtung der Gemeinde alle Kinder gleichberechtigt erfassend, die ebenfalls für alle unentgeltlich zugängliche und sehr bewährte Bürgerschule, anschließend die allgemeine Berufsschule, ein reich gegliedertes Fachschulwesen und die üblichen Mittelschulen (im Reich höhere Schulen genannt) zur Vorbereitung für die Universität; in jeder Gemeinde über 400 Einwohner eine öffentliche Bücherei, in den größeren Städten darüber hinaus noch Museen und Stadttheater, in Reichenberg wie in Gablonz mit allen drei Spielgattungen, Schauspiel, Oper und Operette; und eine sehr große Zahl von freiwilligen Gründungen der verschiedensten Art durch Vereine und private Einrichtungen. Ich will in diesem Zusammenhange die Gebirgs- und Wandervereine aus dem Grunde besonders hervorheben, weil sie durch ihre Ortsgruppen über den ganzen Gau verteilt waren, wie der Deutsche Gebirgsverein für das Jeschken- und Isergebirge, und überall für die Errichtung, Markierung und Erhaltung der zahllosen Wanderwege und darüber hinausreichende Einrichtungen, wie Berghäuser und Aussichtswarten, Jugend- und Schülerherbergen, Ferienkolonien usw. seit Generationen schon gesorgt hatten, gleichwie die für die Volksgesundheit wichtigen Turn-

und Sportvereine mit ihren oft sehr stattlichen Turnhallen und Spielplätzen, die Schwimmvereine mit Badeanlagen (im Gablonzer Kreise gab es kaum noch eine Gemeinde, deren Bewohnerschaft ohne Badegelegenheit war!), im Winter zumeist als Eisbahn öffentlich zugänglich, wie der Wintersport überhaupt, namentlich Rodeln und Skilauf, mit gutem Recht als die volkstümlichste Leibesübung in unseren heimatlichen Bergen bezeichnet werden kann. Demgemäß gab es auch zahlreiche Anlagen für die Austragung sportlicher Wettkämpfe. Zwei Sportstätten, die Jeschken-Rodelbahn und die Teufelsschanze in Harrachsdorf, darf ich schon aus dem Grunde hervorheben, weil auf ihnen wiederholt auch bedeutsame überstaatliche Großveranstaltungen durchgeführt wurden.

Die örtlichen Anpflanzungs- und Verschönerungsvereine sorgten mit den Obstzüchtern und Imkern für einen planmäßigen Nachwuchs der Baumalleen und gründeten eigene Neupflanzungen. In den Städten waren sie die Pioniere für die Anlage und Erhaltung oft sehr umfangreicher Parkanlagen, gleichwie die Volkstumsverbände Bund der Deutschen, Kulturverband u. a. m., die Gesangs- und Musikvereine der verschiedenen Art, die heimatkundlichen und heimatgeschichtlichen Vereinigungen und wesentliche Sondergesellschaften, wie der „Nordböhmische Gewerbe- und Museumsverein" in Reichenberg oder die „Leuteltgesellschaft" in Gablonz a. d. N. und andere für die Erhaltung und um stete Neubelebung und Entfaltung der kulturellen Kräfte bemüht waren. Hierzu nenne ich schließlich alle übrigen vereinsmäßig erfaßten Bestrebungen, ebenso wie die zahlreichen fachlichen und wirtschaftlichen Genossenschaften, Innungen und Zweckverbände, die eine sehr beachtliche und auch bedeutungsvolle Tätigkeit entfalteten.

Einen Maßstab dafür, wie weit der echte Gemeinschaftsgeist entwickelt und tätig vorhanden war, boten in den Städten die Rathäuser, die Stadttheater, die Schul- und Krankenanstalten, die Parkanlagen und Sportplätze, die Schulhäuser auf den Dörfern, wie zuletzt in der Tatsache, daß mit der Zeit die meisten Hausväter im eigenen Haus walten konnten, ein Gradmesser der Verdienstmöglichkeiten gegeben war, ein Beweis, den man auch in der großen Zahl der Rundfunkgeräte, der Kraftwagen und Motorräder, der schönen Gärten, der Einzel- und Gemeinschaftsreisen im In- und Auslande u. v. a. ablesen konnte. Einen Reichtum möchte ich noch besonders hervorheben: die Freimütigkeit, die weltbürgerliche Linie des Gewährenlassens, auch in kirchlicher Hinsicht so selbstverständlich, wie man das gleiche Recht auch für sich selbst in Anspruch nahm. Ich will es offen aussprechen, diese oft und oft erlebte natürliche Großzügigkeit hat mir meine alte Heimat doppelt lieb und wert gemacht. Ich könnte alles, was ich damit umreißen möchte, in dem Wort zusammenfassen, mit dem der Dichter des Isergebirges, Gustav Leutelt, die Situation einmal klar bezeichnete, als gute Absichten zu schlechten Folgen, d. h. abschließender Enge auszuarten drohten: „Heimatliebe ja, aber mit dem Weltbild im Herzen!“

In den letzten Jahrzehnten hatte sich überall ein großer Umschwung vollzogen, der in mancherlei Hinsicht ein Umbruch war. Ski und Motor änderten vielfach die Struktur des Fremdenverkehrs und damit auch die Verhältnisse in den heimatlichen Bergen. Ersterer erschloß das Gebirge auch im Winter, letzterer vervielfachte die Besucherzahl im Sommer, Bergbahnen vermehrten und verflachten die Bergbesucher während des ganzen Jahres.

Die Berge und der Wald waren des Menschen Freund; von den frühesten Gaben, die Harzkratzer und Kräutersammler, Vogelfänger und Jäger, Edelsteinsucher und Bergleute sich holten, angefangen bis zu den Holzschlägern und Kohlenbrennern, bis zu den Sägemüllern und Glasmachern, ihnen allen hat das Gebirge Arbeit und Brot gebracht. Es ist freilich ein harter Pionier- und Kolonisationsdienst gewesen, den die ersten Siedler zu leisten hatten. Die mächtigen Steinrücken, die sich oft noch heute zwischen den Felderbreiten an den Lehnen der Waldhufendörfer im Gebirge lang hinziehen, sie sind sozusagen steinerne Ehrenmale unserer Voreltern, die als Roder hierher kamen. Und wenn wir nachschlagen in der Besiedlungsgeschichte der heimatlichen Landschaft, so wissen wir – die Flurnamensammlung und ihre Ergebnisse haben das einwandfrei erhärtet –, es sind Deutsche gewesen, die das Gebirge erschlossen und urbar gemacht haben; lediglich im südlichen Randgebiet war eine dünne tschechische Unterlage.

Worin aber prägt sich die Urtümlichkeit, die herbe Schönheit aus, in der die Isergebirgler insgesamt, die Freunde der Berge und Wälder insbesonders, mit ihrer angestammten Heimat verwuchsen und sich ihr in den verschiedensten Körperschaften dienstwillig und begeistert hingaben? In den Jugendgruppen schon, in den Gebirgs- und Wandervereinen und in den Wintersportverbänden, wie auch in der Heimatkunde und in den fachwissenschaftlichen Arbeiten für Heimatgeschichte und Besiedlung, für Tier- und Pflanzenkunde, für Geologie und Moorforschung u. v. a. mehr.

Der starke Charakter, der unsere urtümliche Landschaft so sichtlich auszeichnet, hat seine erste Grundlage in des Wortes wirklichster Bedeutung im Boden, auf dem wir standen, im Gestein. Wie die meisten Gebirgsteile der Sudeten, so besteht auch das Isergebirge aus Urgestein, das in mächtigen Gipfelblöcken mitunter jeden Baumwuchs überragt und dadurch charakteristische

Blickpunkte und markante Aussichtskanzeln gebildet hat. Butterweckel hat der Volksmund die kleineren Brocken in den Vorbergen genannt, Wackel- und Brummsteine heißen andere auf Grund ihrer besonderen Fähigkeit, sich bewegen oder hören zu lassen. Kesselsteine und Hockauf verdanken den Namen ihrer Form, Finkstein und Dornst, Reitstein und Schmirgelfelsen, Teufelssitz usw. sind von Sagen umwoben; andere wieder sind durch geschichtliche Wirklichkeiten zu Namen und Bedeutung gekommen, wie der Kaiserstein auf dem Spitzberg bei Kohlstatt, von dem aus Josef II. auf seinem Inspektionsritt durch Nordböhmen den Reichenberger Kessel und den Paß von Langenbruck überblickte. Die Mittagsteine lassen durch den Sonnenstand den Weißbächern die Zeit zum Mittagessen ansagen. Vom Nußstein ist der Tiefblick auf das Haindorfer Kloster ein besonders schönes Bild,namentlich, wenn auf dem Kirchenplatz Bewegung ist, wie bei der Fronleichnamsprozession, deren Musik übrigens bis herauf zu hören war. Und Taubenhaus und Vogelkoppen, Raubschützenfels und Schwarzer Iserstein, der grüne Lehnstein und der Siechhübel sind neben manch anderen wegen ihrer dankbaren Aussicht wahrhaftig Felskronen der heimatlichen Waldberge. Ein vorzüglicher und haltbarer Baustein, wurden die gewaltigen Blöcke nicht erst für die Großbauten des Reichs aus unseren Steinbrüchen gemetzt; gewisse Spielarten, wie der blaue Voigtsbacher Granit, gingen schon immer als gesuchte Grabsteine in die Weite.

Basaltische Durchbrüche, so der zu 999 m emporsteigende Buchberg in Klein-Iser, bilden, durch die andere Bodenbeschaffenheit bedingt, eine Glücksinsel für die Freunde der Pflanzen- und Kleintierwelt, wie anderseits gleich am Südausgang der Stadt Gablonz (sichtlicher Melder der Schnuppstein) im Zuge der varistischen Verwerfung, die bekanntlich, vom Rhein her kommend, durch das ganze Sudetenland nach Osten weiter führt, die Kontaktzone beginnt und bald das Rotliegende anschließt, bis in den Sandsteingruppen von Liebenau, Kleinskal usw. die Uferzeugen des böhmischen Kreidemeeres in Erscheinung treten, die als Kletterfelsen der Jugend ebenso eine Rolle spielten, wie das ganze Gebiet durch seine vielgestaltige, den Maler beglückende Formenwelt und die wesentlich andere Flora gern begangene Wanderungen, besonders in der ersten Frühlingszeit, brachte.

Der Steilabbruch und damit die romantischen Schluchten lagen auf der Nordseite des Gebirges. Fast 900 m beträgt das Gefälle von der höchsten Erhebung des Friedländer Bezirkes (die Tafelfichte mit 1122 m, der geliebte Hausberg der Neustädter!) bis hinunter zum Austritt der Wittig ins Preußische vor dem Seidenberger Bahnhof. Es sind darum große Unterschiede in der natürlichen Vegetation wie in den Erträgnissen der kultivierten Anpflanzungen gegeben. Auf den Ackerbreiten der Friedländischen Niederung wuchs ein stattlicher Weizen und in den Baumgärten ein köstliches Obst, indes in den Hochdörfern des Gebirges der dürftige Hafer fast jedes zweite Jahr vor seiner Reife einschneite und in den obersten Siedlungen nicht einmal die Erdäpfel gediehen. Alle Frucht, alles Gemüse und Obst mußte nach Iser zugefahren werden. Nur Heidel-, Moos- und Preiselbeeren und Herrnpilze, die wuchsen in den Iserwäldern in Mengen. Ein Heidelbeer- oder ein Pilzgang auf der Iser, zur Hütte des Schweigens, bei der Friedrichswalder Talsperre, beim Strittstück usw. konnte wahrhaftig zu einem echten Waldfest oder zu einer köstlichen Familienfeier werden.

Solange die Menschen auf den Ertrag ihres eigenen Bodens angewiesen waren, war Schmalhans Küchenmeister im Gebirge oder, anders gesagt, die Zahl der Menschen mußte gering bleiben. Erst als im Gablonzer Bereich durch die Glaskurzwarenerzeugung, im Tannwalder Becken, ähnlich wie im Reichenberger Kessel, durch die Textilindustrie mehr Geld ins Land kam, konnte sich die Bevölkerung zu größerer Dichte vermehren. Da die Milchprodukte zu einem guten Teil aus dem Friedländer und Gabler Bezirk kamen, erlebten die Gablonzer Kinder schon frühzeitig durch gewisse Markennamen wie „Wartenberger Butter“, „Friedländer Käse“ usw. praktischen Unterricht in der heimatlichen Wirtschaftskunde.

Und wie ist doch die heimatliche Bergwelt schön! Ein taufrischer Morgen über den Maxdorfer Rücken hin oder an einem der rauschenden Bergwasser empor, an den Dessefällen, am Tannwasser oder an der Iser von Hoffnungstal aufwärts im Süden, im Hegebachtal oder an der Stolpich von Norden her oder ein Weg durch den bunten Herbstwald im Hemmrich oder eine Skifahrt nach frischem Schneefall oder bei märchenhaftem Rauhreif des Winterwaldes irgendwo im Gebirge – oder gar eine hochsommerliche Rast mit frischem Bad in der Fischheide an der Kamnitz oder im bilderreichen Moor an der Kleinen oder Großen Iser – oder der Genuß einer stundenlangen Aussicht vom Siechhübel oder einer anderen der beherrschenden Felskanzeln über die weiten, schier endlosen Wipfelwogen der Iserwälder hinüber zum größeren Riesengebirge im Osten und zum markanten Jeschkenkamm im Westen und der Durchblick nordwärts längs der Talfurche der jungen Wittig hinaus in die Friedländer Weite und gen Süden über den Spiegel der unter uns liegenden Darretalsperre hin zur (auch aussichtsreichen) Stefanshöhe und zu den Bergrücken und Spitzen, die im böhmischen Vorlande weithin sichtbar sind – o wie haben diese und noch so viele andere Eindrücke unsere Herzen beschwingt und uns die Seelen mit einer Anhänglichkeit und Erinnerungsstärke erfüllt, die nimmer schwinden können!

Neben dem Walde, dessen Holzreichtum an sich und in seiner anfänglichen Ausnützung für die Hüttenbetriebe die eine Grundlage zur Bereitung des Glases bildete, waren auf der anderen Seite die Sturzkräfte der zahlreichen Bergwässer natürliche Voraussetzungen für den Betrieb der Glasschleifereien, zur Bearbeitung und Verfeinerung der aus dem Rohglas geformten Artikel. Daß die große Zahl der Wasserläufe, namentlich in den Strecken des kräftigeren und jähen Gefälles, sehr zur Belebung und Bereicherung des Landschaftsbildes beitragen, welcher Bewohner und welcher Gast des Gebirges hätte das nicht empfunden! Darum sind die Wasserfälle schon immer Anziehungspunkte ihrer Landschaften gewesen. Aber auch in den Tümpeln und Teichen verschwiegener Moore liegt ein eigener und starker, wenn auch etwas vom Unheimlichen erfüllter Reiz, der durch die düstere Färbung, in der uns die Mooraugen ansehen, und das vielfach ungewisse Ufer wie den schwankenden Boden im weiteren Umkreis für zage Gemüter eine wesentliche Steigerung erfährt und die leicht erregbare Phantasie unwillkürlich zu mehr oder weniger Schaudern machender Sage verführt. Ich möchte in diesem Zusammenhange die Tschihanelwiese, die Schwarzen Teiche, das Schöne Wiesel und die Moore an der Kobel und an beiden Quellflüssen der Iser als Beispiele dafür nennen, die, gesucht und zugleich gemieden, charakteristisch Zeugnis geben für die verschwiegene, aber herbe Schönheit des eigentlichen (oberen) Gebirges. Dieser Gesamteindruck vollendet sich, wenn in den rauheren Wochen des Spätherbstes der herausfordernde Brunftschrei der Hirsche die nächtlichen Wälder durchhallt.

Wandern wir aber erst einmal durch die heimatlichen Siedlungen, die sich in den Talfalten so zusammenhängend geweitet haben, daß ein Fremder, der die Ortstafeln übersieht, gar nicht merkt, daß er schon wieder in einem anderen Dorfe, einer anderen Stadt sich befindet, dann haben wir das Gefühl, in einer einzigen großen Werkstatt der Glasmacher, der Glasdrucker, der Glasschleifer und der vielerlei Hilfs- und Zubringergewerbe zu sein, die alle zusammen deutlich werden lassen, daß Arbeit und Fleiß der eigentliche Reichtum des Gebirges sind, wie sie es auch all die Jahrhunderte hindurch waren, in denen unsere Ahnen die Grundlagen für diese seltene Entfaltung geschaffen haben.

In den Dörfern stehen noch, je weiter von der Stadt, desto häufiger, Holzhäuser in der bodenständigen Bauweise, die als schlesischer Einbau alles unter einem langgezogenen Dach – im Bauernhaus Wohnung, Stall und Scheuer – zusammenhält. In den letzten hundert Jahren sind jedoch, das Ortsbild stark verändert, bis ins letzte Dorf hinaus anders gegliederte, jeweils „moderne" Wohnhäuser, Werkstätten und Wirtschaftsgebäude zugewachsen.

Der Formenreichtum und die doch einheitliche, gediegene und darum schöne Bauwirkung, die den hervorgehobenen alten Herrenhäusern zu Eigen waren, die auch in der bodenständigen Blockbauweise, also aus Holz errichtet waren, sind von manchen neuen Großbauten nicht erreicht worden. Ich brauche nur auf das Erinnerungsbild zu verweisen, das uns ein landsmännischer Maler, Richard Felgenhauer aus Reichenau, vom Herrenhaus in Christianstal gezeichnet hat. Christianstal war bekanntlich die letzte Hüttengründung aus grüner Wurzel.

Indes die Hauptfurche eines Tales, in der auch Wasser, Straße und Zahnradbahn ihren Platz behalten müssen, Großbetriebe und Geschäftsgebäude, Wohnhäuser und Werkstätten sich schier in unheimlicher Fülle zusammendrängen – ich nenne Polaun, den Schwerpunkt der führenden Riedelhütten, als Beispiel –, kann in einem sehr nahegelegenen Seitentälchen eine Gruppe der anheimelnden Blockhäuschen, malerisch nachbarlich aneinander gerückt, in aller Beschaulichkeit der stille Winkel bleiben, den Adolf Schnabel, der leider nicht mehr unter uns weilende Künstler aus Dessendorf, in seiner winterlichen Kohlenzeichnung festgehalten hat.

Wahrlich, ich käme nicht über den Gablonzer Bezirk hinaus, wenn ich auch alles andere berichten wollte, das noch zu sagen wäre. Ich will daher, wenn ich bei der Bauweise bin, einen Sprung ins Friedländische machen und nehme alle Leser mit über Neuwiese hinaus – auch ein schönes, altes Herrenhaus, das den Vorzug hat, noch zu bestehen – und „n Hondorfbarg nunder", wie es weiland bei den Wallfahrten in den früheren Zeiten oder später zu den Gauturnfesten ging, wenn diese in Haindorf stattfanden.

Die Friedländer, das sagte ich schon, hatten bessere und größere Felder, sie waren z. T. sehr ansehnliche, jedenfalls tüchtige Bauern, und sie hatten darum auch größere Häuser: stockhoch, d. h. auf den Stubestock, der auch ein Blockbau war, setzten sie noch ein weiteres Stockwerk auf, das durch sein Bindwerk zwischen weiß gehaltenen Füllungen ein recht malerisches Bild ergab. Auch deckten sie ihre Dächer ehedem mit Stroh, das sie reichlich besaßen, während oben im Gebirge die Schindelmacher für den Wetterschutz zu sorgen hatten.

Wie die Säuerlinge, die längs des Nordflußes der Iserberge mehrfach zu Tage treten, im Liebwerdaer Sauerbrunn schon in der Biedermeierzeit ein kleines, aber gut gelegenes und ansprechend gebautes Bad entstehen ließen, das manchem Kranken die ersehnte Linderung gebracht hat, so war auch die schöne Barockkirche des Haindorfer Klosters – in der Zeit Fischer von Erlachs erbaut – ein Anziehungspunkt in alten und neuen Tagen. Und als der letzte deutsche Besitzer der Clam-Gallas'schen Herrschaft, ein kunstsinniger Auersperg, das Jedermann-Festspiel von Hugo von Hofmannsthal unter Mitwirkung namhafter Künstler (Hedwig Bleibtreu!) dort vor der formvollendeten Fassade der Kirche nächtlicherweile zur Aufführung bringen ließ, hatte er für Tausende und aber Tausende ein Erlebnis vermittelt, das einem fürs ganze Leben gegeben ist.

Der berechtigte Stolz der Friedländer ist ihr Schloß! Es ist ein stattlicher mittelalterlicher Bau, der aber seine jetzige Gestalt erst in späterer Zeit erhalten hat. Seine europäische Bekanntheit hat es Wallenstein zu verdanken, dem berühmten Heerführer und Wirtschaftslenker im Dreißigjährigen Kriege, der als Herzog von Friedland in die Weltgeschichte eingegangen ist und vielfach, wie bei Schiller, nur kurz der „Friedländer" genannt wird, so daß unsere Friedländer ihn sozusagen anerkannter Weise zu ihrer Landsmannschaft zählen können. Statt weiterer Worte möge ein treffliches Bild sprechen!

Wie mich der Stoff auch zu weiteren Ausführungen drängt, ich muß mich beeilen, auf den Jeschken, den Glanzpunkt aller heimatlichen Aussichten, zu kommen. Einer der Reichenberger, die ein gut Teil der Liebwerdaer Kurgäste stellten, ist auf der Rückfahrt von dort und nimmt mich in nachbarlicher Freundschaft mit in den Wagen. Da wir in Raspenau am Wohnhaus des verstorbenen Malers des Isergebirges, Wenzel F. Jäger, vorüberkommen, steht mit einem Mal der schlichte Meister im Geiste vor mir und eine ganze Reihe seiner, ach so heimaterfüllten Bilder melden sich in der Erinnerung und die beiden Friedländerinnen vom „Winterlichen Kirchgange" geben mir noch lange das Geleit.

Und nun, ihr lieben Reichenberger Heimatgenossen, seid mir nicht böse, wenn ich in der Stadt selbst nicht lange verweile. Ich habe kaum von der Stadt Gablonz etwas berichtet, und ich weiß, Reichenberg ist größer, ist älter und bedeutsamer als Verkehrs- und Mittelpunkt des ganzen Gaues; aber diesmal danke ich es eurem Landsmann, daß er mich gleich bei der Straßenbahn zum Jeschken vor dem Bahnhofe absetzte. (Übrigens, euer Bahnhof ist wirklich größer als der von Gablonz!!)

Und nun wollen wir diesmal nicht nur mit der Funkenkutsche, wie der heimatliche Volksmund die Elektrische benannte, bis an den Fuß des Jeschken fahren, sondern, disqualifizierten „Jeschkentitschen" gleich, auch mit der Bergbahn auf den Gipfel selbst hinauffahren. Es mag ein Sport für sich sein, Ziffern zu sammeln, aber alle Achtung vor der bergsteigerischen Leistung, wenn der eine und andere (zum guten Teil waren es bejahrte Zähler und Zählerinnen) nicht nur hunderte, sondern auch ein, zwei, ja dreitausendmal den Aufstieg zu Fuß gemacht hat; und es sind jeweils über 500 Meter Steigung zu bewältigen, bis einer bei 1010 m Gipfelhöhe seine Eintragung im Jeschkenbuch als Kontrolle der weiter gewachsenen Besteigungsziffer besorgen konnte.

Das Jeschkenhaus selbst ist eines der stattlichsten Berghäuser überhaupt, eine wahrhaft Achtung gebietende Gemeinschaftsleistung der ganzen Landschaft, wie sich auch die Geschäftsführung des Deutschen Gebirgsvereins volle Anerkennung erwarb. Freilich hat der Rummelbetrieb, den die Seilbahn (bekanntlich in der Zeit der ersten Republik von der tschechischen Staatsbahn errichtet) an Schönwettertagen mit sich brachte, den Charakter des Jeschkenhauses als eines gutangelegten Bergsteigerheimes wesentlich beeinträchtigt. Gleich geblieben aber ist die Aussicht, die so überwältigend wirken kann, namentlich für Besucher, die aus der Ebene kommen, daß die hochgesteigerte Formel von der königlichen Aussicht selbst im demokratischen Zeitalter ihre Berechtigung behalten hat. Es gibt wenige Standplätze im Sudetenland, die dem Jeschken die genannte Auszeichnung streitig machen können. Die Türme von Prag kann ich zwar nicht als selbst gesehen bestätigen, aber ich habe mich immer wieder gefreut, vom Jeschken in die Runde schauen zu können. Sonnenauf- und Untergang sind wie von jedem Berg mit weiter Sicht am eindruckvollsten. Es war noch im vorigen Jahrhundert, als ich den Aufgang der Sonne das erstemal vom Jeschken aus verfolgen konnte. Eine Schar junger Männer hatte nach volkstümlichem Brauch zu einer Nachtwanderung auf den Jeschken aufgerufen. Ihnen schloß ich mich, der ich noch im schulpflichtigen Alter stand, an. Noch vor Mitternacht waren wir in Reinowitz aufgebrochen, denn ein mehr als vierstündiger Anmarsch wollte bewältigt sein. In Decken gehüllt, hockten wir an der Ostflanke der Jeschkenkoppe, als sich bei einem frischen Wind drüben über dem Riesengebirge der Himmel mit verheißungsvoller, mählich stärker werdender Röte zu färben begann. Und dann kam sie, die Sonne, als ein feuriger, großer, großer Ball, der bei lautloser Stille, die bei mehr als zwanzig jungen Mannsleuten schon was besagen will, langsam zum vollen Rund anwachsend, am nördlichen Abhang der Riesenberge hinaufrollte, bis sie, die Sonne, über dem Hohen Rade die freie Himmelsbahn erreichte, indes die Spannung, die uns gepackt hatte, erst durch die staunenden Zurufe einzelner unterbrochen, nun aber in einer lebhaften Rede aller, sich löste.

Von den Untergängen habe ich jenen in deutlicher Erinnerung, bei dem ich nach einem niedergegangenen Regen die Sonne hinter dem gut erkennbaren Kamm des Erzgebirges sich senken sah. Immer aber habe ich mich an dem Rund der Kegelberge ergötzt, das vom Doppelgipfel der Bösige angefangen über Roll und Geltsch zum Milleschauer leitet und das ganze reich gegliederte Polzengebiet einschließt, vom Rosenberg und Kleis an bis zu Hochwald und Lausche auch weite Teile des gewerbefleißigen Niederlandes überblicken läßt, wie schließlich mit dem Zittauer Becken bis zu seiner östlichen Begrenzung durch den Gickelsberg bei Kratzau auch der Warnsdorfer samtene Strumpfzipfel in Erscheinung tritt.

Im Vordergrunde des westlichen Blickfeldes aber leuchten, eingebettet zwischen kiefergrünen Waldflekken und den bunt wirkenden Siedlungen der Menschen, bei entsprechendem Sonnenstande wie Spiegelscheiben glänzend, im sandigen Revier, der vielbesuchte Hammerteich und andere Genossen seiner feuchten Art. Zur Rechten liegen hart unter uns einige der langgestreckten Waldhufendörfer des Gabler Bezirkes, die allmählich in größere nahrhafte Bauernsiedlungen übergehen. Hinter dem Lämberger Schlosse, eine Gründung aus der Zeit der Mongolengefahr (1241), sehen wir auch die Kreisstadt Deutsch-Gabel selbst, über deren Hausdächern die mächtige Kuppel der Laurentius-Kirche emporragt.

Wenden wir uns nun nordwärts, so liegt uns Reichenberg zu Füßen, 1939 bis 1945 Gauhauptstadt, mit ihren, an sie mehr und mehr herandrängenden Nachbargemeinden, wie es aus einer Spielzeugschachtel hingeschüttet. Schon mit freiem Auge können wir die markanten Gebäude der Stadt wahrnehmen: Rathaus und Bahnhof, Kirchtürme und Fabrikschlote, Schloß und Spital und die großen Baumassen der Schulen, Kasernen und Wohnblöcke, wie die Talsperre und das ausgedehnte Villenviertel mit dem Volksgarten und der Liebigwarte, ehemals Hohenhabsburg geheißen, mit echtalten Ziegeln aus Nürnberg gedeckt. Ein gutes Fernglas gibt die Möglichkeit, uns im erwünschten Falle stundenlang mit der Feststellung und Beobachtung von weiteren Einzelheiten zu vergnügen, wie für Kinder die ein- und ausfahrenden Züge in allen fünf Bahnrichtungen eine schier unausschöpfbare Beobachtungsquelle darstellen. Wir aber begnügen uns für heute mit der Feststellung, daß die schon bekannte Ordnung der Reichenberger zu Recht besteht, so daß der Vergleich mit einer umgeschütteten Spielzeugschachtel sein Bewenden hat. Mit weiteren Blicken wollen wir noch den Aufbau des Isergebirges verfolgen, von dem wir über Königshöhe und Weberbaude hinweg seine größeren Kämme mit ihren krönenden Zinnen feststellen, um, ein wenig nach Osten abschwenkend, unsere Blicke ebenso im Riesengebirge, vom Reifträger an bis zur Schneekoppe, spazieren führen zu können.

Sehen wir jedoch über das Maffersdorfer Tal hinaus, in dem die Brauerei und die Ginzkeysche Teppichfabrik das Bild bestimmen, so ragen die oberen Ortsteile von Gablonz gleich einer Stadt auf dem Berge zwischen grünen Waldflanken empor und seine neuen Türme von Rathaus und Kirche geben uns Kunde von der Regsamkeit, die der Stadt unter dem gläsernen Himmel innewohnte und die ihren jähen Aufstieg, ihre Eigenart und auch ihre Steuerleistung begründete, wie ihr Name durch den Export der „Gablonzer Waren" in allen Erdteilen zu einem festen Begriff geworden ist und einen guten Klang hat. Von der Regsamkeit gibt übrigens auch der Hausberg der Gablonzer Kunde, der Schwarzbrunn und die von ihm getragene, großräumige Warte, die wir oberhalb des Stadtkernes sehen, wie uns die Ausschau vom Jeschken noch eine ganze Reihe von Aussichttürmen zeigt, wenn wir uns die Zeit nehmen, sie in unser Glas einzufangen: der formschöne Brambergturm und der Tannwalder Spitzberg im Osten, der Leipaer Spitzberg und das Mückentürmchen im Westen seien, unseren Jeschkenaufenthalt abschließend, als Beispiele genannt.

Wie Reichenberg selbst der Geschäfts- und Handelsmittelpunkt für die ganze Landschaft ist, darum auch Sitz vieler Ämter und Hauptstellen war, so ist auch sein Landbezirk von Liebenau im Süden bis Grottau im Norden reich an gewerblichen und industriellen Unternehmungen aller Art, namentlich an hochentwickelten Erzeugungsstätten für Textilien, wobei auf der rechten Seite die

Ausläufer des Iser-, auf der anderen Seite jene des Jeschken- und Lausitzergebirges mit ihren einladenden Wäldern und sanfteren Lehnen in das fleißige Tal der Neiße sich senken.

Julius Streit

Das Jeschkenlied

Wo fänd ich deinesgleichen,
du liebe Heimathöh;
mir wird ums Herz so eigen,
ich muß in Demut schweigen,
wenn ich von fern dich seh.

Als Haus und Hof und Garten
des Kindes Welt noch war,
da hat ins Herz des Knaben
dein Bild sich eingegraben,
drin weilt es immerdar.

Wies treue Vaterauge
bewachst du meine Ruh
und fühl ich mich verlassen,
zieh einsam meine Straßen,
du siehst mir immer zu.

Empfängt einst meine Seele
aus Gottes Vaterhand
zum letzten Flug die Flügel,
grüßt dich mein Grabeshügel
im teuren Heimatland.

Worte und Weise: Adolf Klinger

Die Neiße

Nicht alle Wasser Böhmens fließen der Elbe zu. Aus dem Norden des Landes, aus den Bezirken Reichenberg, Gablonz und Friedland, führt die Lausitzer Neiße, auch Görlitzer Neiße genannt, ihre Wasser vom westlichen Isergebirge und von den Nordhängen des Jeschkengebirges zur Oder hin. Die Neiße hat ihr Quellgebiet bei der Glasmacherstadt Gablonz, durchfließt dann die Tuchmacherstadt Reichenberg, erhält bei Kratzau von rechts den Zufluß des Görsbaches und verläßt hinter Grottau das Land Böhmen. Nach einem Lauf von zusammen 225 km mündet sie bei Guben in die Oder.

Wenn wir in Gedanken von der sächsischen Stadt Zittau nach Osten wandern, stoßen wir bei Hartau/Görsdorf auf die Landesgrenze und den Lauf der Neiße. Sie ist da ein schmaler und trüber Fluß, der aber auf seinem kurzen Wege schon viel Arbeit in verschiedenen Fabriken geleistet hat. Wir heben die Blicke und schauen in das geräumige Tal hinein, rechts am Jeschkengebirge vorbei und hinüber zu den Iserbergen, wo die Neiße ihre Wiege hat. Ein unscheinbares, ein herrliches Land!

G. Wiese

Am Jeschken

Willst du Gottes Wunder loben,
Halte auf dem Jeschken droben
Weite Schau ins Böhmerland.
Als er sprach dereinst sein „Werde",
Schlang er um dies Fleckchen Erde
Doppelt wohl der Schönheit Band.

Ida Sagalla-Maksa

Auf dem Jeschken

Geht ein Rauschen durch die Lüfte,
Ist der weite Wald erwacht,
Alle Täler, Höh'n und Klüfte
Glänzen in verjüngter Pracht.

Mitten auf den lichten Höhen,
Ringsumstrahlt von Sonnenschein,
Kann ich lachend niedersehen,
In die weite Welt hinein.

Wolken, Winde, Strom' und Flüsse
Winken mir von Ferne zu
Viele tausend, tausend Grüße. —
Gottes Welt, wie schön bist Du!

Theodor Hutter

Zur 1000. Jeschkenbesteigung

Bin heraufgewandert manches Jahr,
Ob schönes, ob schlechtes Wetter war;
Ob's bei Krusche, ob's im neuen Heim,
Ob's mit Freunden oder ob allein,
Ob's bei Kaffee, Bier oder bei Wein,
Ich ließ jedesmal mir wohl es sein.
Griesgram und Zorn, böse Gesellen,
Wollten oft die Tour mir vergällen;
Stellten hämisch zur Partie sich ein,
Ohne dazu geladen zu sein.
Verdüsterten mir die schöne Sicht,
Verkümmerten mir das Sonnenlicht.
Doch merkt, sie sind glücklicherweise
Nicht geeicht für Touristenreise;
Ihre Wand'rung geht im Tal nicht recht;
Beim Bergsteigen aber gar schon schlecht.
Bald nach dem Anstieg, zu meinem Glück,
Blieb einer nach dem andern zurück;
Und hatt' ich den Jeschken erstiegen,
War von beiden keine Spur verblieben.
Nun, zu den schönen Landschaftsbildern,
Es führt hier zu weit, sie zu schildern;
Sie sind uns ja allen so vertraut,
Die wir sie viel hundertmal geschaut.
Auch für den Schneeschuh- und Rodelsport
Ist der Jeschken ein gar treuer Hort.
Da ist es wieder die Rodelbahn,
Die mir es besonders angetan.
Daß ich einer ihrer Getreuen,
Bekund ich alljährlich von neuem,
So wie seelisch, so auch körperlich,
Bewährt Touristik vorzüglich sich.

Mancherlei Gebrechen und Schäden
Kann mit Bergsteigen man beheben.
So kann man des Herzens Beklemmung,
Weiters des Blutkreislaufes Hemmung,
Wie der Bazillen übles Walten,
Touristisch lösen und ausschalten.
Wer da wünscht, daß er gut steigen kann,
Fang rechtzeitig mit Touristik an.
So hielt ich es seit vielen Jahren
Und bin dabei nicht schlecht gefahren.
Wie Figura zeigt, bin ich noch frisch,
Will's nicht berufen, klopf' auf den Tisch.
Mit der heut notierten Aufstiegszahl
Vollende ich das „1000ste“ Mal.
Demnächst fängt das zweite Tausend an,
Das ich wohl nicht mehr vollenden kann.
Mitternacht ist für mich nicht mehr weit,
Atropos hält die Schere bereit.
Doch mit frohem Sinn und freier Brust
Pflege ich weiter der Wanderlust.
Und was mir das Schicksal beschieden,
Ich nehm' es mit Dank und zufrieden.

Von Gottfried Schmid, Ostern 1921

Auf der Jeschkenkoppe

Ich brachte fast eine ganze Stunde auf dieser Höhe zu, und das, was ich in dieser kurzen Zeit sah und fühlte, wird mir unvergeßlich bleiben. Die Aussicht vom Jeschken bei einer Witterung, wie die heutige war, ist über allen Ausdruck groß, erhaben und entzückend, entzückender selbst, als die in ihrer Art einzige von der Schneekoppe. Denn wenn vor der übermäßigen Höhe dieser letzteren die in der Tiefe liegenden Gegenstände fast verschwinden und undeutlich werden, so genießt man selbige auf dem Jeschkenberge mit größerer Reinheit und in der herrlichsten Übersicht.

Und dennoch, wie klein und ohnmächtig ward nun alles auf diesem erhabenen Standorte, was vom Tal aus groß und gewaltig schien! Berge ebneten sich von hier aus nur als flache Hügel, und wenn der Verstand des Menschen beim Anblick einer großen Felsmasse vor der Stärke erbebte, mit welcher die Natur dieselben durch Fluten und Erderschütterungen aufzutürmen vermochte, so liegt man hier vor der Allmacht im Staube, die gewißlich nur einen Wellenschlag jenes unermeßlichen Ozeans, der diesen Erdball einst umfloß, bedurfte, um ganze Gebirgsketten aus der Tiefe zu heben. In dieser letzteren Hinsicht glaub' ich sogar, daß, wenn diese Höhe bewohnbar wäre, man nicht leicht einen herrlicheren Platz zum Studio der Geologie finden könnte als den Jeschkenberg. Denn nur an wenig Orten wird man im Stande sein, eine so große Menge von Gebirgen aller Art nach ihren verschiedenen Richtungen, Verhältnissen, Ausdehnungen, Umrissen und allen übrigen äußeren Charakteren zu übersehen wie hier.

Wäre das Steigen über die letzte Kuppe nicht gar so mühsam und gefährlich, so würde vielleicht der Jeschkenberg längst ebenso wie der Zobtenberg in Schlesien, der jenem vielleicht ebenso an Schönheit der Aussicht, wie an Höhe noch weichen muß, von Dichtern und Prosaisten besungen und verherrlicht worden sein. Aber im Grunde ist's wohl bloß die Größe der Szene, die des Menschen unwürdiges Lob hier schweigen heißt. Ich wenigstens würde diesen Berg zehnmal besteigen und tagelang auf seinem Gipfel verweilen können, ohne daß ich noch das auszudrücken vermöchte, was das Auge sieht und der Geist hier denkt.

Wer sich von einem Bilde, in welchem man beinahe vier der schönsten Kreise von Böhmen, den ganzen Bunzlauer, einen großen Teil des Leitmeritzer, Bidschower und Kaurzimer Kreises, die halbe Lausitz, dann von einer Seite die ganze erhabene nahe Kette des Riesengebirges mit allen Zweigen, die es nach Böhmen schickt, von der anderen Seite aber die überaus schönen, malerischen, gewölbten und gespitzten Formen der nördlichen und westlichen Mittelgebirge, die mannigfaltigen Ruinen alter Schlösser auf ihren Gipfeln, die blauen Wälder und das hellere Ackerland an ihren Seiten, dann die hundertfältigen Krümmungen der Flüsse und Bäche durch Wiesen und fruchtbare Täler, so viele spiegelnde Seen im Sonnenglanze und das kaum bemerkbare Häusergewühl großer und volkreicher Wohnplätze, die gleich Steinhaufen unter den Füßen hingestreut sind: wer sich von einem solchen Bilde, wo man tausend Gegenstände dieser Art einzeln und vervielfältigt auf einer Fläche, deren Grenzen das Auge nicht erreicht, sozusagen mit einem Blick übersehen kann, einen deutlichen Begriff machen will, muß selbst kommen und Zeuge davon werden.

J. K. F. Hoser (1794)

Der Jeschken

Das war deine Sehnsucht, Alter:
„Noch einmal den Jeschken sehn!"
Drin gipfelte dein Psalter,
dein Beten zum höchsten Walter.
Und wir konnten es verstehn.

Kein einziges Wort des Hasses,
von rächender Wiederkehr;
nur Heimweh schaute dein blasses
Gesicht und blinkte dein nasses,
rötliches Auge her.

Und einmal lagst du in Starre
und tiefem Schweigen da.
Es war eine fremde Pfarre
und eine bescheidene Karre,
in der das Letzte geschah.

Aber in deinen herben
Falten das Lächeln war schön.
Wir deines Heimwehs Erben
wußten: du hattest im Sterben
noch einmal den Jeschken gesehn.

Wilhelm Pleyer

Zwischen Iser und Jeschken

Das ist das Land zwischen Iser und Jeschken. Kernig und echt wie seine Natur sind seine Bewohner, nicht düster wie die Wälder, sondern herb, wie der Geruch des Harzes, so ist ihre Sprache, so ist ihr Lied.

Uraltes Goldland, Walenland mit Walenzeichen, tritt unser Fuß. Alte Zyklopenburgen ragen wie zerfallene Altane von Rübezahlschlössern in der Waldesmitte auf, feuchtkühle Binsenwiesen, klausnerstille Lichtungen, wo auf dem Heidelbeergesträuch und dem Wachtelweizen der letzte Käfer sich wiegt und Berghöhen im schwarzen Tannenharnisch mit steingepanzerter Brust wechseln im Herzen des Gebirges, wo einst der Ur und der Eber durch die finsteren Sumpfwälder zogen und schwärzlich schimmerndes Titaneisen ungehoben im kiesigen Bett der Großen und der Kleinen Iser lagen.

Ein gewaltiger König, so erzählt man, lebte hier zur Bronzezeit. Felsgrau war sein Panzer, waldgrün sein Mantel, blitzend wie Wasser oder Glas, darauf die Sonne funkelt, sein Gürtel. Seine Krone trug Iserine, Saphire und Topase. Und hünenhafte Recken umgaben ihn. Sie gleichen ihm im grauen Panzererz, im grünen wallenden Mantel mit ihren abertausend grünen Lanzen, sie gleichen ihm an Einfachheit und Stärke.

Riesenhaft war ihr Wuchs, war ihr Reich, vom Belt bis zu den Kalkalpen, das war ihr Gebiet. Da kam ein Geschlecht von Zwergen, kühn, frech wie die Mäuse, die die Wurzeln der Blumen benagen und starke Bäume von unten aus fällen, und die Zwerge brachen die tausend grünen Lanzen entzwei und sie traten dem alten König auf seinen grünen Mantel und entrissen ihm die Steine aus seiner Krone. Der greise König trug gramgebeugt Gold und Gere zusammen in Höhlen und Höfe unter der Erde; schwarze Basaltsäulen wurden darüber getürmt und dann härmte edler Gram sein greises Herz. Und wie später am Busento Alarichs Schätze, so wurden in den Iserteichen und -mooren die Schätze aus der Stein- und Bronzezeit vergraben. An hellen Herbsttagen aber, wenn der Wind über die Wälder wallt, da hören wir aus dem dunklen Busen dieser Wälder ein Stöhnen und Seufzen, oder es klingt wie wehende, flatternde Fahnen, die von den alten Recken geschwungen werden, oder wie wildes Drohen gegen tückische Feinde. Und wie das Geläute der Kirchenglocken durch das Gelände wandert, wie die Kreuze auf den Türmen anfangen zu funkeln, wird's stille zwischen den Dünenhügeln und weiße Drudenschleier wehen um schwarze Höhlungen.

Das ist die Stimmung des Isergebirges auf seinen melancholischen Hochflächen. Ein schwermütiges Gefühl entsagender Kraft überkommt den Wanderer, wenn er von dort oben in die Runde blickt. Ernsthaft steht Waldwoge hinter Waldwoge. Ein Dehnen und Schwellen dichtgedrängter Wipfel geht bis an den Horizont, den die zackige Spitzenlinie ins Blaue des Himmel hineinreißt. Es liegt etwas unsagbar Eindringliches in diesem herben Gebirgsbilde, das man sein Leben lang in der Seele behält, wenn man es einmal empfunden. Selbstvertrauen, das draußen im Tageslärm wankend geworden, kehrt wieder. Gute, fromme Gedanken regen die Schwingen und man glaubt nicht mehr, daß Güte, Edelsinn und Milde den Menschen verloren gehen können, weil sie ja hier als an einer Quelle ihnen immer wieder aufgehen müssen.

Von den feinen Sonnengoldschleiern, die über die Wälder fliegen, bis zu dem Blauduft und dessen Abstufungen auf hintereinander liegenden Kämmen, den Dünsten der Nebel und jenen zitternden Schleiern des Herbstes, die wie der Glanz von Opalen über den Bergen liegen: welcher Reichtum an Tönungen!

Immer aber ist der Wald der Fichten und Tannen ernst; selbst der Frühling vermag es kaum, ihn heiter zu färben. Wenn der Sonnenglanz über seinen jungen Maien liegt, flunkert er in der Nähe etwas mit dem erborgten Golde, aber siehst du auch nur vom jenseitigen Hange zurück, so wird das aus ihm hervorgehende Dunkel wieder mächtig und in dem ertrinkt der schwache Schimmer.

Was dann noch ernster und gewaltiger aussieht als dieser große dunkle Wald? Die über ihm emporsteigende, furchtbar blauschwarze Gewitterwand, um die bisweilen ein rötlicher Schein fliegt und aus deren Schoß dumpfes Murren hervordringt. Dann sinkt die Wetterbangnis zwischen die Wipfel und läßt sie versteinert dastehen unter dem fahlen Licht einer verschleierten Sonne, das keinen wahrnehmbaren Schatten an die Dinge heftet, und es ist, als hielten die Forste den Atem an, um gesammelt dem furchtbaren Stoß, der da kommen muß, stehen zu können.

Wie weit aber auch die Wälder hinaufgestiegen sind, sie haben nicht alles überhöhen können. Die Steingiebel der Kämme sind noch mächtiger als die Dehnungen der Gewächse und heben sich über die Waldschneiden empor wie dunkle Kuppen oder Steintische der Riesen und wie gewaltige Stufenbaue, auf denen die alten Götter zu den Menschen niederstiegen, während andere kahle, graue Felszacken wie gefesselte Schreie zum Himmel emporstoßen. Diese Felsengebilde dulden nur noch die Wolken über sich; auf alles andere sehen sie herab. Und wenn deren Schatten über ihre Stirnen gleiten, so ringen sie sich doch am ehesten aus ihrem Dunkel wieder ins freie Licht der Höhen empor. In Bergnebeleinsamkeit aber webt um diese Steinkolosse eine unsagbare Schwermut und der Graudunst treibt gar seltsame Spiele zwischen dem Dunkel der Waldmassen, die sie umgeben und sich wie ein wogendes Meer in die Täler verlieren. Selbst im Winter, wenn über weißen Hängen das Tauwetter den Wald schneefrei gemacht hat, kann Samt nicht schwärzer als jener niedergehende Bergesmantel sein. Dann hat etwa der graue Winterhimmel tagelang auf den Kämmen gelegen und als er sie den Blicken wieder freigibt und dem Sonnenlicht, schauen sie wie aus einem Feenlande herüber, weiß erschimmernd und strahlend. Wunderbar, hoch über den Abgründen der Täler, die wie Zipfel in die Berge hineinreichen.

In einem dieser Täler nach dem Jeschken hinüber liegt Christofsgrund. Hier ist es viel lieblicher als in den düsteren Bergwäldern der Iser. Eines Morgens, es ist Frühling, schreiten wir den steilen Abhang hinan. Uns führt ein schmaler, aber angenehmer und aussichtsreicher Pfad auf die erste Jeschkenwiese. Zu unseren Füßen sind in einer tiefen Schlucht mehrere kleine Häuschen in saftiges Grün malerisch hineingestreut. Hoch aufragend bildet der Jeschkenkegel die gegenüberliegende mächtige Wand der Schlucht. Durch den Blauduft der Morgenfrühe blickt er träumerisch herüber, doch steigt das Gestirn des Tages höher, so glitzert und funkelt die mit vielen Steinen besäte Koppe wie ein kostbares Diadem. Das herrlichste Schauspiel bietet jedoch der stille Abend. Schon lagern tiefe Schatten im Tale und schwarz dräut von drüben der dunkle Wald des Iserkammes. Aber der Jeschkengipfel bietet uns, beschienen von den letzten Strahlen der untergehenden Sonne, sein schönstes Antlitz. Herrlich steht die golden flammende Insel über der düsteren Landschaft. Die ganze Natur ist verklärt, in tiefem Schweigen. Bald nimmt uns wieder dunkler Fichtenwald auf und zu Hause angekommen, bin ich noch ganz von dem Erlebnis eingefangen.

Aber noch ein anderes Erlebnis verbindet mich mit Christofsgrund. Es war vor einem Jahre. Blütenüberladene Bäume am Eingang des Tales. Falter wechseln von einem Hang zum andern und wenn der Blick den Zacken ihrer Bahn folgt, verfängt er sich an den Wäldern, die rings von den Lehnen niedersteigen und manchmal zwischen Feldern und Wiesen eine spitze Ecke gegen das Tal vorschieben.

Ich stehe vor dem Friedhof und die Nachmittagssonne legt sich um Kreuze und Gräber und leuchtet mild im weißen Haar eines gebückten Greises, den ich nach einem Blick zum abseits stehenden hölzernen Glockenturm gewahr werde. Er hat mich bemerkt und schon kommt er langsam auf mich zu:

„Grüß Euch Gott! Ihr schaut so sinnend auf die vielen Kreuze und Gräber, die dort aufgeschüttet sind. Ja, ja, da ruht er nun auch schon lange aus, der Herr Pfarrer, der weither aus der Ebene gekommen war und damals, als er einzog, gemeint hatte, daß ihn die Berge hier erdrücken müßten. Ach nein, die erdrücken keinen. Auch er, der in der ersten Zeit etwas zusammengebrochen war, hat das Aufatmen wieder gelernt. Nein, nein, unsere Berge tun niemandem etwas. Man muß nur gut mit ihnen stehen. Menschen und Vieh müssen wohl steil hinaufsteigen, um Brot und Futter zu ernten; nun ja, auch den Mist müssen wir im Herbste in Butten auf dem Rücken hinaufschleppen. Aber wer seinen Buckel bei der Arbeit ordentlich krümmt, kann sein Brot nachher wie ein Herr essen, denn er hat's ehrlich erschunden. Nein, nein, die Berge erdrükken nicht. Früher, als die Bergzechen hier noch betrieben wurden, mag der Stollen manchen Bergmann behalten haben. Das aber ist schon lange her. Jetzt weiden Kühe auf früheren Schutthalden, das Korn reift über ihnen, Gras wuchert und der Pflug versucht immer mehr fruchtbare Erde zu ergraben. 's ist eine elende Rackerei. Ja, ja, aber der Heimatboden läßt einen nicht los."

Der Greis und ich besuchen das Beinhaus auf dem Friedhof. Er dreht den Schlüssel im Schloß, wir treten ein. Ein kalter Raum. Unser Blick gleitet über eine Reihe kleiner Bilder, die rings an den Wänden hängen. Ein flüchtiges Darüberhinsehen zeigt uns, daß wir vor uns einen Totentanz haben, wie man ihn in früheren Zeiten gern in Totenkammern als immerwährende Warnung: Mensch, denke deines Endes! in Bildern aufhängte. Die Bilderreihe stammt aus der Zeit um 1760, aus Tagen, wo Kriegsschrecken, Krankheit und Hungerelend in diesem abgelegenen Tale hausten. An der Fensterwand gleich neben der Tür hängt das erste Bild. Ein Soldat schreitet, die Büchse über der rechten Schulter, einem Zeltlager zu, das im Hintergrunde verdämmert. Da wächst neben ihm der Knochenmann aus der Erde. Ein Laken umwallt seine Lenden. Er schultert einen Pfeil und packt den Soldaten am Arme, indem er spricht: „Eile nicht dem Lager zu! Geh mit mir ins Grab zur Ruh!" Auf einem anderen Bilde strahlt es heimelig aus einer Schusterwerkstatt. Am viereckigen Werktische arbeitet der Meister seinen Schuh, ganz in seine Tätigkeit versenkt. Da tritt der Tod hinter seinem Rücken herein und spricht: „Leg hin den Schuch und höre auff! Es geht zum endt dein Lebens Lauff."

Acht Bilder hängen an den Wänden. Sie zeigen die verschiedenen Berufe, wie sie die Gegend hervorgebracht hat. Auf dem siebenten zeigt sich eine heimatliche Waldlandschaft: vor grünem Hochwald ein Holzschlag. Ein Holzknecht hat seine Säge an einen Baumstock gelegt. Seine Axt hat er in den Wurzelrest geschlagen. Rehe und Hirsche grasen ruhig eine Waldwiese ab. Was kümmert es sie, wenn der Tod den Menschen bei der Hand ergriffen hat? Sie vernehmen auch nicht, was der Knöcherne zu dem Holzknecht sagt: „Du wilst das Holtz abhauen. Solst

auch dem Tod nicht trauen." Den Schluß bildet die unumstößliche Lebensweisheit: „Alles, waß nur hat ein Leben, muß dem Tod sein untten geben!"

Als wir die Totenkammer wieder verlassen, klopft mir der Alte behutsam auf die Schulter: „Bald wird man mich auch zum Reigen holen. Ich möcht' gern noch einmal so jung sein wie Sie. Sie haben gewiß von Reichenberg aus den Weg nach hier gemacht?"

„Ja, Alter!"

„Da kennt Ihr sicher auch den Blattnei-Teich. Dort habe ich lange Zeit gewohnt und wenn ich mir meine Heimat noch einmal so recht vorstellen will, dann sag' ich in meinem Kämmerlein, wenn ich ganz für mich allein bin, ein Gedichtchen vor mich hin, das mich einstmals ein Wanderer gelehrt hat:

Stölle dr Pusch, ock vu dr nounden Saige
hierste, wie se de letzten Brater schneidn,
wie fr morne nundr de Kletzer se rolln.
Und drnou Stölle.

Übr de Fichtnwöppl steigt dr Moundn,
sitt sei blejches Gesöchte of 'n Wossr
und an Teiche finkeln de lichtn Starne
su wie on Himmel.

Übr de Heide lougrt laichtr Nabl,
bollt sich sachte zesemm öm dörre Ficht'n,
die nu wie de grouen Geschejchte lauern,
dich zu drschraickn.

Kauert ne bei jer Fichte dorte driebn
's Wossrmannl an Hejdbeericht?
Fängt sich 's Frösche? Odr ju sucht 's an Wossr
heute noch Kindrn?

Sachte vrbei, ganz sachte fleugt de Eule,
husch und husch! Und se hout dan ormn Zeisich,
dar an Strauche abn nou ruhich trejmte,
schunn ei dr Krolle.

Horch, wie dos knackst! Und glei ou bröcht's
dorchs Jingicht
Har zun Teich wie de wölde Johd. A Rudl
Hörsche stieht und äst ejne Zeit und wiedr
john se drvoune.

Wiedr werd 's stöll, su stöll; ock nou ganz leise
gieht dr Oudn dr Nacht! Ötz trejmt se salbr . . .
trejmt — ömsunst — vu selichr Ruh. — Gur bale
waickt se dr Murgen."

Ich ließ mich von der wundersamen Mondnachtstimmung, die dieses kleine Gedicht wiedergibt, vollständig gefangen nehmen und ging stumm neben dem Alten her. In seiner Redseligkeit fing er nach einer kurzen Pause wieder an:

„Von der Blatnei trieb mich's dann oft zu der Schönen Marie hinüber. Mein Vater hatte mir erzählt, daß das Land um die Schöne Marie ein Wunderland wäre."

„Ist denn dort wirklich viel Erz gefunden worden?"

„Nicht nur die beiden Erzlöcher erinnern daran, die am Fuße der Schönen Marie liegen, mancher Waldname bewahrt das Gedächtnis an den früheren Bergbau und die Chroniken berichten von mehr als 33 Fundgruben und Erzstellen. Die Stollen sind verschüttet, aber die Namen sind geblieben, wie „Himblische Leerfundgrub", „Schöne-Marie-Fundgrub", „St.-Georgius-Erbstollen" u. a. m."

„So betriebstüchtig hätte ich mir den Bergbau in diesen Waldbergen nicht vorgestellt. Ich dachte immer nur an die Walen, die geheimnisvoll in unseren Bergen nach Gold und Edelsteinen gesucht haben sollen."

Oh, da kann ich Ihnen viel erzählen. Die Venediger Spitzhutmänner sollen im Gebiet der Schönen Marie als Erste geschürft haben. Aber Eisenerze, Zinn und etwas Silber haben sie weiter nicht gereizt. Daß die Ausbeute für damals beträchtlich gewesen sein muß, beweist ja der Eisenhammer in Raspenau, der um die Wallensteinzeit in eifriger Tätigkeit war. Manchmal ist es mir, als sähe ich das Gebiet der Schönen Marie vor mir, frei von Wald, der von den Bergleuten eingeäschert wurde. Ich höre das Pochen der Hämmer, sehe die Schlepper mit Lasten keuchen, und hinter der Schönen Marie, gegen das Taubenhaus zu grüne Wiesen, auf die die Talbewohner das Vieh zur Weide treiben, während an der Wittig Pochwerk und Eisenhammer rauchen. Wenn Ihr mit mir kommt, Herr, kann ich Euch eine Handschrift von Walen zeigen, die an der Iser gegraben haben."

Ich ging mit dem Alten in sein Haus, ein Herdstubenhaus, das zwei beheizbare Räume hatte: Neben der Küche, die den einen Raum darstellte, war die Stube mit dem Kachelofen, ein echtes deutsches Haus. Der Alte kramte in einer Truhe und zeigte mir schließlich vergilbte Blätter. Auf dem einen stand: „So du an Stein kommst, so gehe dem Steige nach bis ans Wasser, so findest du eine grüne Wiese, da grabe ein durch das Moos, so findest du sehr groß gewachsen Gold, dann gehe die Stufen auf dem Berge, so kommst du auf einen Steig, ist zuvor ein Teich dagewesen, schaue, daß du bei klarer Zeit ausgehest. so es aber regnet, so bist du verloren, wenn deiner tausend wären. Darnach gehe wieder den Weg zurück, den du bist am Zackenstein hingegangen, da gehe zur Linken, so findest du ein kleines Refier, darinnen gute Edelsteine, Amethyst, Saphir, Topasen."

Das konnte nur die Iserwiese sein, wie mir dann auch ein zweites Schriftstück aus dem Jahre 1764 bestätigte: „Auf der Iserwiese am Riesenberge liegen viel Körner, ganz blaue Edelgesteine, gut Erz, gediegen Gold und Silber, und mancherlei Abenteuer. Item der Buchberg, daran die Iserwiese, dann die Iser fließt hart daran weg, eine halbe Meile liegt ein Schloß wüste, da ist reich Gold zu waschen."

Später bin ich einmal dort gewandert. Von der Schönen Marie aus winkte ich einen Gruß zu den Riesendomen der Mittagsteine, das Brausen der Wasserfälle im Ohr, und rief das Sprüchlein, das die Bewohner dieser Berge so treffend charakterisiert, in den Wind:

„Singt, ihr Majdl, singt!
Sonst sterben onse Lieder,
on pflanzt die ahle Gemütlichkejt
ei onse Derfer wieder.
Singt, ihr Majdl, singt!
Singt onsr Hemcht zu Ührn,
do ward euch orscht ihre Harrlichkejt,
Ihr ganzr Himmel g'hirn!"

In dem Lande zwischen Iser und Jeschken wurden prächtige Weihnachtsgrippen geschnitzt. Volkstümliche Kunstbegabung aber hat vor allem das böhmische Glas zur Vollendung erhoben und in der Gablonzer Gegend zeugen noch heute viele Glashütten von der emsigen Tätigkeit der Bewohner. Bis ins 14. Jahrhundert läßt sich die Geschichte des böhmischen Glases zurückverfolgen. Unerschöpfliche Holzvorräte standen in den Grenzwäldern den Glashüttenbesitzern zur Verfügung. Die Familien Schürer von Waldheim, Wander von Grünwald und Preißler waren führend. Kaspar Lehmann, der um 1600 lebte, erfand den Glasschnitt und beschritt damit den Weg, auf dem das böhmische Glas weltberühmt wurde. Geh und kaufe dir in Ägypten einen echten Skarabäus.

Der Gablonzer wird dir wahrscheinlich die Werkstatt genau nennen können, aus der er stammt. Ein bekannter Weltreisender, Paul Rohrbach, erzählte vor einigen Jahren, daß er Gablonz in einem Basar von Bagdad zuerst kennen lernte. Gablonz liefert wohl Stapelartikel, weil sie verlangt werden, aber ebenso feinste Qualitätsware von erlesenem Geschmack.

Auf dem Bergwege steht ein Bursch. Er scheint weder nach dem Schauern der Wipfel noch dem Gepolter des Wagens hinzuhören, das von unten her kommt. Er preßt die geballte Rechte gegen die Stirn und blickt unter gerunzelten Brauen gegen die beiden Männer zurück, die den Fahrweg hinabgehen.

Vorher war er den beiden an der Weggabel begegnet und hatte vorbeigesehen, wie er das jetzt immer tun muß, seit das Unglück über ihm ist. Die beiden Männer hatten zu flüstern begonnen. Ganz leise; aber Gezeichnete sind scharfhörig; er hatte verstanden: „Gräßlich, wie der Mensch aussieht! Und der reine Neger!" Es hatte ihn wieder gedemütigt, trotzdem Worte und Gebärden des Abscheues nichts Neues mehr für ihn waren.

Der junge Mensch hatte unter dem grünen Bogengewölbe einer Buche gestanden. Jetzt, wo er aus ihrem Schatten heraustrat, erhellte, warum die Fremden so geredet hatten. Unter dem lichtblonden schlichten Haar des Gebirglers war ein Kopf von negerhafter Farbe. Die Wangen zeigten einen fast bleiernen Glanz — aber die Wulstlippen und die breite Nase des Äthiopiers waren nicht in den Zügen.

Solche Leute sind in den Bergen nicht häufig. Ihr Beruf als Einzieher der Glasperlen färbt sie durch ein Silbersalz, das bei der Arbeit gebraucht wird. Alle die bunten zerbrechlichen Glaskügelchen, die als Schmuck in Schnüren und tausend Aufmachungen in die Welt hinausgehen, werden innen mit blanker Silberfolie glänzend gemacht.

Die schlägt sich aus einer Lösung nieder, einem gefährlichen Naß, das vom Einzieher in die Perlenreihen gesogen und nur zu oft in kleinen Mengen verschluckt wird. Vom Blute der Haut beständig zugeführt, dunkelt das Metall dort unter dem Einfluß des Lichtes und macht den Arbeiter negerhaft.

Einen anderen Mann hatte der Geldteufel verblendet, als er unten bei dem reichen Brenner eintrat. Den doppelten Verdienst sollte er haben, und das stimmte auch. Aber die reine Waldluft mußte er gegen den Rauchschwaden der Hütte tauschen und statt des zahmen Holzfeuers die Höllenglut des Schmelzofens in Kauf nehmen, die seine Sehkraft versengte. Und dann die Hantierung. Aus den großen Kästen quoll der Staub des Materials; und doch waren sie harmlos gegen jene kleinen Fäßchen und Häfen, in denen schönfarbige Giftstoffe seiner harrten. Schon in den ersten Ehejahren, erst versteckt und schleichend, mit allerlei Unbehagen, fraßen sich die Giftstoffe in den Körper. Noch wurden sie durch Hausmittelchen verbannt. Aber dann überfielen sie ihn wie ein reißendes Tier im Sprunge.

Bleivergiftung hatte der Arzt gesagt. Und das Seine getan; auch der Brenner wollte jetzt einen Atemschützer für ihn kommen lassen, aber es war zu spät. Das Augenlicht drohte zu schwinden und als die Lähmung kam und fortschritt, mußte er die Hüttenarbeit ganz aufgeben. Vom spärlichen Krankengeld konnte das Leben nicht gefristet werden und sein Weib mußte Heimarbeit machen, halbe Nächte lang.

Abenddämmerung steigt aus den Tälern an den Bergwänden empor. Hier und dort flammen Lichter auf, der Himmel wölbt sein Sternenzelt über die düstere Landschaft. Langsam versinken die schwarzen Wälder der Iser im Dunkel und die Silhouette des Jeschkens verschmilzt mit dem Schatten der Nacht zur Unendlichkeit. Stumm stehen wir in einer Lichtung des Waldes, unter uns das Lichtermeer der Städte und Dörfer, über uns das Lichtermeer des Himmels.

Aus einer Hörfolge, die der Sender Breslau Ende des Jahres 1936 sandte. Das Manuskript für die Sendung war von Dr. Herbert Engler zusammengestellt worden. Die Dichtungen stammten zum großen Teil von sudetendeutschen Dichtern.

Emil Müller: An der Iser

Iserheimat

Iserheimat, stolze Höhen,
Grüßen in das weite Land.
Iserwellen murmelnd rauschen
Über gelben Kieselsand.

Kleine Hütten, weltentlegen,
Schmiegen sich am steilen Hang,
Und auf schmalen Wanderwegen
Hallt der Jugend froher Sang.

Weites Moor in tiefem Schweigen
Lockt den müden Menschen gern.
Bunter Falter Farbenreigen —;
Iserglöckchen läutet fern.

Herbe Menschen leise singen,
Wenn sie emsig, froh bewegt,
Um den kargen Boden ringen,
Der nur Früchte trägt.

Iserheimat — im Gedenken
Send ich dir den letzten Gruß;
Will mein ganzes Herz dir schenken,
wenn ich dich verlassen muß.

Hans Kappler

Mein Wald

Die grauen, struppigen Stämme der Schlagwand ragen wie ein Gitter vor dem Waldinnern auf, das dunkel und rätselvoll zwischen den Säulen hervorsieht. Aus seinem Bereich dringt kaum ein Schimmer von Grün her, oder der fahle Schein welkendes Laubes läßt hinter sich noch tiefere, düstre Töne erstehen, die purpurdunkle Geheimnisse zu hüten scheinen. Weiter hinein aber sind die Dinge und das Dunkel eins geworden, auch für das schärfste Auge, und nur das Ohr kann noch in das jenseitige Etwas dringen.

Wie die Wipfel ihre selbstgesponnenen Schatten vor der Sonne hüten! Licht und Wärme mögen oben bleiben; diese Sehnsüchte tausender Kreaturen kümmern das Dunkel der Tiefe nicht. Es ruht und fühlt sich sicher unter den Stämmen; denn noch ist deren Zeit nicht gekommen. Zwanzig, dreißig Jahre wird der Mensch diese Schwester der Dämmerung noch im Besitze lassen, dann fallen die Wipfel und sie wird verscheucht. Dann ist auch dies Selbstgenügen zu Ende.

Aber auch der dunkelste Wald fängt noch einen Sonnenstrahl zwischen seinen Stämmen; einen Sendboten vom weiten All draußen an die tausendfältigen, engumgrenzten Geschöpfe, die hier im Verborgenen ihr Dasein weben, und irgendwo gibt es eine Spalte in den dunklen Kronen, aus der der blaue Himmel hervorlacht. Zu jeder Waldlücke aber blicken wieder neue Wälder herein, aus blauer Ferne und vom nächsten Hange her und zwischen ihnen webt eine schleierdurchwirkte Luft seltsame Lichtspiele. Wundersamer Glanz des Lichtes, Mittler zwischen Geist und Körper, zwischen Auge und Welt, wallt aus seiner Höhe nieder und sein äußerster Morgenrotsaum wie der letzte Goldstreif der versunkenen Sonne beglückt die Kreatur. —

Wie zierlich ist der nahe Waldsaum mit seinen vielgenadelten Reislein, den schlanken, schwankenden Wipfeln; wie zierlich auch der Spitzenkranz, der über die fernen Kämme läuft! Und wieder die Baummassen zwischen diesen Grenzen: welche Wucht, welche Schwere spricht aus ihnen!

Die ungeheure Masse des Waldes, aus dem Leib des Gebirges hervorgestiegen, rauschend dröhnend, als juble sie über die errungene Freiheit, in Luft und Licht zu leben. Unten die ins Gestein gekrallten Wurzeln, dann ein Baumleib an den andern gedrängt, oben das Spitzenmeer der Wipfel. In edlem Schwung neigen seine zahllosen Wellen sich unter dem Streicheln des Windes. Eine Dekke über Schründen und dem Riesenspielzeug des Felsgesteins, ein Saum um die Menschensiedlungen, wie ihn kein Königsschloß schöner aufzuweisen hat: mein Wald!

Gustav Leutelt

Waldberge des Isergebirges

Wer aus der Tiefe der Ebene nach unseren Waldbergen schaut, dem stellen sie sich als ein einziger blauschwarzer Wall vor die Augen. So befremdlich düster ist dieser erste Anblick, daß man unwillkürlich meint, es müßten Wetter aus der dunklen Wand hervorbrechen oder doch wenigstens gleichfarbige Wolken sich über ihr emportürmen.

Im Näherkommen beginnt der Wall sich zu gliedern. Längst haben die Wasser dort Schlucht um Schlucht ausgesägt und den Gewaltigen in Grate und Bergklumpen zerlegt, die als riesige Talwächter herabschauen. Und Rücken um Rücken hebt endlose Wälder zu den Wolken empor und zwischen ihnen kommen die langen, gewundenen dunklen Täler herunter, wie Wegspuren der Nacht.

Wandern wir weiter, ändert sich das Bild nochmals. Die Vorberge lösen sich aus der Masse und wachsen zur Höhe, bis sie da und dort selbst die hohen Kämme verdecken. Sie sind mit Waldfetzen besiedelt, die ausschauen, als sei ihnen mitten im Aufwärtssteigen ein Halt zugerufen worden und sie könnten etwa in nächtlicher Stunde weiter emporklimmen, um sich mit der großen Armee der Baumbrüder zu vereinigen, die alle Rücken und Kämme besetzt hält.

Erst wenn man auch diese Vorberge erstiegen hat, steht man vor der eigentlichen Masse des Dunkelwaldes, neben dem die eben durchquerten Wäldchen zu geringen Hecken herabsinken. Dem überwältigenden Anblick jener Baumheerscharen und dem heranbrandenden Rauschegesang ihrer Kronen gegenüber wirkt es fast befremdlich, wenn um die Mittagszeit das Echo der Dampfsirenen gar seltsam an den Waldrändern hingeht.

Der Mantel des Waldes, den die Berge um ihre Schultern schlagen, gibt ihnen Ernst und Hoheit. Ein dunkles Band reiht sich ans andere, gleichmäßig die Höhen dekkend und doch unterschieden wie Kinder aus ein und derselben Familie. Dunkle Töne des Hochwaldes und hellere des Jungholzes im Nahen, Schwarzblau und lichte Tönungen der Ferne reihen sich aneinander. Ein Höhenzug ragt hinter dem anderen, immer undeutlicher in der Gliederung, immer mehr Fernblau über sich ziehend, und der Spitzenkranz unzähliger Wipfel läuft über sie hin.

Hauch der Höhen umweht uns dort oben, über Waldwogen her und aus fernblauen Weiten. Sonnenlichtbeglänzt, wolkenüberschattet schwankt es von Grat zu Grat und braust mit immer derselben Stimme eherner Gelassenheit, aus Urzeiten kommend und in Jahrtausende hinübertönend. Und ein Zwiegesang hebt an, vom Hochwalde gegen die Niederungen und von den Bächen nach den Höhen empor. Hoch und hehr ist die Bläue des Himmels, strahlend und frei gleiten an ihm die Wolken; aber machtvoller dünkt uns dieser sturmtönige, festverankerte, ewigkeitheischende Wald.

So hoch aber auch die Wälder emporklimmen, sie überragen nicht alles. Steingebilde brechen durch ihre Massen, ernst und gewaltig über allem erhöht und in die Weite schauend. Graugewittert und zerklüftet steigen sie empor als Sinnbilder der Kraft und Beständigkeit. Was sind ihnen Jahrhunderte, die doch Wälder auf Wälder niederstrecken. Vergebens alle Mühe der Wipfel, sie wieder zu verhüllen, und das Wolkenrund baut Trutzburgen in die Weite als ihre Hüter.

Und über das Waldmeer hin ziehen schwimmende dunkle Inseln, die Wolkenschatten, breiten sich, schwinden, und ihr Vorüberflug scheint die Wipfel näher aneinanderzudrängen. Hinter ihnen steht das Sonnenlicht wieder auf, und wie das Auge vorhin der Täuschung unterlag, daß die Schattenflächen zur Tiefe sänken, so tauchen die Breiten des Sonnenlichtes jetzt wieder empor wie Vineta, die Versunkene. Oder es kehrt das Spiel sich um, die Sonne zaubert von der Wolkenlücke her eine Lichtinsel auf die Schattenhänge, und die zwingt das Auge noch mehr in den Bann, ihr über die Grate und Felszacken und Schlagflächen hin zu folgen. Wenn der eilende Wolkenschatten aber auch dich selbst und deine Umgebung überfliegt, so ist es, als hielten die Bäume in der Runde alle den Atem an und rührten sich nicht.

Und wieviel tausend Wölkchen zerfließen in eitel Dunst, bevor ihre Schattenbilder den Bergwald treffen.

Gustav Leutelt

Im böhmischen Isergau

Tafelfichtenbann

Der hohe Iserkamm ist die Hauptkette der Iserwaldberge. Aus schlesischen Fluren steigt er auf; in böhmische Gefilde taucht er hinab. Ein blau dämmernder, sanft geschwungener Wellenzug in Himmelsweiten dem fernher Spähenden. Nur die Wälderwand des Kemnitzkammes verdeckt dem weiter östlich Stehenden den ans Riesengebirge heranwogenden Teil. Die Gründe schweigsamster Einsamkeit schließt der Kamm in sich. Ewige, ungestörte Traumtiefen kündet sein Antlitz. Und kein stark überlaufender Pfad durchzieht die weiten Gehege seiner Gipfel- und Hangwälder. Noch atmet unentweihter Friede durch seine Räume, der Friede ernstgrün wölbender Fichten- und Tannenhallen. Wohl sind wilde Frühjahrs- und Herbststürme auch hier oft am Sturzwerke und fressen des Holzfällers Sprengpulver und Axt Blößen ins dichte Wäldergekraus, aber dennoch stören Sturmsausen und stürzende Dynamitschüsse, die vereinzelt die brütende Stille wie mit Kanonengedröhn durchschlagen, nicht den Zauberbann der Iserhochwelt. Ein Schuß, zwei Schüsse, ein paar vielleicht noch, die dem sinnenden Wanderer plötzlich in den Lauscherfrieden donnern — und stumm, totenstumm fast, ist es wie vorher. Ringsum, soweit du von sichtfreier Lichtung über die Wälderflut zu spähen vermagst. Stundenlang . . . Nur die silbernebligen Rauchfahnen, die geisterhaft um die Waldkuppeln wehen und Kiefernholzbrände in den Holzschlägen künden, verraten die Anwesenheit schweigsam hantierender Menschen im dörferarmen Bereiche der Hochwälder.

Der Tafelfichte, der höchsten Erhebung des böhmischen Isergebirges, wandern wir zu — vom Heufuder, ihrem schlesischen Schwestergipfel aus. Und bald ist sie auf mühelos beschreitbarem Kammpfade erreicht. Obgleich sie schon seit länger als einem Jahrzehnt nicht mehr als Thron des Isergebirges gilt, hat sie doch den beherrschenden Eindruck gewahrt. Und fürwahr, mit ihrem achtzehn Meter empor sich türmenden Aussichtsgerüst weist sie auch über den etwas höher sich wölbenden, am östlichen Kammende verborgen liegenden Hinterberg hinaus. Das Rundbild, das dem Ersteiger des Tafelfichtenturmes sich zeigt, ist besonders nach der Seite der böhmischen Bergzüge und unermeßlichen Wäldermeere hin eindrucksstark. Die Schönheit seiner Schauweite bleibt selbst hinter der des Schneekoppenpanoramas nicht zurück. Was an Vielgestaltigkeit im Gesichtsfeld der Tafelfichte sich auftut, hat der große Heimatforscher Adolf Traugott von Gersdorf auf Meffersdorf einst gründlich klargelegt. Während seiner achtzig Besuche des Berggipfels schuf er jenes neunhundert halbe Quartseiten umfassende Schriftstück, in dem er mit peinlichster Gewissenhaftigkeit jeden Schaupunkt des weiten Gesichtskreises bezeichnete. — Der Aussichtsturm der Tafelfichte steht nicht genau auf ihrer höchsten Stelle, sondern etwas westlich davon. Wer vom schlesischen Schwarzbach her die Tafelfichte erklimmt, gelangt auch an jenen Ort, der die Entstehung des Namens Tafelfichte erklärt. Etwa zehn Minuten unter dem Gipfel ist er gelegen. Über ihn hinweg führt die Grenze zwischen Schlesien und Böhmen. Und herrlich ist die Blickweite, die sich bei ihm plötzlich auftut. Ehemals soll ihn ein großer, bei einer Fichte aufgestellter tafelähnlicher Stein bezeichnet haben. Auch redet man von einer Tafel, die am Stamm der Fichte angebracht gewesen wäre.

Doch steigen wir wieder die äußerste Bergsteilung hinan! Nicht weit von dem Ausschaugerüst und der Hütte, in der Vater Fritsch seit vielen Jahren als Gastwirt waltet, gerade dort, wo der Pfad ins Hegebachtal hinabträgt, reckt sich aus dem Grau unbehauener Felsblöcke ein Obelisk. Die Inschrift in dem davor liegenden Steine erzählt, daß der Dichter der Befreiungskriege: Theodor Körner am 15. August 1809 die Tafelfichte erklomm. Stimmungsvoller noch wirkt das verwetterte Marterholz, das der dahingegangene Neustadtler Dechant Jomrich an einem Baume hinter dem Denkmal anbringen ließ.

Und nun in den Hegebachgrund hinab. Schnell springt der straff gezogene Pfad ihm zu. Weit zurück ist hier am Hange der Wäldermantel geschlagen, so daß unsere Augen mit stiller Bewunderung die Weite der Fichten-, Tannen- und Mischwaldzüge erfassen können. So weit der trunkene Blick reicht — Welle an Welle, Aufwurf an Aufwurf des dunkelgrünen Wäldersamtes. Und reglos aufgereiht und ineinandergeschoben die oben stets mild gerundeten Bergkuppen. Vom Hohen-, Mittleren- und Welschen Iserkamm ragen die umdunkelten Felshäupter in das stumme Schaufeld hinein. Fast geradezu rückt uns der Käulige Berg entgegen. Hellgrün leuchtet die schmale Schneise, die schnurgerade seinem Scheitel zusäumt. Rechts, ziemlich weit hinten, türmt sich das lange Massiv mit der Großen Vogelkoppe, dem Taubenhaus und dem Schwarzen Berge (oberhalb Christiansthal) in die Himmelsweite. Näher wölbt sich in gleicher Richtung der Wittigberg. Links vom scharf heraustretenden Käuligen Berg thront der Siechhübel. Und ein anderer Schwarzer Berg, mit einer ganz eng gezogenen Kuppe, liegt ihm benachbart. Von ihm noch weiter nach links gleitend, gelangen wir an den Buchbergkegel. Der Hochwiesenplan mit den Hütten Klein-Isers schmiegt sich an seinen Fuß. Doch schau südöstlich Groß-Iser auf seinem hellschimmernden Plateau! Silbern gleißen seine Dächer in der Mittagssonne. Wie ein Muschellager erscheinen die blendenden Hütten. Die endlosen Wälder, die ihren Wiesenfleck allseitig umwipfeln, sind der sie umwogende Ozean. Gleich fernen Küsten steilt der Zug der Riesengebirgsthrone am verschleierten Horizont. Doch springen wir für ein paar Augenblicke seitwärts! Eine Frau mit einer breit geschichteten Tracht Dürrholz will unaufhaltsamen Schrittes an uns vorüberstapfen, und nur schmal ist der Pfad. Unten, auf dem Talwege, müssen wir dann nochmals ein Hindernis umgehen. Eine Ladung Busch- und Wolfheu rollt bedächtig im Rücken eines sehnigen, kupferbraun gebrannten Alten auf Weisbach zu. Sobald die Talrinne sich uns auftut, hören wir das Hegebachwasser raunen. Unmittelbar unterm Hangpfade ist der Quellgrund. Westwärts, fast im rechten Winkel, wenden wir uns fort. Tannen scharen sich beiderseits zum Dickicht zusammen. Dort, wo eine Holzbrücke den brausenden Bach überquert, beginnt dann wieder die Steigung. Ein Abstecher soll uns den Käuligen Berg, der uns viel verheißend zuwinkte, erschließen. Und wir haben diese Gipfelsteigung nicht zu bedauern. Trotz der sengenden Hitze, die bis in die tiefsten Talwinkel strömt. Denn zu den Fichten und Tannen gesellen sich weglängs üppige Buchen, die lindernde Schattenhände über uns breiten. Sie sind die Spaliertruppe großer Buchenscharen, die drei Hänge des Käuligen Berges umstellen. Zur Herbstzeit geben sie mit dem bunten Wirbel gilbender Blätter diesem einen ganz besonderen Reiz.

Bald haben wir die Gipfelhöhe erreicht. Eine trotzige Felsgruppe, die man leicht ersteigbar gemacht hat, türmt sich am westlichen Rande des Bergscheitels vor uns auf. Ehe wir sie erklimmen, richtet eine einzeln stehende, verstümmelte Riesenfichte unsere Aufmerksamkeit auf sich. Düster reckt sie die schwarzen, verknorrten Äste. Wilde Sturmfaust hat ihr die Krone geraubt. Als eine verzauberte Teufelsgestalt, die durch ein Fernrohr zur Tafelfichte hinüberspäht, erscheint sie dem phantasievollen Sinn.

Von dem kühn aufgesetzten Felsstuhl herab können wir wieder ein wechselvolles Rundgemälde betrachten. Unter dem Hange der Westseite mit dem Steilabsturz der türmenden Trümmermasse beginnt die lichtgrüne, lebensvolle Flur des Wittigtales, die bis in die Horizontdämmerung hinein sich erstreckt. Der Turm des hochgesetzten Friedländer Schlosses ist der bezeichnendste Punkt in der Horizontlinie. Freilich nur bei weniger durchsichtigem Luftkreis. An klaren Tagen fliegt der Blick sogar bis zum Zittauer Hochwald und zur Görlitzer Landeskrone hin. Die Bergkämme mit den Schroffen der Mittagssteine, der Hainskirche und des Nußsteines säumen wildbucklig und weit gen Westen das breite Talband der Wittig, während rechterhand der der Tafelfichte anhängende Kalmrich, nur bis Weisbach hin, das niedere Gefilde abschließt. Zauberisch schön schwellen beiderseits Buchenwaldwogen über die Hänge. Jenseits kuppeln wieder die östlichen Isergebirgsgipfel über den Wäldergründen und schließt auch die Riesengebirgsmauer südostwärts den Ring.

Ein Scheitelweg trägt vom Hauptthron des Käuligen Berges, über eine lichtfreie Wiesenfläche und am Raubschützfelsen vorbei, einerseits dem Quarresteige und Grünen Lehnstein, andrerseits dem Strittstück und dem Dürren Berge zu. Auch von hier klimmen malerisch gezogene Wege auf Heufuder und Tafelfichte hinauf, zuerst durch das bachreiche Quellgebiet der Großen Iser.

Doch schlendern wir heute auf demselben Pfade, den wir gekommen, ins Hegebachtal hinunter. Hinter der Brücke, die uns abseits lockte, umfängt uns schnell seine lauschige Schönheit. Wir zwängen uns durch die Büsche und klettern in das Bachbett hinab. Ein mächtiger, glatt gewaschener Stein soll uns Raststätte sein. Buchen- und Ebereschengesträuch, das die Ufer umrahmt, überhängt ihn mit kühlender Dämmerdecke. Ihm gegenüber blinkt ein ähnlicher Riesensitz im Sonnenglanz. Und die vielen andern Felstrümmer im Bachgehege, hohe und flache, abgerundete und schroffe, große und kleine, sie lassen sich unbeweglich von den leisen Sonnen- und Schattenfingern umtasten. Moosflecke übertupfen sie, ausgesengte, dürre Grasbüschel wallen wie Greisenbärte um ihre Starrheit, Algen, die sich an ihnen festsaugten, tauchen wie Schwammfetzen ins Wasser — indes ohne Aufhören und mit ewigem Brausen, Murmeln, Branden und Schäumen junge Bachfluten ihre Bahn ziehen und in Kaskaden, Pfeilschnellen, Strudeln, Schaumkreiseln und kristallenen Rinnsalen immer weiter zu Tale treiben. Überreich mit Trümmerblöcken durchschüttet ist der Bachgrund, und das macht das Rauschen des schmalen Hegebaches so besonders stark. Wir strecken uns lang aus auf unserm Steinbett, so hart es auch ist, und träumen ins vielgestaltige Spiel der drängenden Wasser, — wohl eine Stunde lang. Dann folgen wir mit unserm Wanderschritt dem Gange der Flut, das Hegebachtal mählich abwärts. Plötzlich hat sich der singende Bergbach auf die andere Seite des eng umfriedeten Tales gewandt. Und tief unter uns tummelt er sich in seinem Bett. Dahinter aber und auch auf der anderen Seite des Weges steigen die Hänge gewaltiger, steiler empor. Bis sich die Schlucht öffnet und die ersten Häuschen Weisbachs uns zulachen.

Das Gebiet der Hochmoore

Wir sind im Bereiche der Iserhochmoore. Die Große und die Kleine Isermulde bezeichnen sie hauptsächlich. Jene schlesischerseits, diese böhmischerseits sich erstrekkend. Der weitaus größte Teil beider Mulden ist Moor- und Sumpffläche. Bis an den Weg heran zieht sich hier und dort das Moorgelände. Und waldwärts träumt es in düsterem Schweigen. Schwarzgrüne Flecke üppiger

Knieholzbüsche beleben die fahlfarbene Weite. Wie kraftstrotzende, verschlungene Schlangenleiber recken sich ihre Verästelungen aus der Moortiefe auf und winden sich über dem Boden hin. Eine üppig geballte Schar, züngeln sie oft dicht an der Straße. Dem Schärferschauenden erscheint aber hier jedes Nadelbüschel als ein volles, tiefgrünes Licht, aus dem der Jungtrieb gleich einem helleren Dochtende leuchtet. Mit dem Knieholzgerank untermischt, wuchern Zwergwacholder im Moorgrunde. Die zarte Fiederung ihrer Zweige und die dichter gesetzten weichen Nadeln kennzeichnen sie. Auch kümmernde Krüppelbirken suchen die stumme Gesellschaft des Moorgesträuchs.

Vereinzelt blinkt ein düsterbrauner Moorpfuhl im Sumpfgelände. Und gelbliche, rotbraune, weißgraue und schwarzbraune Moospolster bilden die trügerischen Hübel und Gänge zwischen Tümpeln und Buschgewirr. Sonst sprießen noch allenthalben magere, sauere Gräser, Seggen und Binsen oder die Kräuter der roten Moos- und blauen Tränkelbeere. Der du ein Erspürer der seltsamen, schwermuttragenden Moorstimmungen bist, wag' es einmal, in die Bereiche der isergebirgischen Hochmoorwelt hineinzutasten! Nur darf dich das unheimliche Glucksen und Gurgeln unter den Füßen, das jeden deiner Schritte begleitet, und das wiederholte Einsinken im schwammigen Grunde bis über die Knöchel nicht erschrecken. Die sicheren Fährten, denen du nachfühlen kannst, sind die Wildwechsel.

Zu den größten Tieren, die die Moorwildnis beherbergt, zählen Hirsch, Reh und Fuchs. Seltener ist sie an Vögeln, von denen Auerhuhn, Birkhuhn, schwarzes Wasserhuhn und Krickente dir bei günstiger Gelegenheit zu Gesicht kommen.

Eben hüpft ein Kreuzschnabel um die Wacholderzweige, und durch die Lauscherstille des mildwarmen Augustmittags, der goldfingerig das ernste Moorantlitz streichelt, ziehen zartstimmige Meisen ihr Liedkettlein. Ganz drüben, vom Weideplan der letzten Iserhäuschen her, klingt vereinzelt Herdengeläut in die Vogelseligkeit. Sonst Friede, schwerer, weit umbauender, grüblerisch stimmender Friede! Und der Aushauch des Holzes und Harzes, den die alten Waldfichten am Moorrande, die Knieholzbüsche und Iserwacholder verströmen und der sich mit dem Ruch der Heuwiesen vermischt, läßt dich einen Duft atmen, den du als typisches Iserparfüm mit wohligem Behagen einsaugst.

Das strahlende Wunderband am Kleide der Isermulde bildet die Große Iser. Vom Südhang der Tafelfichte säumt sie her. Viele Rinnsale, die die Waldfläche des Strittstückes durchfuhren, stärken sie. Als einer der wasserreichsten Gebirgsflüsse scheidet sie auf zweieinhalb Meilen Schlesien von Böhmen und windet sich rechts an Groß-Iser vorbei. Von links brausen ihr Lämmerwasser, Koberwasser und Brachfloß zu, und rechts, unterhalb des Buchberges, wirft sich ihr die Kleine Iser schwesterlich in die Arme. Bei Hoffnungstal wandert sie vollends in Böhmen hinein, um sich schließlich nach einer Berg- und Talreise von siebzehn Meilen oberhalb Jungbunzlau in die Elbe zu stürzen. Die bringt auf Umwegen ihr Wasser nach Deutschland zurück.

Die Hauptbedeutung aller Moorwiesen im Bereiche der Iserhöhen liegt in ihrer Eigenschaft als Wasser- und Feuchtigkeitsbehälter. Mit der Kraft eines riesigen Schwammes saugt das Moor an Regentagen das strömende Naß auf, bewahrt es lange und speist damit Quellen und Bäche. Die Fülle der isergebirgischen Wässerlein, die oft im trockensten, glühendsten Sommer noch sprudeln, ist zu einem großen Teile sein Werk. In den Mooren haben wir auch die Werkstätten für die isergebirgischen Säuerlinge zu suchen. Der ständige Verkohlungsprozeß der Moorlager schafft die Kohlensäure. Die Sauerbrunnen und Mineralquellen in Flinsberg, Schwarzbach, Grenzdorf und Liebwerda verdanken wir ihnen. Auch zu den heilkräftigen Moorbädern liefern sie die Mittel.

Doch schreiten wir hinter den letzten Hütten des noch auf schlesischem Boden sich lagernden Dörfchens Groß-Iser dem Iserbette zu! Hier leitet ein Holzbrücklein zum jenseitigen Ufer. Dicht vor dem Walde, wo der verdämmerte Pfad nach dem böhmischen Klein-Iser führt. Goldig blinkt die Bachflut über dem hellbraunen, kleinsteinigen Grund. Um braunweiße Sandbänke rinnen die drängenden Wogen. Ja, hier ist eine Stätte sinnigster Wanderrast! Hier am Iserrand magst du dich lagern. Und dein träumender Blick erfaßt noch einmal die eigenartigen Reize der weltfernen Iserflur. Nicht weit von dir sind aus dem Wiesengrün rotgelbe Arnikasterne aufgegangen und erheben stachellose Disteln die feurigen, walnußgroßen Blütenköpfe. Aus dem Raubwalde heraus aber hängt üppig der weitgezogene Teppich des Heidelbeerkrautes.

Der schmale, mählich ansteigende Pfad am unteren Hange der Zimmerlehne trägt nach dem Hoyerhaus hin. Tief einsam liegt der kleine, holzwandige, schindeldachige Bau im Smaragdgrün der Waldau. Hohe, schöne Tannen umrahmen sie wundersam. Heilige Ruhe webt um die Einsiedelei. Doch nicht ganz abgeschlossen ist sie gegen den Hochkranz der Bergzüge. Ein erklimmbar gemachter Trümmerkoloß läßt nach des Hohen Iserkammes Gipfelwäldern hinüberspähen.

Hinter dem Fichtenweg, der dich sofort wieder einschließt, tut sich dir die starkhügelige Hochwiese des Kleinen Isermoors auf, in die die Hüttlein Klein-Isers sich kuscheln.

Der Name der winzigen Siedlung ist beharrlich festgehaltene Prägung des Volksmundes. Amtlich heißt sie Wilhelmshöhe, zu Ehren des Grafen Wilhelm Clam-Gallas, an den auch die längst inschriftlose steinerne Pyramide inmitten des Örtchens erinnern soll. Jetzt an Weisbach angegliedert, gehörte Klein-Iser ehemals zum Kirchspiel des jenseitigen Talortes Meffersdorf. Seine Gründung geschah um die Mitte des sechzehnten Jahrhunderts. Italienische welsche Bergleute waren unter den ersten Siedlern. Der Welsche Iserkamm, der südlich der Kolonie auswogende letzte Haupthochzug des Isergebirges, wurde nach ihnen benannt. Die weite Fahrt derselben bis in die unwegsamen Höhen der schlesisch-böhmischen Wälder hinauf erklärt sich aus dem einstigen Reichtum der Iserwiesen und ihrer Bäche an Halbedelsteinen. Unter den Funden der so geheimnisvoll anmutenden, zaubermächtig erscheinenden italienischen Schatzsucher sollen Stücke von grünem und blauem Turmalin, Zirkone, Korunde, Saphire und Rutile gewesen sein. Eine Anzahl Gruben zu beiden Seiten der Kleinen Iser und der Name des in sie mündenden Saphirflüßchens verraten das einstige Vorhandensein des wertvollen Gutes. Heute ist der Gewinn winziger Halbedelsteinbrocken ein seltenes Glück. Und nur Eisenspinellen und körnerartige Stücke des tiefschwarzen, zu wertvollem Trauerschmuck verwendeten Titaneisens, Iserin genannt, fand man später noch häufiger.

Einen gar raren Bewohner besitzt die Kleine Iser in der spinnenähnlichen Wassermilbe, die auf dem ganzen europäischen Festlande nirgends mehr zu finden ist.

Doch schauen wir uns weiter in dem kleinen Hüttenbereiche um! Almfriede atmet aus ihm. Und wären nicht die großen Ruinen erloschener Industrie dort drüben am Wiesenpfade, man könnte glauben, auch Klein-Iser hätte — wie seine kaum ausgewachsene Genossin auf der Großen Iserwiese — niemals die rußende Unruhe und Einengung des Fabrikwesens verspürt. Die Trümmerreste zweier Glashütten aber erzählen, daß die abseitige Siedlung einst auch industriewichtig war. Angehörige der Glasmacherkönigsfamilie Riedel erbauten die Hütten in den Jahren 1828 und 1866. Die Einwohnerzahl des Ortes erhöhte sich dadurch auf über vierhundert. Nach Einstellung des Betriebes fiel sie naturgemäß stark, um aber dann schließlich infolge des sommerlichen Fremdenverkehrs wieder zu wachsen. Ihrem Berufe nach sind die Klein-Iserleute jetzt fast durchweg Holzfäller und Wegearbeiter.

Steil wuchtet vor den Wiesenbuchtungen der Buchberg: eine basaltige Keule, die hier als 999 Meter hoher Aufwurf die Granitmasse des Isergebirges durchschlug. Humusboden hat den Steinkörper überfilzt. Wo man ihn abscharrt, tritt dieser grauschwarz zu Tage. Die kesselförmige Vertiefung in der abgeflachten Spitze gilt als Grater des einstigen Vulkans. Gipfelnah' stufen sich die Basaltsäulen und bilden an der Ostseite einen drei Meter tiefen Absturz. Das moosüberpolsterte merkwürdige Rechteck in der Basaltwand ist die Tür zu Iserines Schatzkammer. Der sich in der Gründonnerstagfrühe oder am Johannistage vor Sonnenaufgang den Sonntagskindern öffnende Raum birgt Kästlein mit strahlendem Gold- und Edelsteinschmuck. Iserine hat sie, als sie aus dem väterlichen Schloß auf der Stephanshöhe in die Wildnis des Buchberggipfels flüchtete, mitgenommen und hier verborgen. Und nur ab und zu ließ sie Stücke davon durch ihren Diener verhandeln, der drunten in den Ortschaften Lebensmittel dafür kaufte. Ein Felssturz verbaute ihr dann eines Tages den Zugang zu ihren Schätzen. Und nie gelangte sie wieder in deren Besitz. Bis heute ist der Reichtum in der Höhle eingeschlossen. Denn keiner vermochte ihn zu heben. Zu kurz ist die Schaufrist an den beiden Gnadentagen, so daß es niemand wagte, den felsigen Raum zu betreten — aus Furcht, darin eingeschlossen und ein Raub finsterer Mächte zu werden. Schau kindgläubig auf die Sagenstätte und wandle, wie einst das Grafentöchterlein Iserine, unter den Fichtenhallen des Buchberges! Dann freue dich mit mir der Pflanzenfülle, die der fruchtbare Basaltgrund aufsprossen läßt. Etwa hundertzwanzig Arten Gewächse trägt dieses Eldorado der Pflanzenforscher, darunter prächtige Alpenmoose. Und auf dem Osthange und am Ostfuße des teilweise auch buchenüberdeckten Keulberges schimmern in trunken machendem Azurblau die Glockenwunder des Enzians — weit, unzählig, dicht an dicht, ein in die Iserberge gesunkener, menschenwegentrückter Himmelssee. Was das Riesengebirge in gleicher Schönheit erst auf den Höhen über tausend Meter schenkt, zaubert die Isergebirgsnatur hier auf nur sechs- bis achthundert Meter hohen Hängen hervor.

Vom Dorfwege, der dicht an den Glashütten vorbeiläuft, grüßt du noch einmal zum schatzüberreichen Buchberge empor. Schwarzgrün säumt sein Fichtengekrause um den Hau, der sich bis fast in dic Spitzc hinauffrißt. Diese selbst ist leicht nach links gezogen, und mehr zu einem ungleichseitigen Dreieck ward der Umriß des Berges.

Hinter dem Dörfchen umschweigt dich die Moorweite der „Sauren Ebene“, wie das Volk die Kleine Iserwiese nennt. Höher getafelt als das Große Isermoor, besitzt auch sie ausgedehnte Sumpf- und Torfflächen. Und noch üppiger wuchert in ihr das Knieholzgeschlänge, das mit herrlichen Tannen, die äußerste Vorhut der hoch rahmenden Waldbaumheere sind, dem Kleinen Isermoor stärkere Düsterkeit aufprägt. Ein Torfbruch an der fest aufgeschütteten Straße zeigt mit den gestochenen Braunklötzen die Schichtung im Grunde. Wiederholt umspringt die Iser, das Kind des Schwarzen Berges, unsere Bahn. Viermal noch gleiten wir noch über ihren Rücken. Wo die Straße ihren höchsten Punkt erreicht, ist die Scheide der

Wässerlein, die einerseits der Oder, anderseits der Elbe zufallen. Links vor uns kuppelt hoch in den Äther die Siechhübelwildnis. Dicht hinter ihr trutzt der Wittigberg unter seiner Waldmütze. In der bergdurchsockelten Ferne rechterhand erkennst du die Tafelfichte an ihrem Turmstrichlein.

Kurz vor dem Wittighause, dem Endziel der Moorfahrt, packt dich noch einmal die Luft abseitiger Ergründung. Den Auerhahnsteig nicht verfehlend, tauchst du rechts in den Hochwald, wo, umhütet von dichtem Gestrüpp, nachtdunkle Moortümpel glänzen. Wie unheimliche Augen einer abgrundschaurigen Zaubermacht starren sie dir entgegen, der du durchfeuchteten Fußes, bedächtig tastend, in das Urwaldweben eindringst. Schwammige Moospolster mit rötlichem Scheine dein einziger Stand, üppige Binsen und Riedgräser davor und schließlich die düsteren Moorlachen. Wo dräuen Gräbertiefen, die undurchspürter abgleitendes Leben in sich zu krallen vermögen? Aber banne die Schauer, die dich umschleichen! Koste mit dem Tiefgefühle des Naturbewunderers diesen Sumpfzauber! Und lerne sie schätzen: diese grausige, versteckte Schönheit! So wie Jäger, der inbrünstige Landschafter der böhmischen Iserwelt, sie wertete, der ihre düstere Romantik meisterhaft mit seinem Pinsel festhielt. Doch daß wir nicht versäumen, den Namen der beiden schwer zugänglichen Moorgebiete zu verraten! Schwarze Teiche und Schöne Wiese hat sie der Volksmund genannt. Das Schönwiesefloß, das weltfern der Großen Iser zuwindet, scheidet sie voneinander. Und in der Reihe der wichtigen Isermoore mag man auch sie nicht vergessen.

Mit nassen Füßen fühlst du dich wieder auf den sicheren Weg zurück. Und dort, wo mehrere Waldbahnen zusammenlaufen und ausmünden, hast du das gastliche, viel besuchte Wittighaus erreicht. Ihm gegenüber baute Graf

Clam-Gallas, der Hauptbesitzer des böhmischen Iserwaldbereiches, sein überaus schmuckes Jagdschlößchen. Im Grundbau massiv, oben Blockwände aufweisend und das reizvollste Schindeldach, findet es das uneingeschränkte Wohlgefallen jedes Bewunderers einer landschaftswürdigen Bauweise.

Ein tiefeinsamer Winkel

Drunten in der Talweite des böhmischen Isergaues schlagen die Wogen des brausenden Lebens, hantieren geschäftige Menschenschwärme in Fabriken und Werkstätten, kettet sich endlos, wie nirgends ausgeprägter auf dem europäischen Festland, Ortschaft an Ortschaft zu machtvollem Industriegetriebe, entfaltet ein unübersehbares Steilgewimmel von Schornsteinen seine Rauchfahnen über Dächer und Fluren und wachsen aus nimmermüdem Schaffensdrang Tausende neuer Tagwerte ins menschliche Dasein. Drunten hat wie eine große, klug waltende Spinne Reichenberg sein graues Netz der Pflichten und Frone und des rastlosen Werkelsinns ausgespannt und schließen sich nicht minder rührige Dörfer und Städtlein mit ihren Arbeitszwangbereichen an den Machtkreis der leistungsstarken, reichen und hochgewerteten kerndeutschen Tuchmacherstadt.

Und schärfste Gegensätze verbinden sich an den Borden dieses ortschaftenübersäten Talgaues zu kühnem Schicksalsgemälde. Dort schnell schaffendes Maschinengetriebe, nutzend alle Vollendungen einer technisch hoch entwickelten Zeit, hier, unmittelbar daneben, mühsames Wirken einfachster Menschenkraft. Um die Häusermassen betäubendes, schier großstadtmäßiges Stimmengewirr und Gesellschaftsgeflut und dahinter, oft nur um wenige hundert Meter von jenem getrennt und in Urnatureinsamkeit leitend, leiser, beschaulicher Friede mit Walddomfeierlichkeit, Weidegrün, Herdengeläut und Hütejungenverträumtheit. Im Bannkreis der übereifrig brauenden Industrietiefen viel Glanz, Reichtum, Verwöhnung, außerhalb derselben, wo Gemächlichkeit waltet, eine nicht selten in äußerster Bedürfnislosigkeit sich vergnügende Schlichtheit, verbunden mit ländlich-einfacher Art. Nahe komfortablen Landhäusern und Palästen erfolgtüchtiger Fabrik- und Kaufherren karge, altersmorsche Hütten von Holzfällern oder Tagelöhnern. Neben maschinenstolzen Industrieanlagen Landwirtschaften mit primitivsten Arbeitsmöglichkeiten. Und dicht hinter diesen Bereichen, denen abends und nachts eine blendende elektrische Lichtfülle strahlt, Dorf-, Felder- und Waldgebiete, die nach erloschenen Tagen nur von den Lichtern des Himmels mehr oder weniger dürftig erhellt werden.

Ja, das alles sind Gegensätze, die dem böhmischen Iserland am Abfall seiner Waldinselwände in das große Becken seines Industriegaues typisch aufgeprägt sind. Und sie kommen uns zum Bewußtsein, nun wir hoch oben über der Talweite stehen. Dort, wo sich die Hohenhabsburg ins Berggewoge erhebt. Sie ist keine wirkliche Feste aus mittelalterlichen Burgenzeiten, wie ihr Name annehmen läßt, sondern ein regelrechter neuzeitlicher Gastwirtschaftsbau. Die Lust deutsch-böhmischer Iserleute, die Berggipfel und Hübel, wo es sich irgendwie verlohnt, mit einem Unterkunft, Erfrischung und Weitschau gewährenden Turmhaus zu krönen, hat auch die Hohenhabsburg geschaffen. Der Sinn der Bezeichnung ist leicht zu erklären. Ihr im Volksmunde sich immer mehr festlegender Name Heinrichsburg oder Liebiegwarte deutet auf den Reichenberger Industriebaron Heinrich von Liebieg hin, der sich ein finanzielles Verdienst um ihre Aufrichtung erwarb. Und ist sie auch nicht Vorzeitwerk, so hat man ihr doch in allem den echten Charakter einer Burg aufgeprägt. Wallgraben, Burgmauer, Burgbrücke, Burghof, Wartturm, Verließ mit Falltür, Ziehbrunnen und noch jede Einzelheit, die eine alte Bergfeste vortäuscht, besitzt sie. Bequem kann sie jeder Spaziergänger vom Volksgarten in Reichenberg her ersteigen. Auch in mühelos zu bewältigenden Serpentinen säumt ihr ein laubwaldumschatteter Pfad zu. Wer noch schneller als in einer kleinen Halbstunde auf der Hohenhabsburg sein will, muß freilich eine steilere Bahn nehmen. Aber auch sie wird nicht allzu beschwerlich. Denn allenthalben schützen lauschige Buchen an Reichenbergs Gipfelhängen, vor allem in diesem Bereiche, gegen Sonne und Sturm.

Wahrhaft schön und reich, wie ja überall auf den böhmischen Isergebirgsthronen, entfaltet sich rings um diesen Gastbau mit Schauturm die prangende, wildzügige und doch so liebliche Höhen- und Tälerlandschaft, mit ihrem weiten Wäldergewell, ihren lachenden Auen, ihrem formenüberreichen Berg- und Hügelgeschiebe, ihren vielen Siedlungen in allen möglichen Bodenlagerungen und ihren ungemein oft mit Turmstrichen sich ausspitzenden Gipfelungen. Und der Turmspäher taucht von hier ostwärts tief in den Harzdorfer Kamm, einen waldigen Bergrücken, der nach dem drunten sich weit erstreckenden Harzdorf benannt ist, überstreift in nördlicher Horizontferne den Katharinberger Höhenzug, umschließt gen West und Südwest Jeschkenwall und Neißegefilde und findet vor allem in weiten Tieffluren die schon gekennzeichnete, am Südfuße der Iserwaldhöhen sich riesenhaft ausbreitende Fülle der Industrieorte des deutschen Isergebirgsgaues um Reichenberg, das selbst so völlig sich auftut.

Noch manche schöne Hangwaldstrecke erschließt die Streife in der Nachbarschaft der Heinrichsburg. Lauschige Minuten verleben wir auf dem Schillerweg. Rührend in seiner bescheidenen Blümchen- und Steinzier und Birkenholzrandung finden wir das Plätzchen, wo ein wohlschmeckender Born in eine Rinne geleitet ist und die Inschrift sagt:

Dem Müden diene der lauschige Platz;
Der Quell erfrische die Glieder.

Und starkes, gestähltes Fühlen schwellt noch weiter oben jener mit Felskolossen überwucherte Platz, dessen ragendster Gigant trutzig und stolz des deutschböhmischen Heimatvolkes Schwur kündet: Deutsch auf ewig!

An ihm in steilem Anklimmen vorüber, finden wir auf das windumbrauste Plateau oberhalb Rudolfstal hinauf. Rechts läuft hier ein Weg von Harzdorf her aus und auch ein solcher, der an der Liebiegwarte vorbeistreift. Andererseits weist ein Zeiger nach Katharinberg hinab, das nicht fern in seine Talbucht gebettet ist. Aus dem nahen Grunde herauf aber klettert Rudolfstal. Und je weiter wir geradenwegs die Richtung auf Friedrichswald nehmen – was wir nachdem grüßen wollen – umso offener kriecht es seitlich über die Hänge seiner Wiesenfaltungen. Als Kopfabschluß des Dorfes, der das Plateau erreichte, schmiegt sich sein kleiner Friedhof an den untersten Waldmantelsaum des Buschdorfer Berges. Auch die Buschschenke lagert sich oben, dicht an unserem Wege. Der Einblick in das abseitige Dorf zeigt, daß dieses nicht nur armselige Häuslein hinstellte. Warum man Rudolfstal allgemein Buschdorf nennt, wissen wir, nun wir die weiten dichten Wälder überspähen, die es allseitig umwellen. Der Pilzeberg, der Hohe Berg, die näher an seine Tallehne herangerückt sind, und der dahinter sich wölbende Drachenberg, der schon zum Katharinberger Kammzug gehört, wird von ihnen überdunkelt. Da die Dorfflur den rauhen Nordwinden offenliegt und noch dazu in beträchtlicher Höhe sich streckt, ist es hier schlecht

um die Ackerwirtschaft bestellt. Wintersaat kommt nicht mehr zum Gedeihen. Naturgemäß betätigt sich die Mehrzahl der Rudolfstaler als Holzfäller und Wegearbeiter. Auch in Fabrikbetrieben schafft ein wesentlicher Teil von ihnen. Besondere Vorzüge entdeckte man am Buschdorfer Bereich zur Winterzeit. Wie das am Bache gleichen Namens von Westen her in die Bergbucht sich hinaufziehende, vom Drachenberge verdeckte Voigtsbach, wird es in Wochen der Schneelagerung allsonntäglich von zahlreichen Skifahrern der Umgegend aufgesucht. Das sportfrohe Winterwandern auf den Dornstkamm, zu dem sie auf diesem Wege am besten gelangen und der herrliche Abfahrten nach Johannisberg und Friedrichswald gestattet, lockt die eingemummten Gäste herauf.

Wir streben nun Friedrichswald zu. Eine Waldbahn trägt uns fort. Ehe wir in sie eintreten, wenden wir uns noch einmal um, jene Richtung durchschauend, aus der wir vom Tale her kamen. Welch eindringlich-schönes Fernbild sich uns dabei in die Seele prägt! Ein Bild: halb Tieffärbung und scharfe Konturen, halb blassen, hauchzart erscheinenden Hochbogenschwung tragend. Eine ausdrucksvolle Fichtenreihe säumt unten das Blickfeld, und dahinter verblaut der Kammsaum des buckelnden Jeschken mit dem aufgezackten Steilkegel. Nicht viel Zeit verrinnt, bis wir wieder das Baumrevier hinter uns haben und an Friedrichswald heranstreifen. Plötzlich lagert die Königshöhe, die ein Wahrzeichen der Friedrichswalder Gegend ist, rechts drüben. Nicht weit von uns. Die feuerrote Mütze ihres stattlichen granitenen Turmes leuchtet freundlich her. Dann haben wir auch das zwischen Königshöhe und Weberberg weit gereckte Friedrichswald unten im rechten Talgesenke. Ein lebhaftes Wesen kündet den deutlichen Übergang in die große Regsamkeit des Industriegaues. Nach oben hin, wo uns nur ein paar Häuschen vertraulich näherrücken, weckt es zwar den Eindruck schweigsamsten Friedens. Denn kein Arbeitsgeräusch brandet bis zu uns herauf. Aber auch der Anschluß weiterer Häuschenschwärme, bis zu den jenseitigen Hängen empor, sagt genug. Und indem wir einen Abstecher ins Dorf hinein unternehmen, erfahren wir, daß nur unmittelbar über ihm die heiligste Stille umgeht.

Glasschleifereien kennzeichnen in der Hauptsache Friedrichswalds Industriecharakter. Neben Hütten- und Fabrikarbeit wird auch noch viel Heimarbeit im Glasmachergewerbe geleistet. Von den gläsernen Knöpfen, Mundtuchringen usw., die vom Sammelplatz Gablonz in alle Weltrichtungen hinausgehen, liefert auch Friedrichswald ein ansehnlich Teil.

Aus einer einfachen Glashütte erstand der Ort, und nach Friedrich I., dem Vater seines Gründers Melchior von Rädern, führt er seinen Namen. Die Königshöhe – wohl an einen ehemaligen Anwohner, König, erinnernd – der wir auch einen Besuch abstatten, ragt mehr als achthundertfünfzig Meter hoch auf. Sie kettet im nordwestlichen Abschnitt des Friedrichswald-Maxdorfer Kammes, eines Vorriegels der südwestlichen isergebirgischen Hochkammauern, und ist sein ragendstes Glied. Auch der Seibthübel, die Nickelkoppe und der abschließende Maxdorfer Berg fügen sich diesem an. Der erst südöstlich, dann südlich ziehende Höhenzug fußt nordöstlich im Längstal des Blattnei- und oberen Kammnitzbaches, östlich im Quertal desselben und wird im Süden von der Neiße und im Westen vom Neißebach umschnitten. Letzterer durchbändert auch das ganze Friedrichswalder Häuserbereich in südöstlicher Wendung, um sich bei Gablonz der am Schwarzbrunnkamm hervortauchenden Gablonzer Neiße hinzugeben, die die gesammelten Wasser dann zuletzt zur Lausitzer oder Görlitzer Neiße, einem Nebenflusse der Oder, führt. Doch auch den Schwarzen Neißebach, der Rudolfstal, Katharinberg und Ratschendorf sein Berglied vernehmen läßt und auf Alt-Halbendorfer Gebiet mit der Gablonzer Neiße zusammenbraust, nicht zu vergessen! Er enteilt weiter westlich, als Kind des Haindorfer Kammes. Eine Talsperre bannt hoch oben über Neuwiese den überflutenden Wilddrang seiner Lenzwässer und steigert auch die Wasserkräfte, deren sich die vielen industriellen Betriebe des Neißetales bedienen. So hoch gebettet wie sie finden wir wenige in ganz Europa. Nahe der Ursprungsstätte des Baches dehnt sich abseits ihr Staubecken hinter grauer Sperrmauer. Weit unter ihr, unmittelbar an Friedrichswald heranrückend, links unserer dicht am westlichen Königshöhenfuße hinstreichenden Straße, staut ein kleineres Becken den Drang der Quellen.

Wie uns dein Name anheimelt, dürftiges Gasthäuschen „zum grünen Wald"! Indem wir bei dir die mit brennenden Ebereschen und Ahornen besetzte Bahn um die Königshöhe herumwandern, umfängt uns die große Waldstille des Tiergartens. Wenig Menschen tauchen beim Durchqueren der hohen, weiten Iserwälder in den Zauber, der sich uns nun auftut. Nach dem verlorenen Neuwiese führt uns der Schritt. Eine Aufbuckelung an der Waldstrecke zwischen dem Blattneibach und dem winzigen, ihm zumurmelnden Roten Floß heißt der Kroatenhügel. Die nach Christianstal Hinstrebenden huschen über ihn hinweg. Ein Ausblick auf die Königshöhe mit ihrer Warte verrät ihn. Sonst finden nur die Eingesessenen, vornehmlich die Forstleute und Waldarbeiter, das unscheinbare Fleckchen. Und die wenigsten wissen den Sinn seines seltsamen Namens. Uns umspinnt er mit den Fäden geschichtlicher Romantik. An den Bayerischen Erbfolgekrieg von 1778 bis 79, auch Preußenrummel oder Buttermilchkrieg genannt, der die beiden herrlichen Landesväter Friedrich II. und Josef II. gegeneinander führte, glücklicherweise aber nur zu kleinen Geplänkeln mit geringem Blutvergießen auswuchs, erinnert er. Es war an einem Augusttage des Jahres 1778, als die Preußen Reichenberg besetzten. Einzelne ihrer Abteilungen stießen von dort bis Maffersdorf und Gablonz, ja bis auf die noch ziemlich unwegsamen Iserhöhen vor. Eine derselben gelangte im September auch nach der Einschicht Neuwiese. Vorposten einer kroatischen Kompagnie, die unten in Reinowitz lag, fühlten sich am Tage Mariä Geburt (8. September) bis hierher vor, um den Feind zu überlisten. Sie wurden jedoch von den im Gehölze verborgenen Wachtposten bemerkt und beschossen. In dem Gefecht wurden zwei Kroaten niedergestreckt. Die Stätte, auf der wir ins Fichtenschweigen hineinsinnen, wurde ihr Grab. Später fand man freilich beim Klaubholzlesen ihre Gebeine und setzte sie andernorts bei. Erwähnt sei mit dieser historischen Tatsache noch, daß die Preußen glaubten, die Neuwieser Glasmeister hätten ihren Aufenthalt verraten, und darum die Absicht kundgaben, sämtliche Glashütten im Gebirge niederzubrennen. Nur ihr plötzlicher Abzug verhinderte wohl ihr Vorhaben.

Und nun sind wir in Neuwiese. Zwei hechtgraue, schindeldachige Gebäude staunen uns an. Tief verträumt die freundlichen, weißrandigen Fensteraugen über die Waldwiese schweifenlassend. Eine scheue, unnahbar gewordene kleine Märchenwelt. Das größte der Häuser dient jetzt dem Grundherrn der unermeßlichen Wäldergefilde, dem Grafen Clam-Gallas, zum Wohnsitz bei Jagden. Ein strenges Schild verbietet das Betreten des Vorgeländes. Auch ein frischer Trunk wird vorn im Waldwärterhäuschen nicht mehr verabreicht. Es war einmal! Weit und breit winkt keine Gaststätte dem Lechzenden. Wer also der Gastwirtslabe bedarf, suche diese vorher, oberhalb Friedrichswald oder in Christianstal. Denn bis Ferdinandstal, das noch fern vor uns liegt, findet er keine Einkehrstätte mehr. Auch an dem Segen der Quellen mangelt es hier. Die Einschicht Neuwiese ist der Gemeinde Friedrichswald zugehörig. Vielleicht bewirkte einst Wallenstein ihre Entstehung. Wohl schon 1632 ward der stille Waldplatz gerodet und beräumt, um dann im Verlaufe des Dreißigjährigen Krieges wieder zu verwildern. Sein jetziges Aussehen bekam er vermutlich erst mit dem Bau einer Glashütte. Sie bestand von der Mitte des achtzehnten bis gegen die vierziger Jahre des neunzehnten Jahrhunderts. Das heutige Jagdschloß ist die einstige Glasmeisterwohnung. Auch die berühmte Glasmacherfamilie Riedel besaß die Neuwieser Glashütte. Eine geschichtliche Erinnerung weist in die letzten Augusttage 1813 zurück. Damals sollen hier „Polacken" geplündert haben.

Hinter der stillen Siedlung wogen schwarzgrüne Fichtenwälder den Riesenwall des Taubenhauses hinauf. Der Felsaufsatz des Berges düstert herüber, nicht weniger eindrucksvoll die Steinsteilung der Großen Vogelkoppe. Dunkel und hochbogig gezogen, hängt ferner drüben am weitesten rechts der Wäldermantel des Schwarzen Berges. Wir überschreiten den Schwarzen Neißebach beim Fortwandern in den Waldhallen. Dichtbei weitet sich das bezeichnende Friedrichswalder Talsperrebecken. Von höherer Stelle des schmalen Aufwärtspfades überfliegen wir bei der Rückschau die Beckenfläche. Wie ein weltfern spiegelnder Alpensee, in den Rahmen von Fichten und Tannen gefaßt, brütet er in der Sonne. Der Sperrmauerstreif legt sich als südliche Fassung davor. Und ganz fern ein silbergrau Stück Jeschkenkamm, flacher nun, aber doch eine dämmerige Alpenhochwand vortäuschend. Wir möchten uns kaum abwenden von diesem friedeatmenden Wunderbild.

Den Pilgerweg nennt man den eng umwipfelten Pfad, den wir zu langer, abseitiger Streife betreten haben. Uns gilt er als die zauberschönste aller isergebirgischen Wanderstrecken, namentlich in seinem letzten Teile, der

Schlucht der kleinen Stolpich, die wir auch noch hinabschlendern wollen. Vorerst hebt sich unser Weg über den Ölberg, den man auch unpoetisch als Abtsknochen vermerkt. Er ist der äußerste Vorposten des Haindorfer Kammes, dem auch die Schöne Marie, der Basler Berg und der Mittagsberg mit seinen Ausläufern: Oberer Hemmrich und Pferdekopf, zugehören. Und in unserer Richtung noch der Gerlachsheimer Berg, den wir auch bald in diesem Reich der tiefsten, wälderumfriedeten Traumstille übersäumen. Bis es dann, immer in schmalen Baumsäulengängen, abwärts geht. Mehr und mehr umhockt uns dabei die Wildheit riesiger Trümmerblöcke. Allenthalben starren uns diese aus den Dämmerhallen des Fichten- und Mischwaldes entgegen, hier und da wie verwunderte Ungeheuer, wie verwunschene Berggeister nahe an uns heranrückend. Wieviel Baumgeschlechter wohl diese Würfe der Weltschöpferfaust schon mit stummer, stumpfer Gebärde umdunkelt haben? Moosbärte verdecken hier und da das graue Steingefurche und rufen den kindlichen, wonneschaurigen Glauben an gnomenhafte Rüttelweiblein und graue Männel wach. Ist's uns doch auf einmal, als luge dort hinter der Grünecke eines dachenden Felsens das gelbe Runzelgesicht eines zwergigen Buschweibleins hervor, einen dicken Wurzelstrang überstolpernd.

Und je tiefer wir die Schlucht der Kleinen Stolpich hinabspringen, um so zahlreicher schart sich das wildgeformte Felsbrockengeschiebe. Einer der granitenen Stühle rechts ladet zur Ausschau ein. Und gewaltig mit seinen Steilstürzen öffnet sich vor ihm der Westhang der Vogelkoppenhöhe, die sich keilförmig zwischen Schwarze und kleine Stolpich einschiebt und deren Anschluß die Schöne Marie bildet. Nicht minder schroffrandig und trümmerüberbeult tritt auch diese vor uns, ihren Namen weniger durch die sanfte Schönheit ihres üppig wallenden Buchenlaubgoldes, als durch ihre felsige, trotzige Wildschönheit beweisend. Daß kletterkühne Ergründer ihrer Wesenheiten einen Teil des Berges die Wilde Marie heißen, mag hier nicht verschwiegen bleiben. Weiter unten muten uns mehrere der mächtigen Steinkolosse im herbstlichen Buntwalde des Vogelkoppenhanges ganz wie Ruinen kleiner Raubburgen an.

Und wie bezwingend in ihrer Großartigkeit ist die Schau in den goldüberflammten Buchendom des Basler Berges! Bei einer scharfen Wegbiegung tut er sich uns jenseits auf. Ein Abendwind hat eingesetzt. Als Meister der hohen Bergwaldorgel läßt er einen feierlichen Choral zum Preise der ewigen Naturmacht durch die Wipfelwölbungen brausen. Und es ist uns wirklich, als seien wir in einen heiligen Tempel getreten. Fromme Andacht umfängt unsere Seelen. Nahebei summt die durch lauschigste Mischwaldgehege hingleitende Kleine Stolpich ihr betendes Quellied zur Hochwindorgel, während Felsen und Bäume die Male kindlich heiliger Christus- und Heiligenverehrung tragen. Die Bezeichnung Pilgerpfad ist also in mehr als einem Sinne gerechtfertigt. Und daß der unübertrefflich zauberische, weitgezogene Wald- und Schluchtpfad, der die Wallfahrer vom fernen Reichenberg zur wundertätigen Maria von Haindorf brachte, noch heute dem Pilgersinn geweiht ist, bestätigen kurz vor seiner Ausmündung in Ferdinandstal noch deutlich die an hohen Pfählen angebrachten Buntbilder, mit denen die Leidensstationen Jesu vor Augen geführt werden.

Zwischen Stolpichschlucht und Gablonz

Der landschaftliche Vorzug des durch eine schöne Klosterkirche auffallenden, legendenbekränzten Wallfahrerstädtchens Haindorf ist seine Bettung in einen Talwinkel, um den sich die Mehrzahl der zauberreichsten isergebirgischen Hochtäler, Trümmerpfade und Waldverborgenheiten schließt. Die kammwärts sich windende Schlucht der Schwarzen Stolpich, die alle Wunder überwältigender Hochwaldromantik entfaltet, bildet das gerühmteste und besuchteste Bereich in Haindorfs Bergmauernumwelt. Unmittelbar über der halbwachen Siedlung Ferdinandstal, die noch zu Haindorf gehört und unter der Schwarzer und Kleiner Stolpichbach eins werden, tut sich das Bergtor auf. Und in gemächlicher Steigung trägt sie höhenwärts. Nußstein und Schöne Marie bilden ihre gewaltigen, vielzügig gestalteten Torsäulen. In bunt wechselnder Fülle ragen sie noch weit in die Schluchthallen hinein, strotzend im Gepränge üppigsten Mischwaldes und reich an steilrandigen, wuchtschweren Steinkanzelprägungen. Etwa eine Stunde lang umbraust die Schwarze Stolpich, nachdem sie von der Quellhöhe des Taubenhauses herabgesprungen ist, die Große Stolpichstraße. Dann säumt diese über Kammweiten fort, zuletzt in Nordwestrichtung. Hier raunt die weiße Wittig mit ihr. Und nachdem sie den Nordwestfuß des Siechhübels umstrichen hat, läßt sie sich mit jener wieder fallen, bis am Wittighause die Iserstraße sie auffängt. Freilich immer noch in beträchtlicher Höhe. Vor ihrer Krümmung in Siechhübelnähe aber wird die Stolpichstraße zur Schnittlinie durch eine von Mooren und Sümpfen erfüllte Hochfläche. Außer dem Gebiet des Scharchen, dessen Name sich aus seiner Eigenschaft als Wasserscheide zwischen Schwarzbach und Schwarzer Stolpich erklärt, umschweigen die Moor- und Sumpfwelten der Tschihanlwiese, der Wolfswiese und der Kneipe die obere Stolpichbahn. Knieholzgekrause im Wechsel mit den stillsten Fichtenwäldern kennzeichnen dem Wanderer diese Hochmoorflächen. Und am Scharchen wird beiderseits der Straßenschnur der eindrucksvollste Durchschnitt durch die Torf-

und Moorschichten sichtbar. Mit den beiden Isermooren und den anderen kleineren Moor- und Sumpfgeländen unserer Kammbereiche vervollständigen die Moore diesseits und jenseits der Stolpichstraße das an zweitausend Hektar umfassende Moorgebiet des Isergebirges, hinter dessen Ausdehnung die der als wichtig hervorgehobenen Riesengebirgshochmoore noch um ein gut Teil zurückbleibt.

Das Werkfieber der Haindorfer Papierfabrik und einer großen Brettsäge und das Gläsergeklirr der letzten Ferdinandstaler Gastwirtschaft verschallen hinter uns. Wir stehen im ersten Banne der Stolpichschlucht. Nicht menschenfern steigt sie dahin. Eben kommen Haindorfer Frauen mit Buschheu talwärts geschwankt. Den hochgefüllten Rückenkorb an die hölzerne Trage gebunden, schweißtriefend. Ihre Hand hält den Stecken, der für kurze Rastpausen Laststütze sein muß. Ein Schwarm Kinder mit kleineren Trachten Knüppelholz ist bei ihnen. Von den Vogelkoppen herab bringen diese Waldgänger den kargen Segen. Ein mühsames Völklein, scheuen sich nicht schwere Arbeit und weiten, anstrengenden Weg. Ab und zu begegnen uns auch Wanderer, die die Stolpichstraße hinunterstapfen.

Vor uns ragt nun steil und wildrandig der Nußstein auf. Beim Wildgatter vernehmen wir den ersten Rauschegesang der Schwarzen Stolpich. Bald huscht sie uns über den Berg, nachdem sie in ihrem tiefen Steingefurche zu unserer Linken die ganze obere Schlucht durchlaufen hat. Frei hebt sich dann der Nußstein aus seinem Mischwaldmantel. Die graue Felsmütze mit dem Kreuz verstärkt den Eindruck seines strengen Ernstes. Nur die in das Fichtendüster hineinleuchtenden Buchen, die sich talzu an seinen wildfelsigen Hang schmiegen, lassen ihn freundlicher erscheinen. Geisterhaft orgelt der Wind in ihren herbstbunt glühenden Wipfeln. Auch im flammenden Laube an den Steilhängen der Schönen Marie springt er um, ein Meister gewaltig brausender Symphonien. Dazu der dunkle Sang der Schwarzen Stolpich, die bergkraftvoll um zahllos gewürfelte Trümmerblöcke tanzt. Rechts an der Felswand ruft eine Tafel das Gedenken an Österreichs unglückliche Kaiserin Elisabeth wach. Die Ortsgruppe Ober-Wittigtal des rührigen Deutschen Gebirgsvereins für das Jeschken- und Isergebirge (mit dem Hauptsitz in Reichenberg) hat sie ihr gewidmet. Wo die Straße dann schmaler sich hinzieht, randen dicht und steil die vorgeschobenen hohen Felsstühle. Am untersten Hange der Schönen Marie sind sie noch mehr in Waldhallen gestellt.

Bei der mittleren Stolpichbrücke zweigt ein Steilpfad zum Nußsteingipfel hin. Wir wandern weiter auf der großbogigen Bahn, die die Steinbrücke überläuft. Hinter der niederen Schutzmauer lacht uns ein helles Talbild zu. In dreieckigem Ausschnitt zwischen den beiden prunkvollen Stolpichtorbogen leuchtet die Friedländer Niederung auf. Ganz links, im waldigen Fleck, steilt weißgrau Burg Friedland, der alte Wallensteinbesitz. Weit im Hintergrunde reckt sich dunstumblaßt die Landeskrone bei der größten der Oberlausitzer Sechsstädte. Etwas höher noch sehen wir die Brücke als gelbweißen Kammbogen sich in das goldige Laubgeflecht der Schönen Marie einspannen. Und die ganze von ihrem Haupt herabwallende Glanzfülle schimmert uns entgegen. Der Ausschnitt der Fernelandschaft ist freilich hier schmaler geworden. – Ganz nahe sind wir nun auch jenem Felsvorsprung, von dem wir die Stolpich in tosendem, gischtendem Fall über schroffe Felsklüftung stürzen sehen. Wir haben hier auch die obere Stolpichbrücke erreicht. Über sie weiter leitet die Straße in den Siechhübelbereich. Rechterhand kürzt ein Weg nach Christianstal hin ab. Er bringt uns auch durch wechselnde Waldstraßen und Knieholzgebilde auf den Taubenhausthron. Hohe Markierungsstangen, die im Winter durch gewaltige Schneeschichtungen zielwärts führen sollen, begleiten uns lange. Bis wir dort sind, wo der letzte Pfad nach der acht Meter hohen Granittürmung des Berges hinweist. Ehe wir ihm aber nahekommen, grüßt uns am schmalen Waldpfade des Taubenhaussattels ein eindrucksvolles Marterl. Auf farbigem, überdachtem Ölbilde, das hoch am Baume hängt, irren zwei Wanderer im schneesturmdurchwirbelten Kammwald dahin. Darunter bezeichnen Ziffern den Tag, der das marterlwichtige Ereignis brachte, und künden Reimworte:

In Winternacht bei Sturmgebraus
Einst tobte es am Taubenhaus
Und schneite hier drei Wanderer ein,
Die wußten nicht wo aus, wo ein.
Nach vielen Stunden banger Not
Sie fanden endlich sicheren Hort.
Drum, Wandrer, denk' an dieser Stelle,
Oft ist der Winter ein grimmiger Geselle!

Veranlassung war das Erlebnis dreier Touristen aus Reichenberg, die sich an einem schneesprühenden Februarabend, als die wettersichere Markierung noch nicht durch die Winterwildnis führte, unweit des Taubenhaussattels verirrten. Sie waren nur noch eine halbe Stunde von der Stolpichstraße entfernt. Beim Suchen aber immer tiefer in den Hochwald hineingeratend, kamen sie in die größte Lebensgefahr. Der Erschöpfung nahe, konnten sich zwei von ihnen nach langen Stunden schließlich doch noch zur Straße durchfinden, während ihr Kamerad erschlafft zurückbleiben mußte. Glücklich erreichten die Geretteten Ferdinandstal, und in Begleitung tatkräftiger, beherzter Männer, die ein Schlittengespann zur Verfügung stellten, gelangten sie auch an jene Stelle zurück, wo sie ihren Gefährten verlassen mußten. Obgleich ganz erstarrt, fanden sie diesen lebend vor und brachten auch ihn in Sicherheit.

1069 Meter hoch ragt das Taubenhaus empor. Seinen seltsamen Namen verdankt er dem taubenbauähnlichen Gehäuse an einer Signalstange, die vor mehr als hundert Jahren hier gestanden haben soll. Der Granitwuchtung auf dem Bergscheitel gebührt besondere Beachtung wegen der sogenannten Opferschalen, die sie aufweist. Durch die ausnagende Tätigkeit von Wasser, Luft und Frost entstanden, haben diese schalen- oder muldenförmigen, flachen Gebilde, deren man in den Iserbergen mehr als achtzig entdeckte, lange Zeit zum Rätselraten veranlaßt. Fälschlich galten sie als Werk von Menschenhänden, dessen sich die heidnischen Ureinwohner des Gebirges bei heimlichen Blutopfern bedient haben sollen. Außer dem Taubenhaus sind der Siechhübel und der Schwarze Berg bei Christianstal Hauptstätten, an denen man sie findet. Mit letzterem, der sich gleichfalls lang und schmal aufsetzt, vereinigt sich das Taubenhaus zu einem Kammquerriegel, der südostwärts hinbuckelt und am Nordwestabschluß durch die Schöne Marie mit dem Haindorfer Kamm verbunden ist. Am höchsten reckt sich der stattliche Querzug im 1084 Meter aufragenden Schwarzen Berge, zu dem der wenig mehr als 1000 Meter hoch sich rundende Taubenhaussattel hinüberleitet. Das Taubenhaus selbst zackt am entgegengesetzten Ende zu den felsblockigen Vogelkoppen aus, deren steiler Nordabfall keilförmig zwischen Schwarze und Kleine Stolpich greift und auch an die Schöne Marie ankettet.

Doch genieße vom einsamen, wälderumbauten Hochstuhl des Taubenhauses die Wunder eines überwältigenden Rundgemäldes! Gen Süden tragen deinen schwebenden Sinn, bis über den fernen Trotzky fort, die endlosen Wogen der unergründlichen, wildzügigen Iserbergwälder. Aufgelöst in kleinere Höhengruppen und einzeln sich hebende Kuppen und eckigere Aufwürfe ist hier das Kammgewell des Isergebirges. Und dieses typische Bild unseres südlichen Bergreiches prägt sich uns bei dieser Schau eindrucksvoll in die Seele. Im Osten und Südosten beherrscht die Riesengebirgswelt das Blickfeld, während südwestwärts der Jeschkenzug mit seinem schneekoppenähnlichen Kegel die lebhaftere Horizontlinie bildet. Im Westen nebeln Lausche, Zittauer Höhenland und Elbsandsteingebirge auf. Die Wendung gen Nordwest ermöglicht die Sicht nach der Landeskrone hin, und tief tafelt sich nord- und nordostwärts die schlesische Niederung aus.

Schmal und tiefrinnig ist der Pfad, der uns vom Taubenhausgipfel an die Christianstaler Straße heranträgt, dazu von hohen Blaubeer- und Grashübeln umgrünt. Und Felssteine und lufthungrige Wurzelstränge erschweren den Schritt. Die regenarmen Wochen, die unsern Wandertagen vorangingen, sorgten dafür, daß die wilde, wenig betretene Strecke dennoch nicht gar zu beschwerlich wurde. Wenn aber eine nasse Zeit mit ihrem Regenstrome den Boden tränkt, dann ist es wahrlich nicht leicht, vorwärtszukommen.

Da die Bäume hier, wie in vielen Revieren des riesigen Clam-Gallas'schen Bereiches, nicht so dicht gesetzt sind, so haben sie ihre grünenden Unterzweige behalten. Ihr volles Gekrause verleiht den böhmischen Iserwäldern einen besonders üppigen, hoch romantischen Ausdruck. Die Felstrümmer, die allenthalben über die Hänge und Lehnen gewürfelt sind, verstärken den zauberischen Bann, den sie ausüben.

Dicht an der Waldstraße sind die braungrauen Rollen losgeschälter Fichtenrinde aufgeschichtet. Ihr würziges Aroma verströmend, trocknen sie in der warmen Vorherbstsonne, um bald der Lohmühle zugeführt zu werden.

Und nun grüßen wir Christianstal, die winzige Siedlung. Menschenscheu und verträumt lagert sie auf einer hügeligen Hochwiese, ganz in verschwiegenste Wälder hineinlauschend. Eine wundersame, seltene Stilreinheit zeichnet ihren schlichten Häuschenkranz aus. Sanftgraue Dächer decken die Hütten. Wo Schiefer die trauliche Schindelaufreihung ersetzt, wahrt auch er den gleichen beruhigenden Farbenton. Und die freundlichen, vorzeitartigen Blockwände der hochdachigen Christianstaler Häuslein! Sie verdoppeln das Wohlgefallen, das Christianstal, das abseitig geflüchtete Waldmägdlein, findet. Sein Dasein verdankt der Ort dem Glashüttenbesitzer Johann Leopold Riedel, an dessen Zweck noch das größte der Gebäude erinnert. Für die Winterwanderungen ins höhere Gebirge der böhmischen Seite ist Christianstal ein bevorzugter Ausgangspunkt.

Nordostwärts kuppelt in dichten, dunklen Waldwölbungen der mit dem Taubenhaus verschwisterter Schwarze Berg. Ein etwa zweieinhalb Meter aufragender Granitstuhl, den er an seinem Hange trägt, heißt der Teufelssitz. Eine Anzahl Opferschalen bedecken ihn. Die ansehnlichste derselben hat etwa dreißig Zentimeter Tiefe und fünfzig Zentimeter im Durchmesser. In ihr hat, wie die Volksmär weiß, einstmals der Teufel gesessen und geruht. Schabernacklustige Kobolde aber zerrten ihn an seinem hinter dem Felsen herabbaumelnden Schweif. Dadurch, daß er grimmig um sich schlug, entstanden die anderen etwa faustgroßen Vertiefungen im Gestein.

Am Schwarzen Berge rinnt auch der Kleine Kemnitzbach ans Licht. Auf Christianstal zu abströmend, verstärkt er den am Taubenhaushange geborenen Großen Kemnitzbach, der als Kemnitz von Josefstal ab ein breites, dicht besiedeltes Talband um sich hat, bei Tannwald die wasserreiche Desse in sich aufnimmt und im tschechischen Bereiche westlich Eisenbrod ihr Alles der Iser hingibt.

Oberhalb Christianstal säumt ein Pfad nach dem versteckten Blattneiteiche hin, zu dem sich der gleichfalls den Kemnitzbach speisende, vom untersten Taubenhaushange herraunende Blattneibach erweitert. Durch Forellenfülle ausgezeichnet, ist er eine der wundervollsten Wasseridyllen unter den hochgesetzten kleinen Flutbekken der böhmischen Iserberge.

Wieder oberhalb Christianstal stehend, lassen wir die schönheitstrunkenden Augen über die südlichen Gelände schweifen. Rechts drüben, aus der baumlosen Fläche der Königshöhe bei Friedrichswald, erhebt sich eine Aussichtswarte. Von links, in weiterer Entfernung, winkt uns der Seibthübelturm entgegen. Unweit von ihm windet die blauzackig gezeichnete Bahn fort, die riesenlang zwischen Jeschken und Schneekoppe bändert und hier die benachbarten Orte Johannesberg und Maxdorf berührt. Aus äußerster Weite dann dunkelt als Pünktlein die Schwarzbrunnwarte und südwestlich das Unterkunftshaus des Jeschken auf seinem Steilkegel.

Doch nun im Wanderschritt – nach kurzer Rast im Christianstaler Gasthäuschen – dem fliegenden Blicke nach. Über das Tönnel trägt uns in Kürze der frische, reiselustige Vorwärtsdrang. Eine Landschaft, wie wir sie so ausgeprägt noch nicht erspähten auf dieser Fahrt, breitet sich plötzlich um uns: ein Gefilde mit wildzügigem, vielgefaltetem Boden, in zahlreiche Kuppen zergliedert. Und der Weg dazwischen so reizvoll, wie man ihn sich schöner nicht denken kann. In seinem tieferen Zuge ummäntelt uns wieder zauberischer Hochwald. Dicht an der schattenden Waldstraße rattert schnaufend das Schneidewerk der großen, schindeldachgrauen Blattneisäge. Der erste Siegesruf der aus endlosen Ortsketten in die Waldeinsamkeiten hinauftastenden Industriemacht: dieses

Arbeitsgetöse hier im Bergwinkel. Es verrät uns auch, daß das große Johannesberg – hinter dem die Häuser- und Fabrikenflut der gewerberührigen Täler nicht mehr aufhört – nahe ist. Bald schreiten wir durch das almartige Hochplateau, über das es seine Vorpostenhäuschen verstreut hat. Unter den beiden Hütten des Gasthauses zum Tönnel ist die Eingangspforte von Ober-Johannesberg erreicht. Und nun liegen dieses und der untere Ort sowie die anschließenden Ortschaften Grafendorf und Gränzendorf offen vor uns. Wie in stolzem Übermut weit auseinandergezerrt. Oft ansehnliche Flurräume zwischen einzelnen Häusern und Häusergruppen lassend. Auf Hügelrücken vorwitzig kletternd und in Talfurchen und bucklige Bodenkessel tauchend. Nicht in allen seinen Teilen zugleich dem zusammensuchenden Auge sichtbar.

Von der fernsten Höhenlehne, auch als ein lustig ausgebreiteter Häuserschwarm anmutend, so freundlich in offenen Sonnenarmen liegend und mit buntem Dächergewimmel winkend: Stadt Gablonz.

Im weiteren Teile der Marktgemeinde Johannesberg, in den der Pfad eilig hinunterspringt, wo lebhafte Fabrikbetriebe und stattliche Bauten Wohlhabenheit künden, mündet der Schienenstrang einer elektrischen Straßenbahn, die uns nach Gablonz trägt. Beiderseits der Fahrstraße reihen sich Häuser auf. Semmering, Lautschnei, Reinowitz und Grünwald sind die Stationen, die wir in sausender Fahrt durchfliegen.

Und nun schreiten wir in den Straßen der anheimelnden Stadt, die mit ihrem regsamen, lebensheiteren Völklein, dem so gar nichts von Gebirglerschwere anhaftet, als starke, zähe Grenzfeste des von Tschechenbrandung bedrohten Sudetendeutschtums gilt. Und daß das 27000 Einwohner umfassende Gablonz ein kerndeutscher Bereich ist, zeigen auch deutlich die Aufschriften der Geschäfte. Alles steht hier in deutscher Sprache ausgeprägt.

Kein tschechisches Wort konnte sich bisher in die Schilderschrift schmuggeln. Nur die amtlichen Gebäude, in denen die fremdvölkische Regierung herrscht, tragen über der deutschen die tschechische Bezeichnung. Und sogar auch einige rein tschechische Plakate werbenden Sinnes reden von ihren Wänden herab. Möge die Stadt, die ja auch einen nationalen Deutschen Schutzbund ihr eigen nennt, niemals ihres unverfälschten deutschen Charakters verlustig gehen! Trotz der zäh anbrausenden und dreist hineinspülenden Tschechenwogen!

Gablonz (slavisch: Jablonec) leitet seinen Namen von japko-Apfel her. In der Nähe jenes Kretschams, der als erstes Haus des Ortes um 1200 etwa zur Unterkunft für die vom uralten Städtchen Eisenbrod nach der Lausitz ziehenden Eisenwarenhändler erbaut wurde, soll ein Apfelbaum gestanden haben. Von ihm leitet man die Ortsbezeichnung ab. Der Apfelbaum im Gablonzer Stadtwappen scheint diese Deutung zu rechtfertigen. Und schon damals war auch wohl die Neiße, die durch Gablonz fließt, Stammscheide. Tragen doch alle Ortschaften rechts des Flusses deutsche Namen, während die links liegenden slavisch benannt sind. Lange war Gablonz ein unbedeutendes Dorf. Die Geschichte des Geschlechtes der Waldstein und ihrer Burg Wranow – von der nur noch dürftige Überreste vorhanden sind – erklärt die früheste Entwicklung der Neißestadt. Um die Mitte des fünfzehnten Jahrhunderts war diese schon zu einer größeren Ortschaft herangewachsen. Leinweberei bildete vermutlich die Erwerbstätigkeit ihrer Bewohner. Während des Hussitenkrieges, der 1415 einsetzte, blieb Gablonz und seine Umgebung von den Kampfgreueln verschont. Doch als darauf die Herren der lausitzischen Städte, im Bunde mit den deutschen Rittern, in Nordböhmen einfielen und die Burgen und Ortschaften der Hussiten vernichteten, ward auch Gablonz vollständig niedergebrannt. Von 1469 an lag es dann fast ein Jahrhundert lang in Schutt und Asche. Erst gegen die Mitte des sechzehnten Jahrhunderts, nach dem Verkauf des Waldsteinschen Besitzes an die Wartenberge, erstand es von neuem. Nachweislich waren jetzt Deutsche seine ersten Ansiedler. Sie brachten die Glasindustrie in die Gegend. Schnell blühte nun der Ort auf; jedoch von einer reichen Entfaltung ihres Erwerbszweiges in damaliger Zeit kann keine Rede sein. Die besten Triebe ihres Fleißes vernichteten die Stürme des Dreißigjährigen Krieges wieder, die mit Glaubensverfolgung, Pest und Hungersnot kamen. Erst nach ihrem Verebben wuchs sich die Stadt mählich zu dem aus, was sie heute ist, – zu einer weitstrahligen, machtvollen Industriewelt. Als Hauptstapelplatz vielbegehrter Glas- und Bijouteriewaren hat sich Gablonz Weltruf erworben. Und in alle Erdteile und zu allen Völkern schickt es seine billigen Talmizierrate, wie Broschen, Nadeln, Ohrringe, Fingerreifen, Hutschmucksachen und seine Vasen, Tintenfässer, Schreibzeuge oder buntglasigen Perlen, Knöpfe, Serviettenringe und Schmucksteine.

Zum malerischen Alten Markt, der aber gar nicht so zeitverwettert anmutet, führen die vorderen Gassen hinab. Noch tiefer liegt der Bürgerplatz mit der kleinen, schlichten Dekanalkirche, wohl dem ehrwürdigsten alten Bauwerke der Stadt. Eine Kunstgewerbliche Fachschule und eine Staatliche Handelsakademie erhöhen die geistige Würde des vornehmen, Wohlstand offenbarenden Gablonz. Ein schmucker Stadtpark ist die Naturzierde im Straßenbereich. Und elektrische Straßenbahnen, die nordwärts bis in Johannisberg hinein und südwärts bis nach Reichenau führen, fördern den lebhaften Verkehr der zahllosen umliegenden Orte mit der zusammenfassenden Stadt. Dem noch größeren Reichenberg trägt die Eisenbahn in kurzer Zeit zu.

Dicht bei Gablonz, vor seinem Ortsausgange, liegt die große Wasserheilanstalt Bad Schlag – mitten im Walde – einen bezaubernden Ausblick auf den Jeschkenkamm gewährend. Südöstlich der Stadt randet bis fast 900 Meter hoch der Schwarzbrunnkamm mit prachtvollen Waldgebieten und freundlichen Aussichten am Horizonte hin. Er begrenzt auch das weite, ortschaftenübersäte Gefilde, das sich mit seinem Wirrbunt überraschend vor uns breitete, als wir aus den hohen isergebirgischen Waldhallen nordher in den böhmischen Isergau schauten.

Aus: Wilhelm Müller-Rüdersdorf, Iserland

Meine Wälder

Meine Wälder sind wie Tempelraum,
Sind ein Sinn, der zu sich selbst gefunden;
Tageweit, wo kein Begehren hetzt,
Hüllen sie in einsam-stillste Stunden.

Andachtschweigen atmet durch sie hin,
Während hoch des Bergwinds Orgeln summen,
Und vor ihren Toren, feierernst,
Muß ein lauter Werktag jäh verstummen.

Wilhelm Müller-Rüdersdorf

Im Isermoor

Über Moore und Bruchblößen streicht kristallklare Bergluft. Die langen Schmielengräser neigen sich vor dem leisen Hauch und wellen wie die träumerische Brandung eines still besonnten Meeres über den hochhalmigen Grasplan. Buschige Rundkegel dunkelgrüner Jungwüchse stehen vereinzelt und in Gruppen um zerbrochene Wetterfichten, die mit langen Sturmästen den verbukkelten und vernarbten Stamm umhüllen. Hier ein Parkbild, dort an den Urwald erinnernd, wo junges Leben um die Leiber der vermorschten Gefallenen sprießt. Durch endlose Dickungen und heraufgewachsene, vom Schnee krumm und schief gedrückte Stangenhölzer schleicht der einsame Weg. An seinen Rändern verrät er den Moorgrund. Aus den angeschnittenen Grabenrändern tropft es unablässig und sammelt sich auf der Sohle zu einem goldbraunen Wässerchen mit trägem Lauf. Gras und Beerkraut streiten sich um das Moor, üppige Büsche mit blauen Heidelbeeren verdrängen die langen Windhalme, rote Preiselbeeren siedeln sich dazwischen an; wo es zu sumpfig wird, behauptet die mattgraue Rauschbeere den Platz.

Hans Hubertus

Isermoor – Nach einem Holzschnitt von Karl Johne

In der Glashütte

Ehemals war dem Knaben der riesige, rauchgeschwärzte Dachraum unheimlich gewesen; jetzt hatte er Augen für die unablässigen Kämpfe zwischen Licht und Dunkel, die in dieser Dämmerregion hin und her wogten, reizvoll von dem schmalen Lichtstreifen sekundiert, der zur Firstöffnung hereinsah.

Der Ofen mit seiner Glut und dem Bannkreis geschwungener Feuerbälle ringsum besaß die größte Anziehung. Die schmalen Fenstersäume, die seine Vorsetzplatten umzirkelten, ließen kaum ahnen, welche Glut hinter denen wütete. Und wenn der alte Glasschmelzer den Knaben durch eine Luke in das weißlich zitternde Geflimmer des Innern sehen ließ, wo die Mündungen glühender Glashäfen wie magische Ringe durcheinanderschwammen, dann empfand er stolz, wie sein Vater mit den Hüttenleuten diese Kraft bändigte und dienstbar machte. Die Glut aus der Luke stach in die Haut, daß er fühlte, wie sie sengte und zu schrumpfen begann; aber er hielt stand und freute sich im vorhinein, wie kühl die Luft des heißen Sommertages draußen die Wangen streicheln werde.

Und wenn er hierauf nach den dunklen Ecken sah, so brannten die Glutwunder seinen überreizten Augen auch dort in purpurn auseinanderfließenden Wellen, die von einem Lichtkern ausgingen und mit diesem verblaßten.

Wie aber erst die Farben aufsprühten, wenn die glühenden Stangen und feurigen Kugeln unter den Händen der Glasmacher hervorgingen; wenn die ins Dunkel der Ziehgänge entschwebenden Glutbälle sich zu Fünklein zusammenzogen und hinter ihnen sich schillernde Schlangen oder schmale Glitzerschnüre zwischen den Arbeitern spannten. Beim Ausglühen sprang wunderliches Gegleiße ins Auge, bevor die erhoffte Farbe aufstand. Vom leichtverschleierten Weiß der Höchstglut mit seinem opalig schimmernden Lichthof bis in die Iristöne und den Kristallschimmer, oder vom orangeglühenden Farbglas zum kalten Schwarz, das erst ein Lichtblitz aus Rot oder Blau enthüllt, wirbelt eine solche Zahl von Tönungen durcheinander, daß ungeübte Augen schwer nur zu folgen vermögen.

So wahllos dort jene Farben gegeneinander stritten, so friedlich sahen sie dann aus den Regalen der Magazine her. Da schimmerten hellglänzende Topase und brennende Rubine, spreizten sich stolze Saphire und kühle Smaragde, da herrschten innige Türkise, oder es beruhigten sanfte Aquamarine, hausbacken scheinende Milch- oder nachtschwarze Kohlgläser; dahinter standen wie Eisbündel die Kristallstangen.

Und was er früher überhört hatte: das leise Klingeln rollender Glasstengel, das Ding und Dang der irgendwo anläutenden dicken Stangen, oder das Klirren der Brokken, wenn sie aus der Schaufel des Schmelzers in die Häfen rieselten; alles das verwob sich mit dem Flammensingen des Ofens zu einer unheimlichen Melodie, die von außen durch Windesächzen oder Regengetropf noch eine heranschwebende Begleitung erhielt. Sie gedieh zu einer jener Kindheitsharmonien, die immer wieder am Lebenswege aufklingen, wenn man sie einmal vernommen.

Gustav Leutelt

Emil Müller: Glasschleife in Marienberg

Lied aus dem Isergebirge

Hart und steinig sind die Wege,
die durch deine Wälder führen,
trotzig ragen deine Berge
auf aus dunklen Waldrevieren.

Donnernd rauschen deine Bäche
durch die Felsentäler nieder,
laut verkündend ihre Weisen,
wie ein Sänger seine Lieder.

Rings von Wäldern eingeschlossen
grüßen stimmungsvoll versunken
traute Dörfer wie ein Märchen
jeden Wandrer, froh und trunken.

Und die Menschen, die hier leben,
ernst und still in weiter Runde, –
alle lieben dich, o Heimat,
treu und fest aus Herzensgrunde!

Albert Streit jun.

Schisport in den Sudeten

Ihr könnt euch gewiß ausdenken, was das im Gablonzer Turnverein für eine kleine Sensation gab, als der Pfeifer-Seffl, ein junger Glashändler, von der Leipziger Messe die ersten Schier heimbrachte. Nachdem die Turnbrüder, die er in abendlicher Runde beisammen fand, die nagelneuen Brettel und Bindungen genug bestaunt hatten, erklärten sie, man müsse die Dinger auch ausprobieren, und zwar sogleich, noch am selben Abend. Am Kirchbergel, mitten im Orte, versuchte es denn auch jeder der turnfreudigen jungen Männer mit dem neuartigen Sportgerät. Und wenn die Schier auch glitschten und glitten, wie es ihnen gefiel, und nicht so wollten, wie es ihr jeweiliger Erprober im Kopfe hatte, so daß die jungen Männer der Reihe nach purzelten, war doch der Anfang gemacht und die Begeisterung – wenigstens für den Augenblick – geweckt. Es verging freilich noch ein Jahrzehnt, bis der neue Sport volkstümlich wurde.

Schon Jahre zuvor, im Winter 1887, hatte sich der schlesische Volksdichter Viktor Heeger das erste Paar Schier aus Christiana kommen lassen und sie im Parke von Freudenthal fröhlich erprobt. Er brachte vor allem die Jägerschaft des Altvaterlandes „auf die Brettel". Im nordmährischen Römerstadt und im schlesischen Freiwaldau bildeten sich 1893 die ersten „Schneeläufergesellschaften", und noch im November 1893 lud Viktor Heeger die Freunde des Schisportes zu einer Zusammenkunft nach Olmütz ein. Dort wurden auch die im Lande selbst erzeugten Wintersportgeräte – Rodel, Rennwölfe und Schier – ausgestellt. Im nächsten Jahre, 1894, regte Viktor Heeger die Römerstädter „Schneeschuhläufer" zu einem Schneelauffest an, wobei auch ein Wettlauf über eine sieben Kilometer lange Strecke ausgetragen wurde:

der erste Schiwettlauf in Mitteleuropa. Dabei lief man damals durchwegs nur mit einem Stock. Olmütz, wo Viktor Heeger Schriftleiter war, wurde 1895 der Sitz des neugegründeten „Mährisch-Schlesischen Schneeschuhlauf-Verbandes".

In ähnlicher Weise warb der Hohenelber Guido Rotter, der nachmalige Vater der Deutschen Studenten- und Schülerherbergen, im Riesengebirgsverein für das Schifahren, und nordböhmische Herrschaftsverwaltungen statteten ihre Forstleute mit Schiern aus. Bald wagten sich auch Tischler und Wagner im Riesengebirge wie im Isergebirge daran, Schier und Bindungen selber zu erzeugen. Schon die Schuljugend erfaßte der neue Sport, und so mancher Junge legte seinen Schulweg über Höhen und Hänge auf einfachen Buchenbretteln oder zurechtgebastelten Faßdauben zurück.

Die Schibegeisterung brach in ganz Mitteleuropa im letzten Jahrzehnt des vorigen Jahrhunderts aus, genau gesagt: 1891. In diesem Jahre ließ nämlich der berühmte norwegische Polarforscher Fridtjof Nansen seinen zweibändigen Reisebericht „Auf Schneeschuhen durch Grönland" erscheinen und sang darin ein Loblied auf dieses nordische Fortbewegungsmittel über Schneehänge und weite Schnee-Ebenen. Im Schwarzwald, im Harz und in den Alpen ebenso wie in den Gebirgen des Sudetenlandes wurden die Schneeschuhe oder Schier alsbald heimisch.

Riesengebirge, Isergebirge, Altvater, Erzgebirge und Böhmerwald hatten jeden Winter monatelang eine sichere Schneedecke und lockten Wintersportgäste aus dem Flachland und vor allem aus den großen Städten an. Die Bauden und Schutzhütten, die sonst nur den Sommer über geöffnet waren und den Winter über geschlossen blieben, richteten sich für die Beherbergung von Schifahrern ein und hatten oft im Winter mehr Besuch und größere Einnahmen als im Sommer.

Zur Jahreswende 1905/1906 saßen wir, unser vier Isergebirgler, allein mit dem Koppenwächter, dem alten Kirchschlager, einem leibhaftigen Vertreter Rübezahls, zu nächtlicher Feier auf der Schneekoppe zusammen. Hinter uns lag eine zünftige Schiwanderung auf dem Kamme des verschneiten einsamen Gebirges, zu dem wir vom Neuwelter Sattel (der Iser- und Riesengebirge trennt) aufgestiegen waren. Zwanzig und dreißig Jahre später durfte kein Schifahrer um diese Zeit in einer der Riesengebirgsbauden unangemeldet auf Unterkunft für die Nacht rechnen, denn da war schon jedes Plätzchen Wochen vorher vergeben. Der Schilauf hatte sich die Sudetenberge erobert.

Es hieß sogar, die Kinder kämen schon mit Bretteln auf die Welt. Das ist natürlich übertrieben. Aber von der Begeisterung fürs Schifahren wurden die Kleinen früh angesteckt und suchten bald, auf eigenen Bretteln zu stehen. Die Großen aber brachten es zu beachtlichen Leistungen im Rahmen des deutschen Wintersportes, bis schließlich der Riesengebirgler „Schikönig“ Gustl Berauer es war, der die bisherige Vorherrschaft der Nordländer auf diesem Sportgebiet durchbrach und als erster Deutscher den Titel eines Weltmeisters errang.

Julius Streit

Wittighaus im Winter.

Land, mein Land

Land, mein Land du,
wälderhin gebettet
in die blauen Bögen deiner Berge –
Mütterliches du,
allgegenwärtig
wie der Mutter Angesicht
den Söhnen –
Liebes du,
in deinem stillen Glanze
unsrer Tage Traum,
der Träume Tag!

Nicht verließest du,
die gottverlassen
sich dem Spruch der Willkür
beugen mußten –
nicht verließest du,
die ausgestoßen
ihre Bürde
durch das Elend tragen –
und die arm sind
nach dem Maß der Menschen
preisen sich
in deinem Namen
reich.

Bist du doch
in ihnen aufgerichtet,
Berg um Berg,
und Stadt an stolzen Städten –
deine Täler,
wie sie immer blühten,

blühen auf dem Grunde
ihrer Seelen –
und verbannt
aus deiner Nähe
wissen
sie sich Fernen
unaussprechlich
nah.

Laben sich,
wenn fremder Sonne Sengen
sie verdursten macht,
in deinem Schatten –
wärmen sich,
wenn fremden Winters Wüste
sie verschlingen will,
an deinen Farben –
atmen,
von dem Staube fremder Straßen
überkrustet
Deine klare Luft.

Und so nähren sie,
die Ruhelosen,
ihre Liebe von dem Brot
der Sehnsucht,
tränken sie,
die Wachsende,
getreulich
mit dem herben Weine
ihrer Wünsche –
und erhalten sie
– von ihr gehalten,

daß sie einst,
vor deine Augen tretend,
sagen dürfen:
Siehe unser Leben!
oder
irgendwo
um deinetwillen
sich verblutend:
Segne unsern Tod.

Otfried Preußler
(in russ. Kriegsgefangenschaft)

A schie Platzl

Ich weiß a schie Platzl,
Do traff ich mei Schatzl,
Do wischlt a Baum.
Do fühl ich mei Labn
Zon Himml nuff schwabn.
A seliger Traum.

Do schtieht a klej Häusl
Zwösch Schträuchl on Schträusl,
Bie najchtn dort gwast.
Dort trojn de Finkn,
Mit schnjäbln on pinkn,
A s' Blühn zo Nast.

Josef Bennesch

Deutsche Besiedlung

Durch die Talpforte bei Grottau drangen etwa um das Jahr 1000 slawische Sorben (Milzener) aus der Lausitz in das Urwaldgebiet an der oberen Neiße ein und gründeten dort die Siedlungen Grottau (Grod = Fliehburg), Kratzau (Chrost = Heckenwall) und andere. Das nördlich davon gelegene Wittigtal war schon zuvor mit slawischen Kleinsiedlungen teilweise besetzt worden. Die Burg Grafenstein bei Grottau, zuerst Ulsitz genannt, wurde aber aus Innerböhmen von dem mächtigen Geschlecht Berka von Duba um das Jahr 1044 als Grenzfeste errichtet. Alle slawischen Siedlungen waren klein und bäuerlich, selbst die Burg Ulsitz hatte nur niedrige Wälle und Gebäude aus Holz und Lehm.

Erst die deutschen Siedler, die um 1200 und danach in das Gebiet kamen, erschlossen das Waldland und gründeten in den Tälern planmäßig Dörfer und Städte. Die Deutschen kamen nicht als Eroberer mit dem Schwert in der Faust, sondern als gerufene Siedler: Bauern, Handwerker, Schreiber. Die tschechischen Fürsten erwarteten vom Fleiß und Können der Deutschen einen Machtzuwachs für sich selber. Lokatoren riefen und führten die deutschen Siedler besonders aus Sachsen und Thüringen in die damals noch fast unberührten Täler zwischen dem Iser- und dem Jeschkengebirge.

Gustav Wiese

Die älteste Marktsiedlung im Neißetal

Die Stadt Grottau ist die älteste Marktsiedlung im oberen Neißetal. Deutsche Siedler legten sie um 1200 an der Stelle einer sorbischen Fliehburg an. Grottau bestand aus einer Ober- und einer Unterstadt (Neustadt), hatte etwa 4000 Einwohner, 566 Häuser, über 40 Straßen und zwei Plätze (Marktplatz 100 m × 38 m). 1939 wurden 3714 deutsche und 141 tschechische Einwohner gezählt. Mit den Nachbargemeinden Dönis, Görsdorf, Grafenstein, Ketten, Niederberzdorf, Spittelgrund, Paß und Ullersdorf bildeten die Gemarkungen den westlichsten Zipfel des Bezirkes Reichenberg.

Die Geschichte der Stadt war besonders wechselvoll: Sorbensiedlung – deutsche Stadtgründung – Zerstörung durch die Hussiten – wiederholte Kriegsnöte als Grenzstadt – Vertreibung der Deutschen 1945/46. Das Jahr 1938 soll hier als Beispiel für die vielfältigen Nöte der Bevölkerung angeführt werden:

21. 5. 38: tschechische Teilmobilmachung, Straßensperren an der Landesgrenze

Sommer 38: Bunker und Befestigungsanlagen werden im Grenzgebiet gebaut

14. 9. 38: Einzug einer starken tschechischen Militäreinheit

15. 9. 38: Einberufungen zum tschechischen Heer; die Flucht der Bevölkerung nach Deutschland nimmt zu

16. 9. 38: Standrecht für das Grenzgebiet, Sprengung der Bahnlinie Zittau–Reichenberg, Schließung der Betriebe und Schulen

26. 9. 38: Grottau ist nahezu menschenleer

30. 9. 38: Münchner Abkommen; das tschechische Militär verläßt die Stadt, die deutschen Bewohner kehren zurück

3. 10. 38: Einmarsch deutscher Truppen

G. Wiese

Ein vergessener Erwerbszweig der früheren Bewohner der Iser- und Riesengebirgswälder

Zur Zeit, als noch die Berggelände des Iser- und Riesengebirges ausgedehnte, beinahe undurchdringliche Wälder bedeckten, war das Fortkommen und die Lebensweise der hier ansässigen Gebirgsbewohner ziemlich erschwert, denn der Boden mußte erst urbar gemacht bzw. von dem Urwaldbestande gelichtet werden, andererseits mußten sich die Bewohner nach Erwerbsquellen umsehen, die im gewissen Sinne den örtlichen Verhältnissen angepaßt waren.

Die Lösung dieser an und für sich schwierigen Aufgabe wurde dadurch erleichtert, daß zu jener Zeit, und zwar um die Mitte des 15. Jahrhunderts, bereits die Glaserzeugung im nördlichen Böhmen, wie z. B. in Falkenau, Daubnitz, Kreibitz usw., festen Fuß gefaßt hatte. Gerade der Waldreichtum Böhmens begünstigte ja die Ausbreitung des Glashüttenwesens, weil das Holz überall in ausreichendem Maße zur Hand war. Dennoch wurde aber von den damals bestehenden Eisenhütten und Erzwerken über die Holzverwüstung Klage geführt und Kaiser Maximilian sah sich schließlich und endlich bemüßigt, einer Beschwerde Folge zu geben und die Sperrung der Graslitzer Glashütte zu verfügen. Gleichzeitig wurde auch die Sperrung aller weiteren Glashütten Böhmens angedroht, wenn nicht mit der Holzverwüstung Einhalt getan würde. Das „Pecheln“ (Pechschaben) wurde streng untersagt, auch sollte eine später herauszugebende neue Waldordnung alle Mißstände regeln.

Um nun den bevorstehenden Drangsalierungen zu entgehen, trachteten verschiedene Hüttenmeister, ihre Betriebe in die nahezu endlosen Grenz- und Gebirgswälder zu verlegen. Die Herrschaftsbesitzer unterstützten diese Bestrebungen durch allerlei Zusicherungen und Begünstigungen, denn sie fanden darin einen willkommenen Anlaß, den Waldertrag erfolgreich zu heben, ja wir wissen von Adam von Wartenberg, daß sogar fremde Glasmacher angeworben wurden, um die Glaserzeugung auch in unsere engere Heimat zu verpflanzen. Zu jener Zeit führten, wie schon eingangs angedeutet, die armen Gebirgsbewohner ein kümmerliches Dasein. Das ganze Gelände bestand aus einem einheitlichen, unwirtlichen, wilden Waldgebiete. Hie und da nur deuteten einzelne Lichtungen noch die in der Zeit der hussitischen Unruhen verwüsteten und verlassenen menschlichen Siedlungsstätten an. Von den jetzt bestehenden blühenden Dörfern, Marktgemeinden und Städten, wie Morchenstern, Wiesenthal, Johannesberg, Tannwald usw. war noch keine Spur vorhanden. Gablonz lag öde und verwüstet da und Reinowitz und Reichenau zeigten außer Reichenberg ein geschlossenes, aber erbärmliches Dorfbild. Und die Beschäftigung der Bewohner war, wenn sie nicht schwere Frondienste beim jeweiligen Herrschaftsbesitzer oder Gutsverwalter verrichten mußten, Pechschaberei, Kohlenbrennerei usw. Dabei wurden sie noch verpflichtet, einen Großteil des gewonnenen Pechs abzuliefern, mit einem Worte, sie waren Sklaven, von einem rauhen Schicksale in eine Wildnis verbannt, der sie mit Mühe und Not einigen Boden abgerungen, wo sie still geduldet hausen, säen, bauen und wohl auch im bescheidenen Maße ernten durften.

Um diese Zeit schon, insbesondere aber als im weiteren Umkreise neue Glashütten erstanden, wurde damit zugleich ein neuer Erwerbszweig eingeführt, der nun wohl ganz vergessen, einstmals aber jahrhundertelang den Bewohnern des Iser- und Riesengebirges eine wichtige Erwerbsquelle bot, und zwar war dies die sogenannte Aschenbrennerei. Die Möglichkeit liegt nahe, daß auch schon vor Errichtung der ersten Glashütten in unserem Heimatzirkel (1543 - 1547) sogenannte Flußhütten von zugewanderten Waldbewohnern errichtet worden waren, zumal die Pottasche, als das bei der Aschenbrennerei und Siederei gewonnene Produkt nicht nur in der Glaserzeugung, sondern auch bei der Bleicherei Verwendung fand und sehr gesucht war. Das eine steht fest, daß die Iser- und Riesengebirgswälder ein sehr brauchbares, kalireiches Holzmaterial in schier unbegrenzter Menge aufwiesen und deshalb fand auch der neue Erwerbszweig daselbst sehr rasch große Ausdehnung und Verbreitung. Ja, die Glasmeister förderten im eigenen Interesse die Pottaschensiederei in unserer Gegend, weil sie sonst genötigt waren, das brauchbare Material aus dem fernen Ungarn, Mähren oder den übrigen Kreisen Böhmens zu beziehen, was selbstverständlich mit mannigfachen Schwierigkeiten verbunden war. Die Aschenbrennerei und Siederei wurde zur damaligen Zeit noch sehr primitiv, man könnte sagen, roh betrieben. In unwegsamen Lagen, Schluchten und Talmulden suchte man sich eine Anzahl Buchen- und Erlenstämme aus, fällte sie und nützte die mitunter eintretenden Regentage dazu aus, die Vorbereitungen für die Feuerstellen zu schaffen. Mit Vorliebe wurden Lehmbodenflächen mit entsprechenden muldenartigen Vertiefungen für den Brandherd ausersehen. Zur Umwandlung der Asche brachte man dieselbe in aus Tannenstämmen hergestellte Tröge, an deren einem Ende ein mäßiges Feuer unterhalten wurde, damit die an den Aschenschichten hinaufleckenden Flammen vollends alle nicht feuerbeständigen Bestandteile verzehrten. Unter Zuhilfenahme unter- und übergelegter Rindenstücke wurde die Asche in eine schlackenartige Masse, das sogenannte „Aschengeriebe" verwandelt. Die Einfachheit des Verfahrens, die Entbehrlichkeit aller besonderen Einrichtungen und der örtliche Wert der „Aschengrieben" sicherte den Leuten, die sich mit der Gewinnung dieses Produktes beschäftigten, einen für die damalige Zeit lohnenden Verdienst. Alsbald errichteten sich Aschenbrenner aus gezimmerten Fichtenstämmen Holzhütten, sogenannte „Flußhütten", um während der Arbeit nicht fortgesetzt dem Unbill des Wetters und dessen Widerwärtigkeiten ausgesetzt zu sein. Die Hütten wurden mit „Laugenbütten" ausgestattet, auch war ein entsprechender Raum zum Anfeuchten und Feststampfen der Asche vorgesehen. Schon damals sah man ein, daß eine zweckmäßige Einrichtung mit eine Hauptbedingung zur billigen Erzeugung der Pottasche ist. Man brachte daher alsbald einen regelrechten Sudkessel in Anwendung, errichtete, allerdings auch nur ganz primitiv, einen Kalzinierofen und führte nun an verschiedenen Plätzen regelrechte Sudbetriebe und Brennereien ein.

Im Freien betrieben, erstreckte sich die Sudzeit gewöhnlich nur von Ende Mai bis Ende September, wogegen man in den Flußhütten einen ununterbrochenen Werktagsbetrieb einführte.

Zur Zeit des Dreißigjährigen Krieges war die Aschenbrennerei, wie ja auch die Glaserzeugung, nahezu völlig erloschen. Mit dem Aufleben der letzteren in der Nachkriegszeit fand auch dieser Erwerbszweig wieder seine Belebung. Im Bunzlauer Kreise bestanden 1704 Flußhütten in Antoniwald, Brzezno, Diettenitz, Domausnitz, Georgental, Giloway, Grünwald, Kost, Krzinetz, Lautschnei, Liebnitz, Luschtenitz, Mzell, Morchenstern, Neudorf, Zozdialowitz, Tannwald und Wiesental, in welchen insgesamt 417 n.-ö. Zentner Pottasche erzeugt wurden. Daß dieses Quantum noch lange nicht ausreichte für den lokalen Bedarf, läßt sich denken, denn die Glashütten allein geben ihren durchschnittlichen Bedarf mit 1900 n.-ö. Zentnern an, außerdem benötigten auch die Bleichereien viel Pottasche.

Bemerkenswert ist, daß sich alsbald zugereiste Juden dieses Erwerbszweiges ernstlich annahmen und Hütten zum Betriebe von Flußsiedereien errichten ließen. Sie übernahmen als Eigner dieser Betriebe die Herbeischaffung des Holzes und Beistellung der Werkzeuge, wie Bütten, Zuber, Laugschaffe, Kessel usw., und dangen sich Aschenbrenner, um dann mit der gewonnenen Pottasche einen schwunghaften Handel zu betreiben.

Der ärmeren Gebirgsbevölkerung blieb es freigestellt, sich später bei der Fron und Robottarbeit auf den Holzschlägen als Nebenverdienst mit dem Brennen von Zunderasche abzugeben. Arme, hilflose Gebirgler zogen dann mit Weib und Kind hinaus in die unwirtlichen Waldgebiete, wo wochenlang nur eine grüne Rasenfläche oder eine geschützte Moosgrundstelle die einzige Ruhestätte für die arbeitende Familie bildete. Zuweilen gelang es dem Holzschläger, doch eine Laubhütte zusammenzustellen, wo er mit den Seinigen vor dem Unbill des Wetters Schutz fand. Tagsüber sammelten die Kinder von alten Stöcken und überstämmigem Gehölz den „Zunder" und es herrschte eitel Freude in der Familie, wenn es wieder einmal geglückt war, einen Zentner Zunderasche zusammenzubringen, für den man 6 bis 7 fl. erhielt. Die später für die Industriezwecke und Glashütten gelieferten Straßburger Kalisalze machten der böhmischen Pottasche scharfe Konkurrenz. Man wendete sich alsbald anderen besseren Erwerbsquellen zu und so sank nach und nach ein Berufszweig in Vergessenheit, der unseren Vorfahren einstmals vielleicht Haupterwerb gewesen.

Otto W. Parkert

Unsere Leineweber

Blau prangten einstens überall bei uns im Norden des Landes die Flachsfelder, „wo kein Weinstock blüht", „wo lange Winterkälte, Schnee und Stürme sausen". In der rauhen Jahreszeit spann die Bauernfamilie am Rocken den Flachs bei fröhlichen Klängen schöner, alter Volkslieder. In den übrigen Häusern der Dörfer hörte man das Geklipper und Geklapper der fleißigen Webstühle. Der Garnmann trug die Gespinste von Haus zu Haus zusammen und erhielt für das fertiggestellte Gewebe landwirtschaftliche Erzeugnisse. Wohlhabendere Weber kauften Garn in größerer Menge auf, stellten Leinenwaren her und zogen damit „ins Land", von wo sie Nahrungsmittel mitbrachten. Die Meister legten selbst größere Reisen zurück, um Absatzgebiete zu erschließen.

Das Leinwebergewerbe erlangte in der Reichenberger Gegend zu Anfang des 15. Jahrhunderts die erste Blütezeit. Die zweite dauerte vom Ende des 16. Jahrhunderts bis zum Beginn des Dreißigjährigen Krieges. Der schon länger bestandenen Meisterzunft schloß sich gegen Ende des 16. Jahrhunderts eine Gesellenbruderschaft an. Letztere führte die Gesellen allmonatlich zur Beratung in der großen Herbergsstube bei geöffneter Lade, zur sogenannten „Morgensprache" zusammen, außerdem zu den Vierteljahrszusammenkünften, deren wichtigste die zu

Fastnacht war, welcher sich eine große Zeche anschloß. Der Dreißigjährige Krieg und die Gegenreformation hatten einen Rückgang der Leinenweberei zur Folge. Trotzdem erstand Ende 1700 noch eine dritte Blütezeit. In diesem Zeitabschnitte verdient der bedeutsame Aufruhr der Leinwebergesellen erwähnt zu werden. Wegen Nichterfüllung ihrer Forderungen begannen die Gesellen zu streiken. Sie machten vierzehn Tage blau. Darnach zogen sie samt ihrer Lade auf den Lubokeier Berg. Vierzehn Tage verblieben sie dort. Da ihnen dieser Platz keine Rückendeckung zu geben vermochte, schlugen sie am Gickelsberge ihr Lager auf. Nach acht Tagen rückten Truppen an. Die Gesellen überschritten darauf die Grenze und blieben ein ganzes Jahr in Burkersdorf bei Ostritz. Endlich sahen sich jedoch die Reichenberger Meister zum Nachgeben gezwungen. Sie erfüllten die gestellten Bedingungen. Längs des Jeschkenwaldes zogen die Heimkehrenden gegen das Stadtgebiet bis auf den Galgenberg. Mit klingendem Spiele wurden sie von den Meistern abgeholt und feierlich in die Stadt geleitet. Nach dem Versöhnungsfeste errichtete man an der Begegnungsstelle das Johannesstandbild, hinter dem sich heute die Liebig-Kirche erhebt. Im Jahre 1773 wurde das Leinwebergewerbe als freie Beschäftigung erklärt, seitdem galten die Leinweberzünfte für aufgehoben. Die Weberei zog sich von der Stadt hinauf auf's Land, besonders in die Gebirgsorte. Ein Kranz von Weberdörfern umgab die Stadt, zu denen auch Ruppersdorf gehörte. Noch wohlbekannt ist ja der Spruch:

„Ai Rupperschdorf bei Reichenberg,
dou work'n se Kartun;
wenn ha ne workt und sie ne workt,
dou workt der gruße Suhn,
und wenn der gruße Suhn ne workt,
dou honn se nischt zu tun."

Diese Verse sind, allerdings mit örtlichen Veränderungen, allenthalben in Nordböhmen und Sachsen anzutreffen. – Reichenberg blieb Mittelpunkt des Leinwandhandels. Im Jahre 1826 wurden von diesem Stapelplatze immer noch 69500 Stück Leinwand verschickt. Immer mehr trat die Hausweberei in den Hintergrund, so daß man heut nur noch selten weben sieht. Weben, Bleichen, Färben, Spinnen: das ist in unserer Zeit Fabrikarbeit geworden.

Was für Waren erzeugte man in unserer Gegend? In Kohlige z. B. betrieb Eduard Pietsch eine große Weberei. Er erzeugte Tüffel, Molskin, Manchester, Warnsdorfer Kotton und Barchent. Von weither, aus Buschullersdorf, Einsiedel und Hohenwald holten sich die Leute dort Schuß und Werfte, um die fertige Ware den weiten Weg zurückzuschaffen. Von Saskal bei Liebenau aus wurden farbige Leinwand für Strohsäcke, Bettücher, Schürzen, Ziechen, Inletten, Hand- und Taschentücher, Blusen, karrierter „Oxefort“ und „Servet'l“ in den Handel gebracht. Im Nachbarorte Scharingen webte man auch Damast und Kanevas. Johnsdorf bei Deutsch-Gabel stellte Barchent, Oxfort, Flanell, Kanevas und Bettdecken her. Die Markersdorfer arbeiteten an Decken, Barchent, Oxfort und Köper.

In einem Weberdörfchen ging es recht lebhaft zu. Aus jedem Häuschen schallte das Arbeitsgeräusch des Webstuhles, dem das Volk mit Vorliebe Worte unterlegte, wie z. B.:

„Penicke, penacke, ban Rock und ban Fracke“ (Ober-Berzdorf) oder „Hennerschdorf, Leckerschdorf“ (= Leutersdorf Warnsdorf.)

Man erkennt aus dem Rhythmus sofort den Dreiachteltakt. Schauen wir dem Weber einmal aufmerksam zu, wie dieser entsteht. Auf den ersten Schlag wird durch das Ziehen an der Schnur der Schützen aus dem einen Schützenkastel durch das Fach getrieben, auf zwei trifft er die Kappe des anderen Schützenkastels und bei drei schlägt die Lade an die Webware. Das Webergeräusch ist nicht immer das gleiche. Es hängt ab von dem kräftigen Schützenanschlag, von der Schnelligkeit des Webens und vor allem von der Art des Gewebes. Zu jedem andersfarbigen Faden benötigte man einen anderen Schützen, der früher ohne Rädchen war und mit der Hand bedient wurde.

Die Hausweberei verlangte viel Zeit und Ausdauer, noch dazu wurde sie schlecht bezahlt. Der Weberlehrling bekam im dritten Jahre der Lehrzeit ein Drittel des Verdienstes. Für das Webern oder Verschießen von 700 Meter oder 1200 Ellen Baumwollgarn, was sieben Gebind betrug und ein „Schneller" geheißen wurde, bekam der Geselle einen bis zwei Kreuzer. Er mußte schon fleißig zulangen, wollte er wöchentlich ein Stück Ware von beiläufig 40 Metern herstellen. Dafür erhielt er vier Gulden, wovon er zwei Gulden für Kostgeld und Spulerlohn bezahlen mußte. Sollte ein zweites Stück fertig werden, so wurde von fünf Uhr früh bis zehn Uhr abends, ja bis ein, zwei Uhr in der Nacht gearbeitet. Man „kochet, stärket, spulet Tag und Nacht", wenn „man zwei Ellen Ware für ein' Kreuzer macht." Mancher arme Weber mußte „für zwei Sechser die ganze Woche schwitzen", so daß er bei aller Sparsamkeit noch vom Hunger gequält wurde. „Wenig Geld, viel Musik", könnte man sagen. Eine Schinderei für ein Almosen! Das sprach auch der Webstuhl aus.

„Pordick'r, porlack'r, du Schinder, du Racker!" (Nieder-Ullersdorf bei Friedland.) „Tisset'l, tassat'l, 'ich tät bess'r, 'ch ging batt'ln!" (Kohlige.)

Ein anderer Webstuhl zog das kleinere Übel dem größeren vor und krächzte:

„Bess'r als batt'ln giehn!" (Markersdorf.)

Die Tuchmachergesellen scheinen mehr verdient zu haben. Dem Leinwebergesellen kam es vor, als spräche der Tuchmacherwebstuhl:

„Ich brauch's ne, ich brauch's ne!" (Reichenberg.)

Indessen kläffte der seinige neidischen Blickes hinüber:

„Wenn 'ch 's ock hätte, wenn 'ch 's ock hätte!" (Reichenberg.)

Doch Klagen nützte nichts. Nur weiter arbeiten und dabei den Humor nicht verlieren. Sich hinwegsetzend über die schlimme Lage, spottete der Leinwebergesell seiner selbst zum Klappern des Webstuhls:

„Hans häng' dich labendich, Hans häng' dich labendich!" (Wartenberg.)

Vorderhand hängte er sich aber noch nicht. Schlimmerer Zeiten noch gedachte er in einem Liede:

An Juhre 66, dou wur dr Teif'l lus,
dour hott'n mr ke jne Werfte und ou kenn Heller Schuß.
Dou mußt'n mir su bumm'ln und uns die Zeit verziehn
und mußt'n of die Berge und ai die Pölze giehn!"

(Überschar bei Friedland).

Die Kost des Leinenwebers war freilich schmal:

„Arbsen, Bunn, Bunn, Leinweber kumm!" (Lubokei.)

Hin und wieder kamen Schwarzmehlknödel auf den Tisch. Daß die Leinenweber alle Jahre zwei Schweine schlachten, von denen, leise gesagt, das eine gestohlen und das andere nicht sein ist, wie man noch häufig singen hört, war ein bloßer Wunsch. Schnell arbeiten und schnell essen war ihr Sprüchel, und bald saßen sie, den letzten Bissen noch im Munde, wieder am Stuhle. Das Treiberadel, meistens gedreht von Kindern, hatte unterdessen gejammert:

„Ich muß mr allejne dos Brut verdinn!" (Saskal.)

Und der Webstuhl fiel tröstend ein:

„Ich war dr half'n, ich war dr half'n!" (Saskal.)

Leute, die sich zu wenig beim Spulen verdienten, sangen nach der Weise „Wie sich der Großvater die Großmutter nahm" zu ihrer Arbeit:

„Wos mr sich am Toge mit dr Lei'r verdient, dos gieht bei dr Nacht weg wie dr Wind, Wind, Wind, Wind," (Johnsdorf.)

Die Jungen waren wohl imstande, schnell den Schützen zu ziehen, doch bei den Alten brauchte es seine Zeit. Das bemerkten auch die aus der Schule heimkehrenden Jungen. Sie verstanden das Webstuhlgeräusch auf ihre Art:

„Heut' amoul, morn' amoul, heut' amoul, morn' amoul."

(Johnsdorf, Deutsch-Gabel, Scharingen.)

Bei einem zweiten Weber, der andere Ware herstellte, klang es:

„Wos heut' ne word, word morne orscht."

(Kohlige, Deutsch-Gabel.)

Oder: „Heut en Schriet, morn' en Schriet." (Gablonz.)

Damit hielten die kleinen Spötter auch nicht hinter dem Berge und ließen es dem Arbeitsamen nicht selten hören. Hatte der arme Weber sein Rackerleben, sang ihm der Pfarrer nach der Deutung des Volksmundes ins Grab nach:

„Ob's a Wab'r ös od'r ne (observaberis domine),
wenn's kej Wab'r ös, begrob'n mr 'n ne.
For zwee Sechs'r und en Biehm (Münze),
woll'n mr olle zu Grobe giehn."

(Gablonz.)

Verließ zur Sommerszeit, wenn die kleinen Fenster in den Weberstuben weit offen standen, ein Spaziergänger das Weberdörflein, so begleitete ihn noch lange der Webertakt:

„Tischeckel, tascheck'l." (Ringelshain.)
„Pissecke, passecke." (Saskal.)
„Schnierlacka, perlacka." (Langenbruck.)

Lange noch klang dem Wanderer der anheimelnd-rhythmische Schlag des Webstuhls unserer betriebsamen Heimat in den Ohren.

Aus: Mitteilungen des Vereins für Heimatkunde des Jeschken-Isergaues. Adolf König

Wallenstein und die Reichenberger

Es war ein stürmischer Herbstabend des Jahres 1631. Über Böhmens weite Wälder und Fluren breitete der dunkle Nachthimmel sein düsteres, regenschweres Gewand und verhüllte in tiefes Dunkel die stille träumende Erde. Nur manchmal durchbrach den dichten Wolkenschleier der bleiche, traurige Schimmer des Mondlichtes und erhellte auf Augenblicke geisterhaft das geheimnisvolle Dunkel.

In dieser stürmischen Nacht saß auf der einsamen und festen Burg Gitschin in einem vom trüben Lampenscheine erhellten Gemache bei einem Eichentische, auf dem eine Karte von Böhmen ausgebreitet lag, ein Mann in den mittleren Jahren. Das bleiche, hagere Gesicht mit den ernsten düsteren Zügen, sowie die hohe Stirn verrieten nur allzudeutlich, daß ein gewaltiger Geist und ein entschlossener, fester Charakter diesem Manne innewohnten. Das dunkle Haar, sowie der schwärzliche Bart am Kinne erhöhten noch das seltsame Aussehen dieses einsamen Mannes, dessen Blicke lange auf der vorliegenden Karte ruhten, während die feine aristokratische Hand leise über die Stirne glitt, als sollte sie die düstern Gedanken, die ihn zu erfüllen schienen, verscheuchen. Und in der Tat, es mußte etwas Seltsames den Geist des Mannes beschäftigen, denn sein Ohr schien weder das Rauschen des Regens zu vernehmen, den der brausende Sturmwind an die klirrenden, mannshohen Fensterscheiben warf, noch das sich wiederholende Pochen an der großen Eichentüre des Gemaches, die sich jetzt knarrend öffnete, und in welcher die hagere, in einen schwarzen Mantel gehüllte Gestalt eines Mannes erschien, der geräuschlos eintrat.

Jetzt erst wandte der Dasitzende sein Angesicht gegen die Türe, und den Eingetretenen erblickend, sprach er mit klangvoller Stimme:

„Du kommst zur guten Stunde, Seni; soeben wollte ich Dich selbst in Deinem einsamen Turmgemäche aufsuchen.“ Bei diesen Worten schob er einen nebenanstehenden Stuhl herbei und lud den Angeredeten zum Sitzen ein.

Dieser folgte der Einladung und ließ sich auf den dargebotenen Stuhl nieder, während ein glattes mephistofelisches Lächeln auf seinen Lippen schwebte. Es war dies der Astrologe Wallensteins, Seni, jener geheimnisvolle Mann, der wie ein Dämon die Entschlüsse und Pläne des Kriegshelden leitete. Er war soeben wieder aus seinem einsamen Turmgemache herabgestiegen, um den „Gott der Schlachten“ in seiner Arbeitsstube aufzusuchen und mit ihm sich über die Zukunft zu beraten, die, wie er sagte, „an dem Scheitel der Gestirne geschrieben stehe.“

„Noch strahlt Dein Stern hell und klar, Herr“, begann er nun, und blickte dabei scharf lauernd dem Grüßenden in's Auge, „das Sternbild des Löwen kann selbst der wolkenschwang're Himmel nicht verbergen.“ –

Mit zufriedenem Lächeln begann der Andere, welcher niemand anders war als Wallenstein selber: „Wohl, mein Trauter, erlöschen wird Friedlands Stern nimmer; so lange der Polarstern über die arktischen Gefilde strahlt und die Sonne ihre Kreise um die Erde schlingt, so lange wird der Ruhm meines Namens dauern; oder gibt es unter der Sonne einen Gewaltigeren als mich? – Mit dem Fuße stampfe ich auf die Erde und Heere wachsen hervor, zahllos wie die Sterne am Firmamente des Himmels – und doch –“ bei diesen letzten Worten flammte ein Blitzstrahl aus seinem dunklen Auge, und die Stimme zitterte vor innerer Erregung – „und doch, Seni“, fuhr er fort, „gibt es erbärmliche Kreaturen, die es wagen, sich zu Empörern wider meine Macht – aber ich will sie strafen, diese Würmer und zertreten; sage mir, wie soll ich diesmal Empörter bestrafen?“

Der Astrologe, welcher ernst und ruhig den Worten Wallensteins gelauscht hatte, begann nun: „Haben sich Leute in Deinem Heere wider Dich empört? – Will Verrat Deinen Ruhm erbleichen lassen? – Rede, was tatest Du, als sich einst vor der Schlacht die Offiziere empörten?“ –

„Ich ließ einen Galgen bauen“, war die lakonische Antwort, „und die Empörer daran hängen“.

„Nun, dann hast Du's“, antwortete der Astrologe.

„Vernimm, Seni, was ich Dir mitteilen werde. Vor Jahren, als ich aus der Hand des Kaisers Reichenberg und Friedland erhielt, wies ich die Abgesandten der Reichenberger Bierbrauergenossenschaft zurück, als sie ihre alten Privilegien und Freiheiten von mir bestätigt haben wollten. Damals gab ich ihnen zur Antwort: „Auf dem weißen Berge bei Prag liegen Eure Privilegien und Freiheiten; so Ihr Sie haben wollt, geht und holt sie Euch dort!“ Seit jenem Tage ist dies Volk voll Ingrimm und Haß gegen mein Regiment, und vor kurzem hat sich der Geist der Empörung in wilder Vermessenheit Luft gemacht, sie haben einen meiner Geistlichen, den Pater Andreas Stommeus überfallen und beraubt.

„Nicht unbestraft sollst Du die Tat lassen, statuire ein Exempel, Herr – oder wo bleibt Deine Macht und Dein Feldherrenruhm?“ war die Antwort des Astrologen.

„Wahrlich, beim Satan!“ rief Wallenstein, und er sprang vom Sitze empor, „sie sollen mir's büßen, – ich will ihnen eine Leichenfackel anzünden, gegen deren Flammen das brennende Magdeburg selbst nur ein Kinderspiel war, haha! – Der Bauersmann soll Furchen ziehen über der Trümmerstätte – sprich, was tat jener große Kaiser, als sich die treulose Stadt gegen ihn empörte?“

„Er fluchte ihrer“, war die Antwort, „und schwur, Salz zu steuen dort, wo die Mauern gestanden.“

„Er fluchte ihrer“, wiederholte Wallenstein dumpf, und schritt mehrmals im Gemache auf und ab – „nicht umsonst sollen mich die Protestanten die Geisel des Krieges genannt haben; fürwahr, ich will eine Flamme des Verderbens für sie sein!“

So waren sie da beisammen, die beiden seltsamen Männer, die Wunder ihrer Zeit, und berieten sich über das furchtbare Verderben einer schönen volksreichen Stadt, ohne untersucht zu haben, ob sie strafwürdig oder unschuldig sei. Schon kündete die Turmuhr die Mitternachtsstunde an, als der Astrologe das Gemach des Feldherrn verließ und zu seinem einsamen, dunklen Gemache emporstieg. Wallenstein aber schritt ans Fester und starrte hinaus ins finstere nächtliche Dunkel und –

„Die Stirne ernst und düster,
Als läge d'rauf die Nacht,
Das Auge blitzesprühend,
Als gält's 'ne blut'ge Schlacht,
So starrte in das Dunkel,
In's finst're nächt'ge Graus,
Der grimme Held der Schlachten,
Der Wallenstein hinaus.

Um seine bleichen Lippen
Da schwebte Zornesflut,
In seinen Adern brannte
Das heiße Feldherrnblut –
Und drohend rang vom Herzen
Des Ingrimms Quell sich los,
Dem glühenden Blitz vergleichbar,
Bricht er der Wolken Schoß.

Alt Reichenberg

„Ich schwör's bei meinem Schwerte,
Bei meinem Feldherrn-Gut,
Bei meinem Schicksalssterne:
Ich ford're euer Blut.
Als Todesfackel leuchten
Soll eurer Häuser Pracht –
Vor Friedlands lichtem Sterne
Sinkt alles rings in Nacht." –

So stand er da, der größte Mann seiner Zeit, von Haß und Zorn niedergedrückt. Schon war der Schimmer des Lichtes in der Zelle des Astrologen erloschen, als auch Wallenstein sich zur Ruhe begab.
Der nächste Morgen sah reges Leben im Burghofe zu Gitschin, da gingen Offiziere aus und ein, drängten sich Soldaten hin und her, während in den Wachtzimmern, die Kroaten saßen, beschäftigt, ihre Waffen blank zu putzen. Auch Dragoner vom Buttler'schjen Regimente sprengten auf und ab, als gälte es eine Vorübung zu einem Scharmützel. Jetzt trat ein Offizier aus dem Portale der Burg, auf einen Kommandoruf desselben standen sämtliche Soldaten in Reih' und Glied aufgestellt, und mit vernehmbarer Stimme erscholl die Parole: „Reichenberg muß noch heute brennen und Mann und Maus sterben!"

Ein dumpfes, fast freudiges Gemurmel drang durch die Reihen der beutelustigen, kriegsfrohen Soldaten, die jeden Augenblick des Befehles zum Abmarsche gewärtig waren.

Zur selben Stunde, in welcher die Soldaten abmarschierten sollten, sprengte auf die Burg Gitschin ein kleiner Reitertrupp; die Rosse schienen sehr ermüdet zu sein, denn nur der beständige Zuruf ihrer Reiter konnte sie im Trabe erhalten. Die Reiter selber waren ältliche Männer, auf deren bleichen und traurigen Angesichtern tiefer Kummer und Furcht zu lesen war. Es waren dies die

Abgesandten der Stadt Reichenberg, welche nach Gitschin ritten, um von Wallenstein Gnade und Schonung zu erflehen.

Am verflossenen Tage war der Maler Fritsch, ein Reichenberger Kind, als Maler in Gitschin tätig, in seine Vaterstadt zurückgekommen, und hatte den nichtsahnenden Vätern der Stadt die Hiobsbotschaft mitgeteilt, daß Wallenstein die Stadt Reichenberg bei Nacht an vier Ekken in Brand stecken wolle. Ein Rottenmeister aus Isolani's Kroaten hatte es ihm heimlich mitgeteilt, und unverzüglich hatte sich der Brave beeilt, seiner Vaterstadt das drohende Verderben mitzuteilen und womöglich die Gefahr abzulenken. Unverzüglich war eine Gesandtschaft, bestehend aus den Ältesten der Stadt, zu Wallenstein abgegangen, um Schonung zu erwirken; denn allgewaltig war des grimmigen Feldherrn Zorn. Diese waren also die ermüdeten Reiter, die am frühen Morgen gegen Gitschin heranritten.

Mittlerweile stand Kaiser Ferdinand II. oberster Generalissimus Graf Wallenstein, Herzog auf Friedland, im hohen gotischen Gemache, umgeben von seinen Räten, um die zum Abzuge nach Reichenberg aufgestellten Truppen zu mustern. Eben wollte er den die Truppen führenden Offizier entlassen, als ein Diener in den Saal trat und die Abgesandten der Stadt Reichenberg anmeldete. Kaum hatte der Feldherr den Namen dieser Stadt vernommen, als die Zornesader ihm mächtig anschwoll und er mit donnernder Stimme rief: „Diese Elenden! – ich will sie nicht sehen! – an den Galgen mit ihnen!“ – und drohend wandte er sich weg.

Da näherten sich ihm seine intimsten Räte und flehten um Schonung; aber vergeblich, der Trotz dieses Mannes schien unbeugsam wie harter Fels. Da trat weinend einer der ältesten Räte vor ihn hin, und mit beredtem Munde und rührenden Worten und Tränen beschwor er ihn, noch einmal der Stadt zu verzeihen. Wallenstein schien einen heftigen Kampf in seinem Innern zu kämpfen, es war, als tönten noch die Worte des Astrologen um sein Ohr: „Salz sollst Du streuen auf die Trümmerstätte und den Bauersmann pflügen lassen an der Stätte einstiger Pracht;“ endlich fühlte er sich überwunden, er nahm sein Wort zurück und ließ die Reiter absitzen.

Noch am selben Abend kehrte die Gesandtschaft der Reichenberger zu ihren in Furcht und banger Erwartung harrenden Mitbürgern heim, die mit Jubel die fröhliche Kunde empfingen. Tage der Freude schlossen sich nun an Tage der Betrübnis und Trauer; vor allem aber freute sich Maler Fritsch darüber, seine Vaterstadt Reichenberg vom furchtbaren Untergange gerettet zu haben. Es war dies wohl das erste und letzte Mal, daß Wallenstein, dieser entsetzlich ernste Kriegsheld, durch Bitten bewogen, sein Wort zurücknahm.

Der Mut des ängstlichen Bürgermeisters von Grottau

Am 19. August 1813 marschierten in dem Städtchen Grottau in Nordböhmen über 3000 Mann französischer Truppen aller Waffengattungen ein. Mehr fremde Soldaten als Einwohner in der Stadt! Dem Bürgermeister Johann Joseph Niederle wurde schon deshalb himmelangst, als er aber hörte, er solle sogleich zu Seiner Majestät, dem Kaiser Napoleon, nach Zittau kommen, da verließ ihn der Mut vollkommen.

Er rief entsetzt: „Ich bin ein alter, kranker Mann und kann nicht reiten!“

Die französischen Soldaten lachten aber nur, brachten ein gesatteltes Pferd herbei, setzten den zappelnden Bürgermeister darauf und banden ihn sogar mit einem Strick an den Beinen fest.

Im Galopp ging es nach Zittau, wo Napoleon auf einem Stoppelfeld angetroffen wurde. Dort kam es zu folgendem Gespräch, das mit Hilfe eines Dolmetschers geführt wurde:

Napoleon: Sind Sie der Bürgermeister von Grottau?

Niederle: Ja!

Napoleon: Sind Sie die Obrigkeit?

Niederle: Nein, untertänig zur Herrschaft Grafenstein.

Napoleon: Wie heißt der Graf?

Niederle: Clam-Gallas

Napoleon: Welche Herrschaften besitzt der Graf noch in hiesiger Gegend?

Niederle: Friedland, Reichenberg und Lämberg

Napoleon: Haben Kaiserliche bei Ihnen gestanden, wie viel, wie lange und von welchen Truppengattungen? Seit wann sind sie fort von Grottau?

Niederle: Ja, aber nur Pikets, und zwar seit dem 10. August. Gestern sind sie weg von hier. Es waren Husaren von dem Regimente Kaiser und Blankenstein, dann Jäger vom 5. und 6. Bataillon.

Napoleon: Wo steht die kaiserliche Armee? Wer kommandiert sie und wie stark ist sie?

Niederle: Dies alles ist mir unbekannt.

Napoleon: Sind Russen in Böhmen?

Niederle: Auch das kann ich nicht mit Gewißheit angeben.

Napoleon: Was haben Sie für Befehle in Ansehung dieses Krieges?

Niederle: Noch gar keine.

Napoleon: Lieben Sie Ihren Kaiser?

Niederle: Nächst Gott ist er uns das Teuerste.

Napoleon: Sind die Leute in Ihrer Gegend religiös?

Niederle: Ja, das sind sie.

Napoleon: Wie weit ist es von Ihnen aus nach Tetschen und Leitmeritz?

Niederle: Nach Tetschen 6, nach Leitmeritz 8 Meilen.

Napoleon: Gedenken Sie des Einbruchs der Preußen nach Böhmen?

Niederle: Ja, im Siebenjährigen und im Sukzessionskriege.

Napoleon: Wie stark ist die Population Ihres Ortes und wieviel besitzt derselbe Wohnhäuser?

Niederle: Die Population beträgt 1120 Seelen, darunter 515 männlichen Geschlechts. Dann besitzt Grottau 200 Häuser.

Napoleon: Wieviel haben Sie bereits Rekruten und Landwehr gestellt?

Niederle: 13 Rekruten für die Armeereserve, 1 Bäcker und 7 Landwehrmänner.

Als Niederle am Abend des denkwürdigen Tages seiner Ehefrau von dem Gespräch mit Napoleon ausführlich berichtete, soll die rechtschaffene Frau entsetzt gefragt haben: „Wie konntest du nur den Kaiser so belügen?!"

Niederle fragte erstaunt zurück: „Belügen? Ich?"

Darauf die Frau: „Natürlich! Oder hast du keine Russen in Böhmen gesehen?"

Da lächelte Niederle verschmitzt: „Ach, die meinst du! Die zählen ja nicht, das waren Kirgisen und Baschkiren und nur mit Pfeil und Bogen bewaffnet."

Gustav Wiese

Der Name der Stadt Kratzau im Neißetal wird immer mit dem Namen ihres würdigsten Sohnes, Joseph Führich, verbunden sein. Der Heimatforscher Syrowatka schreibt in einem Heft der Heimatkunde des Reichenberger Bezirkes über einen Besuch in der vornehmen Kirche der Stadt:

„Es ist selbstverständlich, daß wir darin zuerst Meister Führichs Werke „Maria im Grünen" aufsuchen. Die himmlische Mutter hält das Kindlein auf dem Schoß und stützt sein segnendes rechtes Händchen. Sie rastet auf einer Steinbank, unter der eine Stufe folgende Widmung trägt: „Der Kirche meiner Vaterstadt Kratzau". Blauer Himmel ringt sich mit lichten Schichtenwölkchen durch die Kronen ehrwürdiger Buchen und Birken. Aus frischem Wiesenboden plätschert ein helles Bächlein. Daß Führich gerade dieses Bild seiner Vaterstadt verehrt hat, beweist seine Anhänglichkeit an die Gegend seiner Jugend."

Ein Maler erzählt aus seiner Heimat

Außer den kirchlichen Festen des Jahres, die mich seit frühester Jugend, noch ehe ich etwas Wesentliches von ihrer Bedeutung verstand, immer mit einer eigenen Begeisterung erfüllten, waren meine größten Feste: ein Gang über Land mit meinem Vater nach diesem oder jenem Ort hin. Der gewöhnliche und mir liebste Ausflug dieser Art war der nach Reichenberg, später auch nach Friedland und dem nicht weit davon gelegenen Wallfahrtsorte Haindorf. Wenn mir als Knaben schon die ärmliche Kirche meines Geburtsortes mit ihren wenigen Bildern und Schnitzwerken an Altären und Kanzel imponierte, so fand ich an den genannten Orten für mich unversiegbare Quellen des Staunens und der Bewunderung. Wenn ich dem Vater bei einem Schreiner im Orte oder einem Bauer auf einem nahen Dorfe ein Brautgeräte, Laden, Bettstellen, Schränke anstreichen und mit bunten Blumen und Landschaften schmücken half, so hatte ich das frohe Gefühl, ein brauchbares Glied der Familie zu sein. Mein Vater unterstützte meine Naturschwärmerei mit der Erlaubnis, durch zwei Sommer die Kühe hüten zu dürfen. Wer war glücklicher als ich?

Wenn ich bei meiner kleinen Herde, an einem kleinen Feldraine hingelagert, die weite schöne Gegend überschaute, über welcher die flatternden Wolkengebilde rätselhaft hinzogen und große wandelnde Schatten über Gebirge und Täler breiteten, wenn ich den Stimmen der Luft und Wälder lauschte, unterbrochen vom fernen Gesang der Hirten, dem Brüllen und Blöken der Herden, dem Holzschlag aus dem Walde und dem Glucken und Murmeln der Bäche: dann zogen wunderbare Bilder an mir vorbei – aus mir heraus und in mich hinein. Die Einsamkeit sprach mit beredter Zunge zu mir. Damals verstand ich wenig davon, erst heute verstehe ich meine Jugend.

Die Gegend meiner Heimat hat nicht die Großartigkeit der Alpenwelt, aber immer noch Reiz genug, um jedem Empfänglichen für schön zu gelten. Lange, mit allerhand Holz, besonders aber mit ernsten, duftigen Tannen- und Fichtenwäldern bedeckte Bergzüge, mit weiten, offenen Tälern, die oft kleinere von überraschend schöner und romantischer Lage mit Felsen und Wald einschließen, klare Bäche und ein großer, von den Bergen niedergehender Quellenreichtum, herrliche Wiesen, lieblich begrünte Hügel, wo Gruppen säuselnder Birken stehen, eine weite Aussicht von der Höhe mit einer alten Buche oder zerstürmten Fichte gekrönt, die man weit sieht, von solchen Stellen sich hinabziehende Gründe, Fichten und Tannen, deren einförmiges, geheimnisvolles Rauschen im Tale etwa von dem Geklapper einer Mühle unterbrochen wird, liebliche Dörfchen mit großen Linden vor den Bauerngehöften und von den Dörfern aufwärts Äcker und Saatfelder bis zum Saum der Wälder, die sie teilweise wieder herabziehen und mit duftenden Kräutern bedeckte Bergwiesen traulich und heimlich einschließen – das war die Natur, die mich umgab, in jeder Tages- und Jahreszeit mir immer neu und lieb.

Aber der Geist, der überall, wo die Kirche herrscht, seinen sanften Lebenshauch verbreitet, verleiht auch der Natur eine höhere Weihe, indem er den Wanderer an schönen und bedeutenden Punkten der Landschaft durch Kapellen, Kreuze oder sonst ein einfaches Bild an seine höhere Heimat und an die Geheimnisse unserer Erlösung erinnert. So kunstlos und ärmlich auch diese Monumente der Frömmigkeit oft sind, so führen sie doch eine tief eindringliche Sprache. Diese lernte ich früh.

Wenn wir sonntags eine Anhöhe erstiegen und der Vater, bevor wir uns umsahen, beim Kreuze den Hut abnahm und halblaut sein Gebet sprach: „Wir beten dich an, Herr Jesu Christ, denn durch dein heiliges Kreuz hast du die Welt erlöst“, – wenn er im Anblick der reichen Segensfülle der Natur mir von der schuldigen Dankbarkeit gegen Gott sprach, – oder wenn er im rauschenden Walde, an der Muttergotteskapelle vorbeischreitend, ein Ave gebetet –, so war ich mir zwar damals der tiefen Eindrükke nicht bewußt. In späteren Lebenslagen kam mir dann oft die Erinnerung an so manche Heimkehr mit meinem Vater, wenn der Abend in die Täler sank und ich inniger seinen belehrenden Gesprächen horchte und sie erwiderte –, wenn wir in der duftenden Stille durch die Dörfer wandelten und der Vater die etwa vor der Türe sitzenden Landleute mit dem schönen Gruß „Gelobt sei Jesus Christus!“ grüßte oder denselben Gruß eines Vorübergehenden mit den Worten „In Ewigkeit!“ erwiderte, oder wenn er beim Klang der Abendglocke das Angelus Domini sprach und nun der Kirchturm unseres stillen Örtchens aus der Dämmerung hervortrat und hie und da ein freundliches Licht, wenn uns die Mutter freundlich entgegenkam und ich bei einem Gerichte Kartoffeln die kleinen Abenteuer des Tages erzählte: – das und so vieles andere kam mir später oft wieder zu Sinne unter veränderten inneren und äußeren Verhältnissen.

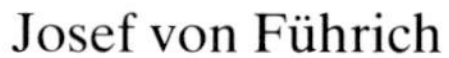
Josef von Führich

Maler Führich und der grobe Wirt

An der Straße, die von Kratzau her gegen Grottau führt, steht ein altes Wirtshaus, das wohl heute noch viel besucht ist, den größten Teil seiner Anziehungskraft aber verloren hat. Das Bier, welches man da verzapft, ist zwar ebenso frisch und klar wie ehedem, die Wirtsleute sind freundlich und dienstfertig und fragen jeden Gast, sobald er über die Schwelle tritt, zuvorkommend nach seinem Begehr. Allein das ist es gerade, was so vielen Gästen aus der früheren Zeit, wenn sie dann und wann hier wieder Einkehr halten, nicht mehr gefällt. Es ist alles so sehr geschniegelt und gebügelt in diesem Hause, von den Vorhängen an den Fenstern bis zu der feinen Serviette, die eine saubere Kellnerin auf den blank gescheuerten Tisch ausbreitet, und wenn der Abend hereinbricht, werden hell strahlende Lampen auf die Tafel gestellt, die mit ihrem Lichte aus den sonst so traulichen Winkeln alle Gemütlichkeit verscheuchen. Das muß sich jeder freilich gefallen lassen, weil unsere Zeit es so haben will; allein die Männer von ehedem sitzen dann still und einsilbig dabei, gehen bald wieder, und mißvergnügt mit dem Kopfe schüttelnd, spricht einer zum anderen: „'s ist halt nimmer so!“

Recht haben sie! Ja, als der alte Wirt noch lebte, da war eine andere Zeit. Herr des Himmels, was gab's da für Leben in dem Hause! Von weit und breit kamen die Gäste herbei, bloß des Wirtes wegen, und was war das für ein Spaß, zum Totlachen war's jedesmal, wenn ein Gast seinen Witz an ihm versuchte und dann mit ein paar Worten von ihm so jämmerlich zu Boden geschlagen wurde, daß er vollauf genug hatte für den ganzen selbigen Abend und noch für ein paar Tage darüber. „Ei, ei“, sagte er dann wohl zu Hause, „einen so groben Wirt kann's schon nicht mehr geben auf hundert Meilen weit!“ Andere meinten es wohl auch; aber gerade deshalb gingen sie hin. Bisweilen verschworen sich wohl auch einige und schmiedeten ein Komplott, um ihn zu reizen oder einmal recht aufsitzen zu lassen, oder sie lockten durch allerlei Intrigen einen arglosen Dritten in die Falle, so daß sich dann die ganze Grobheit des Wirtes wie ein prasselndes Hagelwetter auf ein unschuldiges Haupt entlud. Das gelang den Spaßvögeln sehr oft zum ungeheuren Gaudium aller Gäste; aber daß sich der Wirt selbst von ihnen hätte einmal fangen lassen, davon wußte die Chronik nichts zu berichten. Endlich brachten es die Verschworenen nach vielem Hin- und Herreden und Kopfzerbrechen doch so weit, und das sollte dem berühmten Maler Josef Führich recht verhängnisvoll werden.

Mehrere Abende nacheinander sprachen die Stammgäste von nichts anderem, als den großen Jagden in diesem Herbste und dem ungeheuren Wildreichtum der Gegend. Es wäre geradezu fabelhaft, sagte einer, wie viel Hasen und Rehe heuer im Grafensteiner Revier schon geschossen worden seien. „Und da laufen sie noch immer zu Tausenden herum“, setzte ein anderer hinzu, „bis in die Dörfer kommen Sie ’nein und fressen den arm’ Leuten die Rüben in der Scheuer weg.“ „Das muß wahr sein“, beteuerte ein Dritter, „ich hab’ selber gestern abends zwei in mein’ Garten gesehen; hätt’ ich nur eine Flinte bei der Hand gehabt“ –

Der Wirt verlor kein Wort von dem Gespräche und konnte lange nicht klug daraus werden, wo hinaus sie wohl zielten. Er schwieg aber beharrlich und ließ nur manchmal einen drohenden Blick aus seinem Schankhäuschen auf die Gesellschaft fallen zum Zeichen, daß er jeden Augenblick bereit sei, den Kampf aufzunehmen, falls sie es etwa auf ihn abgesehen haben sollten mit ihrem nicht endenwollenden Gespräche von Rehen und Hasen.

Kratzan

Als aber am dritten Abend einer vom Stammtisch die Vorzüge eines guten Hasenbratens pries und bei der ganzen Gesellschaft lauten Beifall fand, schlug er nur eine laute, höhnische Lache auf, sagte aber kein Wort. Das Lachen aber sollte bedeuten: Also darauf geht's 'naus? Hasenbraten wollt ihr essen? Da könnt ihr lange warten!

Die Gäste schienen die Bedeutung dieses Lachens verstanden und sich jeder Hoffnung auf eine Änderung der Speisekarte begeben zu haben, denn am darauffolgenden Abende war mit keinem Worte mehr die Rede davon. Man schien sich im Gegenteil recht zu langweilen und sprach nur von gleichgültigen Dingen.

„Zahl'n!" rief endlich einer, „ich bin schläfrig heute." „Wir geh'n auch mit", sagten die anderen. Der Wirt kam mit seiner Kreide, schrieb jedem die Zeche auf den eichenen Tisch, strich stillschweigend das Geld ein und begab sich, einige unverständliche Worte brummend, wieder auf seinen Platz. Da trat plötzlich sehr eilig noch ein Gast in die Stube, und mitten in derselben bleibend, rief er mit unterdrückter Stimme: „'s is ein Has' im Garten!"

Alle standen von ihren Sitzen auf und traten neugierig zum Fenster. „Du", rief der Wirt mit drohender Gebärde, „wenn du mich epper in April schicken willst–"

„Nun, da seht nur selber 'naus", rief einer von den Gästen, und richtig, dort unter'm Pflaumenbaum saß, im Mondschein deutlich erkennbar, ein Hase, ein Kapitalstück, ein wahres Prachtexemplar.

„Na warte, warte", sprach jetzt der Wirt und schnalzte vor Vergnügen mit den Fingern, „dem Spaße werd'n m'r gleich ein Ende machen!" Er holte seine Flinte aus der Kammer und schlich in geduckter Haltung über den Hof, das Gewehr zum Anschlag bereit haltend, bis zur Gartentür. Im Schatten des Holzschupfens stehend, erhebt er sich jetzt vorsichtig und leise; er ist gerade in der richtigen Schußweite, legt an, ein furchtbarer Krach und – „Jesus

Maria!“ ruft der Wirt vor Schrecken starr. Es ist keine Sinnestäuschung gewesen. Ganz deutlich hat er es gesehen. Der Hase hat auf den Schuß einen gewaltigen Sprung in die Höhe getan, dabei mit den Läufen den Stamm des Pflaumenbaumes erfaßt und ist mit fabelhafter Geschwindigkeit hinaufgeklettert. Es dauerte eine Weile, bis sich der Wirt von seinem Schreck so weit erholt hatte, um sich von der Stelle zu rühren. „O, ihr verfluchten Sakramenter!“ schreit er jetzt wild und eilt hinzu. Da erblickt er in der Erde einen Pflock und an dem Pflocke eine Schnur, und wenn er diese mit seinen Blicken verfolgt, sieht er in den Ästen des Baumes den Hasen sitzen. Er reißt wie wütend daran – es war seine eigene Katze – sehr geschickt in ein Hasenfell gekleidet.

Von jenseits der Straße aber erschallt jetzt ein vielstimmiges, nicht endenwollendes Gelächter an sein Ohr und dringt wie mit Dolchstichen in seine Seele. Er springt hinüber bis zum Gartenzaun, und was er an dieser Stelle seinen flüchtenden Gästen nachgerufen hat, das fuhr wie Donnerkeile in die helle Herbstnacht hinein und klang zuletzt wie das Heulen des Sturmes, so daß selbst der Mond darüber erschrak und eiligst durch die zerissenen Wolken dahinfuhr. –

Kurz darauf, an einem hellen, sonnigen Nachmittage, schritt ein junger Mann, mit einer schwarzen Bluse bekleidet und den breitrandigen Hut schief auf das Haupt gedrückt, die Straße einher. Oft blieb er stehen und ließ das ernste sinnende Auge hinüber zu den bewaldeten Höhen schweifen, die, zwischen Böhmen und Sachsen sich hinziehend, am blauen Himmel so anmutig geschwungene Linien zeichnen, der Gegend wunderbaren Reiz verleihen und in ihren finsteren, rauschenden Wäldern tausend Geheimnisse verbergen. Als er bei dem Wirtshause angelangt war, schien ein Baum in dessen Garten seine Aufmerksamkeit ganz besonders zu fesseln. Von der

Sonne herrlich beleuchtet, hob sich seine regelmäßige Krone scharf von dem blauen Hintergrunde des Himmels ab. Der junge Mann blieb stehen, zog sein Skizzenbuch hervor und begann zu zeichnen.

„Nanu“, sprach der Wirt in der Stube drinnen und stützte beide Arme, die Ellenbogen weit nach auswärts kehrend, auf das Fensterbrett, „was hat denn der da immer auf mein’ Pflaumbaum zu gucken? Das is sicher wieder ein angesteilt Ding; ’s möcht’ aufhören bald oder ’s wird nicht gut!“

Drei Männer, welche beisammen an einem Tische saßen, blickten gleichfalls zum Fenster hinaus, stießen einander und kicherten. „Jetz’ wenn der ’reinkäme, da gäb’s einen Hetz wieder einmal!“

Der junge Mann klappte jetzt sein Buch zu, blieb noch eine Weile wie unentschlossen stehn, blickte auf seine Uhr und schritt dann rasch auf das Haus zu.

„Nu kömmt er ’rein!“ rief der Wirt mit vor Zorn bebender Stimme und retirierte in sein Schenkhäuschen.

„Guten Tag!“ klang kurz darauf die helle Stimme des Fremden, „ein Glas Bier möcht’ ich bitten.“ Sein freundliches, harmloses Wesen schien den Wirt besänftigt zu haben, er blickte ihn erst noch einmal mißtrauisch vom Kopfe bis zu den Füßen an und setzte ihm dann schweigend das verlangte Bier auf den Tisch. Dieser schien gleichfalls nicht Lust zu haben, das allgemeine Schweigen zu unterbrechen, er zog sein Buch wieder aus der Bluse, nahm den Stift zur Hand und schickte sich an, das altväterliche Schenkhäuschen, welches unter allem Hausgerät seine besondere Aufmerksamkeit erregt hatte, zu zeichnen.

Wie der Blitz fuhr der Wirt jetzt daraus hervor. „Was ha’n Sie in das Buch da ’neinzuschreiben in mein’ Hause, ha?“ rief er und beugte sich mit drohender Miene über den Tisch.

Erschrocken sah der junge Fremde zu ihm auf, faßte sich jedoch bald und antwortete: „Ihr Schenkhäuschen wollte ich zeichnen, und draußen habe ich einen Baum ihres Gartens skizziert. Da sehen Sie, da steht er, und da ein Teil Ihres Hauses, dort der Schupfen –"

„So!" schnaubte der Wirt, „und jetzt sein Sie 'reingekomm' und woll'n mich auch abmal'n? Und nachhero eine Flinte in die Hand da beim Schupfen und auf'n Baum eine Katze, nich war? Himmel Herrgott! Mir trau'n Sie nich, so viel will ich Ihn' sagen?" Darauf schritt er hastig zur Tür hinaus, es litt ihn nicht länger in der Stube; schwer atmend und nach Luft schnappend, blieb er unter dem Einfahrtstore stehen.

„Hier, hier", sprach der Eine und deutete mit dem Finger auf die Stirn.

„Ich dachte es wohl!"

„Übrigens ein seelensguter Mann", sagte ein anderer, „und als Gastwirt ein Muster."

„Das muß wahr sein", sctzte der Dritte hinzu. „Essen und trinken tut m'r gut bei ihm und wohlfeil und ein' kalten Hasenbraten hat er heute, der muß nur so sein."

Der Wirt kam jetzt wieder herein und ließ sich auf seinem gewohnten Platz im Schenkhäuschen schwerfälllig und tief seufzend nieder. Die drei Männer steckten die Köpfe zusammen, wie die Schafe bei einem ausbrechenden Gewitter, sie ahnten, daß es bald losbrechen werde. Und es brach los.

„Herr Wirt", sprach der Fremde, „die Herbstluft hat mich hungrich gemacht; um ein Butterbrot möcht' ich Sie bitten, und wenn Sie noch ein Stück Hasenbraten übrig haben –"

Wie ein gereizter Löwe sprang der Wirt jetzt auf ihn los, stemmte beide Arme vor ihm auf den Tisch und schrie: „Nu wär's 'raus, daß er auch mit zu der Bande gehört; wer sein m'r denn?"

„Ein Maler, wenn Sie es gerade wissen wollen."
„Auch was Rechts, und wo sein m'r denn her?"
„Aus Kratzau."
„Auch ein schön's Loch!"
„Seien Sie nicht so grob!" rief nun der Maler, gleichfalls erzürnt.

Der Wirt aber stülpte die Hemdärmel bis zum Ellenbogen auf und erwiderte mit drohender Gebärde: „Jetzo nur stille, ich könnte sonst leicht grob werden!" –

Es waren Jahre vergangen; aus dem jungen Akademiker war ein großer Künstler geworden, und der Name Führich ward mit Bewunderung und Verehrung in der ganzen gebildeten Welt gepriesen. Da kam er wieder einmal in seine nordböhmische Heimat und trat, auf einer Fußwanderung begriffen, in dieses Wirtshaus ein. Wie damals, saß der Wirt in seinem Schenkhäuschen und war mit zunehmendem Alter womöglich noch gröber geworden. Er hatte keine Ahnung davon, daß der berühmte Maler Führich derselbe sei, den er einmal an die Luft hatte setzten wollen. Dieser aber hatte von den Leuten erfahren, daß er damals das unschuldige Opfer eines Mißverständnisses und unzarten Scherzes geworden war, kostete jetzt, an derselben Stelle sitzend, noch einmal die Annehmlichkeit jenes Auftrittes durch, hütete sich aber, sein Skizzenbuch herauszunehmen oder gar einen Hasenbraten zu verlangen.

Aus „Nordböhmische Dorfgeschichten", herausg. 1918
R. Stache

Der Maler Josef von Führich

Es war das traurige Schicksal der Deutschen in Böhmen, daß sie ihren großen Künstlern in den seltensten Fällen in ihrer Heimat einen Wirkungskreis bieten konnten.

So erklärt es sich auch, daß der bedeutendste Maler des neunzehnten Jahrhunderts, den das deutschböhmische Volk hervorgebracht hat – Josef Führich – nicht in seiner Heimat, der er doch so vieles von seiner persönlichen Eigenart schuldete, sondern in Wien, der Stätte seiner langjährigen Wirksamkeit, mit seiner Kunst Wurzel geschlagen hat und hier mit seinen wichtigsten Arbeiten in öffentlichen Sammlungen und Kirchen vertreten ist.

Josef Führich wurde am 9. Feber 1800 in Kratzau bei Reichenberg geboren. Die Anfangsgründe seiner Kunst erlernte er bei seinem Vater – Wenzel Führich – einem schlichten Landmaler, der nach des Sohnes eigenen Worten „die Kunst trieb, wie sie von ihm unter engen Verhältnissen erworben und unter ebenso engen Verhältnissen geübt werden konnte." Dem Elternhause verdankt Führich auch seine tiefreligiöse Gesinnung, die sein Schaffen als Künstler von Anfang bis zum Ende bestimmte. Die Kunst war ihm stets eine Art Gottesdienst. Nach ihm gilt auch von der Kunst jenes göttliche Wort: „Suchet zuerst das Reich Gottes! Alles übrige wird euch dann zugeworfen werden!"

Mit neunzehn Jahren bezog Führich, ermuntert durch den Erfolg, den zwei seiner Bilder auf einer Ausstellung in Prag davongetragen hatten, die Kunstschule daselbst. Tiefer als durch den Unterricht des damaligen Direktors dieser Schule, Josef Bergler – eines entschiedenen Vertreters des an der Antike geschulten Klassizismus – wurde seine Entwicklung durch die Bekanntschaft mit den Werken der romantischen Dichter Novalis, Tieck und Wakkenroder – vor allem aber durch die künstlerischen Offenbarungen berührt, die ihm vor dem Holzschnittwerke Dürers aufgegangen waren. Den unvergleichlichen Eindruck, den dieser tiefste Meister deutscher Kunst auf ihn gemacht, schildert Führich in seiner 1844 erschienenen Lebensbeschreibung mit Worten stärkster Ergriffenheit. Die Nachwirkungen des ersten Eindrucks zeigen deutlich seine drei ersten Zyklen: „Der wilde Jäger", „Vater unser" und „Genofeva". In den Jahren 1827-1829 treffen wir unsern Künstler in Italien an, wohin ihn ein vom Kanzler Metternich verschafftes Reisestipendium führte. In Rom geriet er in den Bannkreis der sogenannten Nazarener – einer Künstlergruppe, die, angewidert von dem leeren Formenkram des akademischen Klassizismus, für ihre religiös gerichtete Kunst in den herbfrischen Werken des jungen Raphael und seiner Vorgänger die Vorbilder suchte. Overbeck, Veit, Schadow und Schnorr gehören dieser christlich-romantischen Kunstschule an, deren geistiges Haupt Cornelius war. Es spricht für die große Begabung und die frühe Reife Führichs, daß er – der bis dahin noch unbekannte Maler – von Overbeck zur Mitarbeit an der von diesem Künstlerkreise in der Villa Massimi gemalten Freskenfolge aus den drei großen italienischen Dichtern: Dante, Ariost und Tasso herangezogen wurde. Von ihm rühren die Darstellungen aus Tassos „Befreitem Jerusalem" her.

Im Jahre 1834 wurde Führich, der nach seiner Italienreise wieder nach Prag zu seinen Angehörigen zurückgekehrt war, zum Kustos der akademischen Galerie in Wien ernannt. Von da an verblieb er, abgesehen von einer durch die revolutionäre Bewegung des Jahres 1848 erzwungenen, fast einjährigen Abwesenheit, bis zu seinem am 13. März 1876 erfolgten Tode in Wien. Seit 1840 war er auch durch volle zweiundzwanzig Jahre als Lehrer an der dortigen Kunstakademie tätig. Der Sorge ums tägliche Brot überhoben, konnte nun Führich, der im Jahre 1832 einen eigenen Hausstand gegründet hatte, seine reife Meisterschaft völlig frei entfalten. Den Jahren 1839 und 1841 gehören zwei seiner vollendetsten Gemälde: „Der Gang nach Gethsemane“ und „Der Gang Mariens über das Gebirge“, an, die sich gegenwärtig in der Staatsgalerie in Wien befinden. In diesen beiden Bildern hat Führich, dessen Farbengebung sonst unleugbar an einer gewissen Kälte und Härte leidet, seine koloristisch hervorragendsten Werke geschaffen. Steigert im „Gang nach Gethsemane“ das düstere Kolorit in eindringlichster Weise die schwere, gedrückte Stimmung der Szene, so jubilieren andererseits hell und heiter die lichten Farbentöne in den Mariens Gang über das Gebirge begleitenden Engelscharen.

In den Jahren 1844-46 entstand der durch zahllose Wiederholungen zu den volkstümlichsten Werken des Künstlers zählende Kreuzweg in Freskomalerei in der St. Josefskirche in Wien. Der zweite große Freskoauftrag, der ihn aber diesmal vor eine monumentale Aufgabe großen Stiles stellte, war die Ausschmückung der Altlerchenfelder Kirche in Wien. Die Ausführung der umfangreichen Malereien, für die Führich zum größten Teil selbst die Entwürfe schuf, erfolgte mit Hilfe eines ganzen Stabes von jüngeren Künstlern in den Jahren 1854-61. In diese Zeit fällt auch die Entstehung des schönen Ölgemäldes „Maria in der Grotte“ in der Pfarrkirche zu Schönlinde.

Wie bei vielen großen Meistern können wir auch bei Führich in jenen Lebensjahren, die sonst menschlicher Schaffenskraft eine Grenze zu setzen pflegen, eine ungeahnte Erstarkung und Vertiefung der künstlerischen Kraft beobachten. Die letzten fünfzehn Jahre seines Lebens füllen die zahlreichen Zyklen aus, die er, angeregt durch den Leipziger Verleger Dürr, zur Vervielfältigung in Holzschnitten und Stichen mit Blei gezeichnet hat. Wir heben heraus: „Der Bethlehemitische Weg“, „Er ist auferstanden“, „Psalmen“, „Das Buch Ruth“ und „Der verlorene Sohn“. In diesen Bleizeichnungen, die bewußt auf die Farbe verzichten, konnte sich Führichs Phantasiefülle, sein Gedankenreichtum und seine Kunst der großzügigen Komposition frei von allen Fesseln ausleben. Der wundervoll klare und bestimmte Strich der Zeichnungen, die oft fast nur den Umriß der Dinge geben und doch nirgends leer wirken, die sichere Beherrschung der Formen, die ohne ängstliches Modellstudium aus einer bildgesättigten inneren Anschauung herausgeholt sind, und die abgeklärte geistige Stimmung, die über allem ruht, sichern diesen Schöpfungen Führichs unvergänglichen Wert. Sie bilden den Höhepunkt seiner künstlerischen Tätigkeit und gehören zum Schönsten, was die deutsche Griffelkunst im neunzehnten Jahrhundert geschaffen hat.

Ein Künstler, dem ein solcher Ausklang seines Lebenswerkes beschieden war, konnte ruhigen Gewissens die Worte niederschreiben: „Die Begabung ist kein Verdienst für den Begabten, sondern eine Gabe, für deren Verwendung er Rechenschaft abzulegen hat.“

R. Hönigschmid (leicht gekürzt)

Reichenberg

Selten ist eine Stadt mit so ansprechenden landschaftlichen Reizen ausgestattet wie Reichenberg. Mitten drinnen im ausgeweiteten Neißetalkessel breitet sich die Stadt über Tal und Hügel aus, daß der Vielgestaltigkeit beste Entwicklung geboten ward. Dabei gab es keinen eigentlichen Raummangel, so daß sie, allmählich aus dem engeren Stadtkreis herausgewachsen, sich mit den Vororten harmonisch verbinden konnte. Weiter draußen rankt sich ein blühender Kranz gewerbefleißiger Ortschaften um sie.

Als Industrie-Metropole erlebte Reichenberg mit dem Übergang vom Handwebstuhl zum mechanischen Webstuhl einen sprunghaften Aufstieg; sie wurde das größte Textilzentrum des Landes. Tuche und Schaftwollwaren errangen als Qualitätserzeugnisse Weltruhm. Bald gesellten sich viele andere Industriezweige hinzu, daß sich die Stadt um so mehr auszuweiten begann. Industriekapitäne trieben diese Entwicklung zielbewußt vorwärts. Aber auch als Schul- und Bildungszentrum suchte sich Reichenberg einen Namen zu machen. Bald lockten ihre Fachschulen Schüler aus vielen Teilen des Auslands an. Als Messestadt wußte sie ihre Bedeutung für Handel und Wirtschaft noch zu steigern.

Dabei bot die herrliche nähere, als auch entferntere Umgebung der fleißigen zielstrebigen Bewohnerschaft Sommers- wie Winterszeit reichlich Gelegenheit zu Sport, Erholung und Kurzweil. Der Jeschken, von den Städtern geradezu geliebt, bietet einen Rundblick wie selten ein Aussichtspunkt in Böhmen. Vom Riesengebirge zum Elbsandstein- und Mittelgebirge bis weit hinein in die fruchtbare böhmische Ebene reicht diese Fernsicht. Schöne Wanderungen im Iser- und Lausitzergebirge lassen sich als Tagestouren bequem durchführen, weitere Wanderziele sind mit günstigen Bahnverbindungen ohne Beschwer zu erreichen. E. R.

Reichenberg

Übersee, 31. 3. 1949

Geliebte Stadt, Dir gilt mein Denken
und allen, die in dir gelebt!
Dir will ich mein Erinnern schenken,
das Dich als Heimweh oft umschwebt.

Noch spür ich Deinen Zauber walten
und fühl, wie stolz ich immer war,
in Deinen Mauern, diesen alten,
voll Glück zu leben Jahr um Jahr!

Mein Reichenberg, ich war geborgen,
Du warst mir Schutz und Schirm und Hort,
in Dir war gestern, heut und morgen
und nie und nimmer wollt ich fort!

Ich war Dein Kind, in Dir geboren,
Urahn und Ahne lebten hier –
so hat ich Treue Dir geschworen,
mein Herz, mein Sinn gehörten Dir!

Ihr schönen Straßen, Plätze, Gassen,
die wir gebaut, geschmückt, geliebt! –
Wie haben wir euch schwer verlassen,
gehetzt, gejagt, zu Tod betrübt!

Da wir nach manchen bangen Stunden
zur Ruhe kamen, arm und weh,
hat unsre Sehnsucht heimgefunden,
zum Neißetal, zur Jeschkenhöh!

Du liebe Heimat, hör uns klagen,
die wir in der Ferne sind –!
Hör über Grenzen laut uns fragen,
ob wir von Dir vergessen sind?

Laß Deine Stimme für uns sprechen,
send Ströme Deiner Liebe aus.
Laß Haß und Neid zusammenbrechen,
ruf Deine Kinder doch nach Haus!

Lotte Ginzel

Arbeitsfleiß im Kreise Reichenberg

Als im 13. Jahrhundert die deutsche Besiedlung des heutigen Kreises Reichenberg planmäßig einsetzte, gab der Laubwald der Landschaft das Gepräge. Erst Axt und Pflug des Roders begannen dieses Bild zu ändern. Ortsgründungen an Wasserläufen und in den Tälern schoben Wiesen und Felder hangaufwärts und der wilden Wurzel gewann die Pflugschar Jahrzehnt für Jahrzehnt immer mehr Boden ab.

Einzelne Orte verdanken ihre Entstehung auch dem Bergsegen, wie Kratzau, Engelsberg und Frauenberg, und erfreuten sich als „Bergstädtchen“ auch besonderer Freiheiten. Vielleicht wurde in heute nicht mehr feststellbarer Zeit auch an der Stelle Reichenbergs nach Bodenschätzen geschürft, was Flurbezeichnungen wie „Erzbüschel“ u. a. vermuten lassen.

Aber der Bergmann war von der Ergiebigkeit des Erdinnern abhängig, und nach ihrem Versiegen mußte er sich nach neuen Arbeitsplätzen umsehen oder, wenn er bleiben wollte, sein Brot auf andere Weise zu erwerben suchen.

Der Bauer dagegen verharrte auf seiner mühsam errungenen Scholle und neben ihm entwickelte sich nach und nach allerlei Hausfleiß, dem verschiedene Gewerbe ihre Anfänge verdanken. So mögen denn schon im 14. Jahrhundert die Leineweber auch in den Niederungen der Neiße ihre leichten Webstühle aufgestellt haben, die lustig und behend mit dem schwerfälligeren Mühlrad um die Wette klapperten. Auf ihnen verarbeiteten die Weber das von den Bäuerinnen gesponnene Garn zu einfachem Hausleinen oder auch bereits zu besserer Ware und tauschten hierfür Landesprodukte ein. Ob unter dem „böhmischen Leinen“, das schon im 14. Jahrhundert der

Hamburger Markt schätzte, auch solches aus unserer Gegend war, ist nicht bezeugt.

Da stellte sich im 15. Jahrhundert neben den Leineweber immer selbstbewußter der Tuchmacher und setzte sich vornehmlich in den Städten fest. Auch er hing von dem aus der Landwirtschaft gelieferten Rohstoffe ab, und die Herrschaftsbesitzer wußten seine Tätigkeit sehr zu schätzen; denn er war der Hauptabnehmer der Schafwolle, und davon warfen die an günstigen Stellen errichteten herrschaftlichen Vorwerke Unmengen ab.

Da verursachten die Hussitenkriege eine jähe und fast tödliche Unterbrechung, weil sie das ganze Neißetal bis in die kleinen Ortschaften hinein verwüsteten. Doch der unermüdliche Fleiß der Bewohner richtete nicht nur die Siedlungen wieder auf, sondern brachte auch das Gewerbe wieder zur Höhe.

Neben dem Wiederaufbau ehemaliger Orte wuchsen Neugründungen. Und die Leineweber hatten sich bis zum Ende des 16. Jahrhunderts völllig erholt. Sie siedelten in ganzen Weberdörfern (Dörfel, Langenbruck, später auch in Katharinberg und Rudolfsthal). Aber auch zwischen den Bauerngehöften erscholl überall der Schlag des Leineweberschützen. Weithin an der Neiße dehnten sich die Bleichwiesen. Die Leineweberei war eine richtige Heimarbeit, wobei der Weber noch sein Stückl Grund und ein paar Ziegen betreuen konnte. In Reichenberg selbst schlossen sich die Leineweber zu eigener Zunft zusammen, und Peter Lehmann errichtete in der Aue eine Leinwandfärberei, an die heute noch die Färbergasse dieser Stadt erinnert.

Das 16. Jahrhundert brachte auch der Reichenberger Tuchmacherei den belebenden Ruck, denn 1579 führte Urban Hoffmann das zünftige Handwerk ein und 1599 erhielten die Reichenberger Tuchmacher das erste Zunftprivilegium.

Nun wurde der Ort auch äußerlich zu einem geordneten Städtel mit schönem Rathaus, gepflasterten Gassen und Straßen, dessen Einkünfte durch seine vorteilhafte Lage an der Gabelung der Verkehrswege nach Zittau und nach Friedland-Görlitz erheblich stiegen.

Inzwischen war der Landwirtschaft im Kampf mit dem Walde ein mächtiger Helfer erstanden: die Glasmacherei. Doch wissen wir nichts mehr von den ältesten Glashütten in unserer Gegend. Nur uralte Flurnamen gestatten Schlüsse. Erst aus der Zeit knapp vor dem Dreißigjährigen Krieg haben sich Urkunden und sichtbare Reste erhalten, so daß wir merken, wie sich z. B. die Friedrichswalder Glashütte nach damaligen Begriffen schon weit ins Gebirge gewagt hatte und den Oberlauf der Weißen Neiße mit besiedeln half, so daß hier später Schleifmühlen und Druckhütten das langgestreckte Ortsbild belebten, wenn auch das Glas in unserem Bezirke nie jenen landschaftsveränderten und wirtschaftlichen Einfluß gewann wie im Nachbarkreise Gablonz.

Bei uns sollte das Textilgewerbe vorherrschend werden und bleiben.

Trotz des Wallensteinschen Zwanges, der manches einträgliche Recht der Stadt für sich einzog, wurde Reichenberg zum Mittelpunkt der Tucherzeugung im Herzogtum Friedland. Der tüchtige Volkswirt Wallenstein vergrößerte den Ort durch die Neustadt, um neue Wohn- und Werkstätten für seine Tuchmacher zu schaffen. Und wenn er hierfür das Holz aus den Wäldern am Blattneibach schenkte, verfolgte er damit zugleich die Gründung von „Neuwiese", wo er eine Stelle zur Verbesserung der Viehzucht anlegen wollte.

Die Wirren des langen Krieges machten jedoch alle Vorteile, die den Tuchmachern daraus eine Zeitlang erwachsen waren, zunichte. Auch die Leineweber erhielten einen derben Rückschlag, von dem sie sich kaum mehr erholten, trotzdem Reichenberg noch längere Zeit Umschlageplatz eines weitausgedehnten Leinenhandels blieb. Der Zunft schlug mit dem kaiserlichen Erlaß vom 30. August 1784, der die Leineweberzünfte auflöste, das letzte Stündel. Es ist fast ein Sinnbild für die endgültige Ablösung durch das Tuchmachergewerbe, als das alte Leineweberzunfthaus, im Volksmunde „Weber- und Garnmarkthaus“ genannt, das der übelbeleumundete Stadthauptmann Christian Platz von Ehrenthal, der seinem schönen Adelsnamen in keiner Weise gerecht geworden ist, 1702 an Stelle des ehemaligen Städtischen Malzhauses hatte errichten lassen, 1785 in die Hände des Tuchscherers Franz Schütze überging.

Ähnliche Schicksale erlitten auch jüngere Zünfte, wie die Strumpfwirker und Strumpfstricker, von denen die letzteren ebenfalls zu einem freien Gewerbe erklärt worden waren.

Im 19. Jahrhundert entbrannte die große Auseinandersetzung innerhalb der Tuchmacherei zwischen Kleingewerbe, Handbetrieb und Maschinenerzeugung, wobei schließlich das Großgewerbe den Sieg davontrug. Zwar wehrte sich die Zunft gegen die entstehenden Fabriken, weil sie von „unzünftigen Eindringlingen“ errichtet wurden, doch der Strömung des „Freien Gewerbes“ vermochte sie nicht standzuhalten.

Kaum hatte Johann Franz Berger sich mit der Gründung seines Unternehmens erfolgreich behauptet und 1800 bis 1803 auch die ersten Spinn- und Schermaschinen, die ersten Schafwollkrempeln und schließlich für seine Dampffärberei den ersten Dampfkessel aufgestellt, erkannten viele den Nutzen dieses Fortschritts und folgten der vorgespurten Fährte.

Der Beginn der Industrialisierung des Neißetales fiel in eine wirtschaftlich stürmisch sich entwickelnde Zeit. Um so bewunderungswürdiger ist die Zähigkeit, mit der die

Richtung auf ein erkanntes Ziel eingehalten wurde! Schon das ertse Viertel des 19. Jahrhunderts verriegelte jeden Vorteil bald mit schwersten Hindernissen. So eröffnete die Napoleonische Kontinentalsperre zwar mehrjährige ersprießliche Handelsbeziehungen und Absatzmöglichkeiten, doch wurde diese schon 1811 durch das „Große Finanzpatent" gedrosselt, und der „Preußische Zolltarif" (1818) schien ebenso wie Rußlands und Polens Einfuhrverbote für fremde Waren die ersten Anfänge der Industrie im Neißetale ersticken zu wollen. Und dennoch wurzelten schon die ersten Fabriken am Stadtrande von Reichenberg ein, Einzelgänger setzten sich auch in der Nähe, in Franzendorf, Johannesthal, Ruppersdorf, Alt-Harzdorf fest, und je ein Unternehmen wagte sich bis Kratzau und an den südlichen Jeschkenfuß bis Böhm.-Aicha vor. Eine kleine Gruppe aber sammelte sich in Alt-Habendorf.

Dieser Unternehmungsfreude griff das „Bayerische Zollgesetz" 1826 an den Nerv, indem es die Bedeutung des wichtigen Pilsener Marktes verringerte. Da schob Wien neue Handelsbeziehungen in den Vordergrund. Und das Neißetal antwortete dieser Umstellung nicht allein mit weiteren Neugründungen im Stadtgebiet, sondern seine engere und weitere Umgebung überflügelte es geradezu durch rasch errichtete Betriebe. Die Fabriken folgten besonders dem Zug der Wasserläufe, da sie sich trotz der Einführung des Dampfes die Ausnützung der Naturkräfte sichern wollten. An der Neiße griffen sie nordwestlich bis Grottau aus, und ostwärts gingen sie dem Neißelauf bis Dörfel und Maffersdorf entgegen. Sie suchten aber auch den Görsbach bei Neundorf auf, entdeckten für ihre Zwecke Ratschendorf, Voigtsbach, Einsiedel, ja sogar Buschullersdorf, doch besonders erfüllten sie das Tal der Schwarzen Neiße, so daß sie Alt-Habendorf, Ruppersdorf und Katharinberg bedeutend erweiterten. Auch Liebenau wurde in das Kraftfeld der Textilindustrie mit einbezogen.

Den gesteigerten Bedürfnissen der Wirtschaft, die eine Verbesserung der Verkehrswege forderte, kam der Staat nach. Schon 1825 wurde die Prager Aerarialstraße (Kaiserstraße) von Liebenau bis Reichenberg fertiggestellt und erzwang ihren Weiterausbau 1830/33 über Friedland nach Seidenberg. Aus dem Neißetal zweigte 1840 die Straße bei Weißkirchen über die Freudenhöhe nach Deutsch-Gabel und wurde zwei Jahre später entlang der Neiße über Grafenstein nach Grottau geführt. Und 1847 begann der Bau der berühmten Riesengebirgsstraße. Sie wurde im Bezirke an drei Stellen zugleich in Angriff genommen.

Um dieselbe Zeit setzte die Herrschaft, später die Bezirksverwaltung, auch mit dem Bau eigener Straßen ein. Er begann 1842 im südöstlichen und zehn Jahre später im nordwestlichen Teile des Bezirkes. Diese Erweiterung des Verkehrsnetzes erhielt durch die 1859 eröffnete Eisenbahnstrecke Pardubitz–Turnau–Reichenberg und den fast gleichzeitigen Bahnanschluß nach Zittau eine höchst willkommene Verstärkung.

Im dritten Viertel des 19. Jahrhunderts festigte die Industrie zunächst die errungenen Plätze. An Stelle manches müde gewordenen und verbrauchten Geschlechtes warfen sich junge, frische und zukunftsfreudige Kräfte in die Lücken. Schon 1860 setzte die Stadt mit neuen Betriebsgründungen ein, und dieser Unternehmungsgeist eiferte die Vorposten in Röchlitz, Maffersdorf und Alt-Habendorf zu beschleunigter Entfaltung an. Selbst Rudolfsthal fügte sich in den Ring ein, Voigstbach, Einsiedel, Buschullersdorf und Alt-Habendorf vermehrten die Zahl ihrer Fabriken, indes Maffersdorf mit Teppichen und Decken auf den Plan trat.

Zwar fuhr der große Börsenkrach von 1873 einigen Unternehmungen lähmend und sogar vernichtend in die Glieder, doch der Rest des Jahrhunderts wußte auftauchende Handelsbeziehungen klug zu nützen, umsomehr, als ihnen die Verdichtung des Bahn-Netzes zu Hilfe kam: 1875 nach Friedland, 1888 die Strecke nach Gablonz, die 1902 bis an die Grenze verlängert wurde; und 1900 erfolgte endlich auch der Anschluß an die westböhmischen Gebiete durch die Aussig-Teplitzer Eisenbahn. Damit war das Neißetal trotz seiner ungünstigen Verkehrslage strahlenförmig mit allen wichtigen Eisenbahnknotenpunkten und Umschlagplätzen verbunden.

Weit und breit war das Reichenberger Tuch bekannt geworden und hatte seinen vorzüglichen Ruf auch auf den Weltausstellungen zu München (1844), Paris (1855 und 1867), London (1862) und Wien (1873) bewährt. Gleich im Anbruch des zwanzigsten Jahrhunderts aber lud die anerkannte Tuchmacherstadt selber Land und Ausland in ihre Mauern zur „Deutschböhmischen Ausstellung Reichenberg 1906", um hier nicht nur ihren Fleiß und die Güte ihrer Erzeugnisse aufzuzeigen, sondern Kraft, Tüchtigkeit und Leistung der gesamten sudetendeutschen Industrie mit Erfolg vorzustellen. Die glänzende Schau ließ erkennen, daß Reichenberg neben der Textilienherstellung schon längst sowohl eine Unmenge von ihr zugehörigen Hilfsbetrieben hervorgerufen hatte, als auch die verschiedenartigsten Fabriken von der Nährmittelbereitung bis zur Luxuswarenanfertigung, von der ausgedehnten Möbelwerkstatt bis zur Bau-Unternehmung großen Stils in seiner Umgebung vereinigte. So war im Kreise Reichenberg ein Industriegelände von derartiger Bedeutung entstanden, daß ihm weithin über das nordböhmische Gebiet hinaus die Führung auch in wirtschaftlicher Beziehung zuerkannt werden mußte.

Der Weltkrieg 1914/18 steigerte die Erzeugung in Bezug auf den Heeresbedarf, nützte die Abfallverwertung bis ins letzte aus und stellte viele Betriebe auf die Rüstungsfordernisse um. Neugründungen von Dauer fanden sich jedoch kaum ein und so blieb das industrielle Bild des Neißetales im wesentlichen unverändert und schloß nach und nach an jenes von 1914 an, als die Eingliederung des Sudetenlandes in die Tschechoslowakei erfolgte. Damit übernahm der neue Staat auch den Kreis Reichenberg als stattliche Bereicherung; enthielt dieser doch mehr als ein Fünftel aller Textilbetriebe der gesamten Republik.

Wohl hatte der Krieg alle Verbindungen zu den Auslandsmärkten zerstört, da knüpfte sie die „Reichenberger Messe", die zum ersten Male im August 1920 abgehalten wurde, aufs neue an; denn diese Beziehungen bedingten das Leben der Industrie, für die der kleiner gewordene Inlandsmarkt mit dem Erstickungstode gleichbedeutend schien. Sie kämpfte tapfer um Erhaltung der Arbeitsplätze. Doch vermochte sie die katastrophale Wirkung der tschechoslowakischen Wirtschaftspolitik, die die Industrie aus den Randgebieten in das Landesinnere ziehen und dadurch die Sudetendeutschen der Not preisgeben wollte, nur scheinbar aufzuhalten. In wenigen Jahren reihten sich Industriefriedhöfe an Industriefriedhöfe. Selbst kapitalkräftige Betriebe verarmten jäh und mußten ihre Tore schließen, ihre Maschinen stillegen und dankbar sein, wenn sich hierfür Käufer fanden. Ihre Abeiter aber waren dem Elend und der Straße ausgeliefert; denn die von der Regierung dargereichte „Czech-Karte" war ein Almosen, das der Not auf die Dauer nicht zu steuern vermochte.

Da brachte die Eingliederung ins Reich eine neue Blüte. Aber ihr folgte um so entsetzlicher der vollständige Zusammenbruch, der Raub des mühsam gehaltenen letzten Arbeitsplatzes, die Verschleppung und die aller

Menschlichkeit hohnsprechende Austreibung. Was sich in unserer alten Heimat unter fremder Gewalt noch erhalten hat, entzieht sich genauer Forschung. Wie mag sich das Leben, das einst arbeitsfroh hier pulste, das innerhalb weniger Menschenalter eine solche Entwicklung zur Höhe durchlaufen hatte, daß hierdurch das Antlitz der gesamten Landschaft weitestgehend beeinflußt worden war, zurechtfinden?

Mit Wehmut denken wir daran. Trotzdem erfüllt uns in aller Not heiliger Stolz. Wir wissen und fühlen: der äußere Besitz ward uns zwar geraubt, weiter aber lebt in uns die ererbte Kraft, die unseren ungebrochenen Fleiß neu ans Werk ruft, zu erfinden, zu schaffen und aufzubauen. Den Unverzagten segnet Gott! –

Josef Preußler

Reichenberger Tuche

Die erste Tuchfabrik baute in Reichenberg gegen Ende des 18. Jahrhunderts Johann Georg Berger. Sein Schwiegersohn und Kompagnon Ferdinand Römfeld brachte schon in den Jahren 1800 bis 1803 die ersten Spinn- und Schermaschinen nach Reichenberg, bald auch die ersten Schafwollkrempen. Solche Neuerungen rüttelten an den Grundpfeilern des starren, äußerst engherzig gewordenen Zunftwesens und bereiteten den Übergang aus demselben zum freien Gewerbe vor.

Eine recht günstige Geschäftsperiode für die Tuchmacherei waren die Jahre 1806 bis 1810. Das Dekret Napoleons I. vom 21. November 1806 und eine Reihe späterer Verordnungen bis auf den Tarif von Trianon hatten für die Reichenberger Industrieprodukte sehr fühlbare günstige Folgen. Es wurde nämlich Rußland als Absatzgebiet für dieselben erschlossen, und die Nachfrage war bald so stark, daß ihr nicht mehr in vollem Maße entsprochen werden konnte. Darum fanden es eine Anzahl von Hilfsarbeitern der Tuchmacher für angezeigt, bei ihren Meistern auszutreten und sich als selbständige Gewerbetreibende in Gablonz niederzulassen, hatten sie ja ohnehin keine oder nur sehr geringe Aussicht, in Reichenberg Meister zu werden, da selbst Bürgerssöhnen der Stadt das Meisterrecht versagt wurde, wenn deren Väter nicht Tuchmachermeister waren. Obrigkeit und Gemeinde von Gablonz dagegen nahmen die Tuchmacher gern auf und kamen allen ihren Wünschen entgegen. Um das Jahr 1830 bestanden in Gablonz an die hundert Tuchmacherwerkstätten.

In Reichenberg nahm die Tuchfabrikation einen so großartigen Aufschwung, daß sogar Brünn beinahe in den Schatten gestellt wurde. Im Jahre 1826 legte Johann Liebig den Grund zu seinen ausgedehnten Fabriken, die sich von Jahr zu Jahr vermehrten und den Namen Reichenbergs auf dem Weltmarkte zu einem bekannten und geachteten machten. Im Jahre 1843 begann Franz Liebig, der ältere Bruder Johanns, den Bau der im Laufe der Zeit mehrfach erweiterten großartigen Wollwarenfabrik in Röchlitz-Dörfel. Im selben Jahre wurde auch in Böhmisch-Aicha eine bescheidene Schafwollwarenfabrik von Franz Schmitt gebaut, aus der sich durch die geniale Geschäftstätigkeit Schmitts eine Reihe der berühmtesten Fabriksetablissements der Erde entwickelten.

Josef Bendel (1884)

Reichenberger Rathaus

Mein Reichenberg.

Durch die engen Gassen ging ich froh,
denn manch lieber Freund wohnt' irgendwo,
aus den alten Häusern, klein und traut,
scholl ins Freie ernster Arbeit Laut;
jede Schwelle, die betrat mein Fuß,
war von dir, mein Heimatort, ein Gruß.

Deine Berge, deine Wälder weit,
o wie liebt' ich sie voll Innigkeit!
Was mein Herz beglückte und gequält,
hab' ich dir, du treuer Wald, erzählt;
wo im Waldesgrund das Bächlein rauscht,
hab' ich, Heimatseele, dich belauscht.

Ach wie folgte mir so schmerzlich=mild
in die Fremde meiner Heimat Bild!
Einsam schritt ich fremde Wege hin,
nur nach dir, o Heimat, stand mein Sinn;
schloß dich tief ins Herz, mein Heimatort,
lebst in meiner Seele fort und fort!

Reichenberg, im Dezember 1936.

Ferdinand Porsche in Wien

Wien – pulsierendes Leben. Die breiten Straßen voller Menschen, Kaffeehäuser und Paläste mit prunkvollen Fassaden, glänzende Uniformen und seidene Roben.

Wer sah sich da schon nach einem schmächtigen blassen Burschen um, der, ein Bündel in der Hand, seinen Weg durch das Gewirr suchte und oft stehen blieb! Er selber sah nicht den Leuten nach, den Offizieren mit klirrendem Säbel an der Seite, nicht nach den Damen mit den bunten Sonnenschirmen, er guckte auch nicht in die Schaufenster. Er betrachtete nur die Eisenständer, die oben wie ein Bischofsstab sich ringelten, daran riesige Bogenlampen hingen. Und er sah den Trambahnen nach – bunten Kästen auf kleinen Rädern, ein Paar Pferde davor. Pferdefuhrwerke kreuz und quer, Einspänner und Zweispänner. Manchmal kam auch eine Chaise mit Vieren daher. Die Fußgänger mußten schaun, wie sie zwischen den vielen Droschken und Kutschen, den Omnibussen und Trambahnen durchkamen – auch Ferdl.

Da, ein Automobil!

Das erste Automobil, das der Klempnerjunge aus Maffersdorf zu sehen bekam. Er riß die Augen auf. Das Automobil glich den vielen anderen Kutschen, nur waren keine Deichsel und keine Pferde vorgespannt. Der Herr am Vordersitz hatte die Hand auf einer Kurbel liegen, die auf einer senkrechten Eisenstange saß, und drehte daran, einmal links, einmal rechts. Der Wagen fuhr auf seinen Gummirädern in der gewünschten Richtung dahin. Fredls Herz pochte, seine Augen leuchteten.

Ein Löschzug der Wiener Feuerwehr rasselte heran. An der Deichsel zwei kräftige Pferde, die ein Feuerwehrmann zügelte. Ein anderer Feuerwehrmann riß unaufhörlich an einer großen Glocke, damit alle Fuhrwerke und Trambahnen auswichen. Das Automobil aber fuhr viel schneller als die anderen Fahrzeuge, und es fuhr der Feuerwehr davon. Sie kam wohl viel zu spät auf den Brandplatz. In einer so großen Stadt, wo die Häuser nahe beieinander standen, konnte wohl eine ganze Gasse abbrennen, ehe die Feuerwehr zur Stelle war.

Wie Fredl so sinnend dem Löschzug nachsah, verwandelte sich vor seinem träumenden Auge die Feuerspritze in eine Motorspritze, die mit elektrischer Kraft und mit großer Schnelligkeit dahinraste, den Brand im Nu zu ersticken. Es war bloß ein technischer Traum, den er hatte, wie so oft, wenn er ins Sinnen geriet.

Die Feuerspritze war um die Ecke, der stockende Straßenverkehr kam wieder in Gang. Ferdl wurde vom Strom der Fußgänger fortgerissen. Er mußte jetzt schaun, daß er nicht weiß Gott wohin geriet in diesem Straßengewirr der Wiener Stadt. Er wollte immer jemanden fragen, wie er da zur Fabrik der Vereinigten Elektrizitätswerke AG. Bela Egger komme, aber niemand blieb stehen. Nur eine alte Frau fand Zeit für den fremden Burschen. Sie konnte ihm zwar selbst keine Auskunft geben, rief aber einen Schutzmann mit Helm herbei, den anzusprechen Ferdl nie gewagt hätte. Dieser war freundlicher als er aussah, beschrieb dem Burschen den Weg, den Ferdl dann auch fand.

Etwas beklommen stand er vor dem Tor der großen Fabrik. Im Kontor, wo er das Schreiben vorwies, das er von Herrn Egger bekommen hatte, wurde er gut aufgenommen. Der Elektromeister in der Werkhalle aber sah ihn mißtrauisch an.

„Wie alt bist denn eigentlich?“

„Achtzehn“, sagte Ferdl mit leiser Stimme.

„Haben dich die da droben im Böhmischen nicht brauchen können?“

„Ich will Elektriker werden.“

„Ja, was manst denn? Elektriker! Manst, das ist wie mit den Ofenrohren, daß man die bloß ineinandersteckt? Beim Elektrischen heißt's ein Rosum haben. – Zuerst wirst du die Werkstatt hier aufräumen."

Er drückte ihm einen Kehrwisch in die Hand.

Ferdl mußte ganz von unten beginnen, als der geringste Lehrjunge von Bela Egger. Alle witzelten ein wenig über ihn. „Tuten löten tat er". Der kleine schwache Junge mit dem blassen Gesicht und den träumerischen Augen forderte ihren Spott förmlich heraus. Andere versuchten, den Klempnerjungen aus Böhmen ein bißchen mit elektrischem Strom zu zwicken. Das gelang jedoch nicht. Über Elektrizität wußte er Bescheid.

Ferdl war gegen Kränkungen empfindlich – sie taten ihm weh. Er war auch enttäuscht, daß er nicht gleich an die Arbeit heran durfte. Sie machten hier einen „Pudel" aus ihm – er mußte den anderen alles zureichen und zur Hand sein. Wollte er selbst was tun, hieß es: „Geh weg, das verstehst net! Da gibts Kurzschluß, Junge!" Ferdl wußte genau, wann es Kurzschluß gab. Er sprach nur nicht darüber, er sagte überhaupt nicht viel, er würgte alles hinunter. Er mußte wohl froh sein, überhaupt hier bleiben zu dürfen. Augen und Ohren hielt er offen.

Manchmal gelang es ihm, an irgendeine Arbeit heranzukommen. Der Meister sah es und knurrte nicht mehr. Der Junge aus Böhmen zeigte Geschick. Er hatte eine gute Hand, das mußte man ihm lassen.

„Das soll Porsche machen", hieß es bald.

„Der Stift?" Es war Gesellenarbeit. Die Gesellen sahen es nicht gern, wenn ein Lehrling ihre Arbeit tat. Es gab eine Art Hierarchie in der Fabrik – zwischen unten und oben wurde streng unterschieden. Hie Lehrling, hie Geselle und Meister.

Der böhmische Lehrjunge aber stand immer öfter an der Gesellenbank. „Kaum her gerochen – diese Rotznase!“

Ferdl antwortete mit seiner Arbeit.

„Junge, das hast ja ganz anders gemacht als du solltest“, donnerte eines Tages der Meister. „Was soll das heißen?“

Die Gesellen zwinkerten einander zu. So mußte es kommen.

„Ich dachte – – –“ sagte Ferdl kleinlaut.

„Du hast nichts zu denken! Das Denken überlaß dem Ingenieur. Du hast zu machen, was ich dir sage, weiter nichts, verstehst! Mir scheint, du hast nicht umsonst so lange Ohrwaschel, daß ich sie dir nur nicht noch weiter auszieh.“

Er sollte es nur einmal ordentlich kriegen, damit er wieder wußte, wohin er gehörte, zu den Stiften.

Ferdl schwieg. Aber was er an dieser Arbeit anders gemacht hatte, war nun einmal da und es fiel auch dem Ingenieur auf.

„Wer ist auf so etwas gekommen?“ fragte er.

„Ach, dieser Klempnerjunge. Der meint immer, es sei wie beim Rinnenlöten, daß man es macht, wie man will.“

„Ist aber gar nicht schlecht gemacht. Funktioniert eigentlich so viel besser. Fast eine Erfindung.“

Ferdl wurde gerufen. Die anderen Stifte lauerten. Jetzt würde er noch vom Inegenieur „seinen Tee“ kriegen, meinten sie.

„Wie bist du nur darauf gekommen?“ fragte der.

Der Junge aus Maffersdorf stand da und wußte nichts zu sagen.

„Hast du dir eine Zeichnung gemacht?„

„Nein, das ist mir nur so eingefallen, daß man es auch so machen könnte.“

„Das kannst du mir nicht erzählen, Junge. So etwas kann man ohne Zeichnung nicht machen."
„Ich kann gar nicht zeichnen, sehr schlecht halt."
„Vielleicht eine Berechnung? Es stimmt nämlich auch rechnerisch mit der Voltzahl und den Ampere."
„Rechnen kann ich auch nicht gut, Herr Ingenieur."

„Aber Junge, in der Technik kommt man ohne Reißbrett und Berechnung nicht aus. Eine neue Konstruktion kann man nicht einfach aus dem Ärmel schütteln. Sei nicht so verstockt. Es ist nur zu deinem Vorteil, wenn du es sagst."
„Ich bin wirklich nur so ganz von selber drauf gekommen. Ich wußte auch gar nicht, ob es gehen wird."
Jemand sagte: „Geklaut wird er die Idee wo haben."
„Wo sollte ein Junge nur so etwas klauen?"
„Er ist abends oft weg und kommt spät zurück. Weiß man denn, wo er hingeht?"
„Aufpassen!"
Der böhmische Lehrling wurde beobachtet. Mit dem Aushorchen war es nichts, es war überhaupt so wenig aus ihm herauszubringen. Wo er abends hinschlich, das würde man schon noch erfahren.
Ferdl spürte, wie um ihn alles förmlich zufror. Der Meister gab ihm die schlechteste Arbeit, die Lehrlinge zeigten ihm die kalte Schulter, die Gesellen waren auf der Lauer.
Abends stahl er sich aus seiner Kammer fort und schlich durch die Straßen. Ein Schatten folgte ihm – ein Beobachter. Wo schlich er hin, wo stahl er die Ideen, die er im Werk als seine eigenen ausgab?

Ferdl nahm seinen Weg nach der Innenstadt. Am Gebäude des technischen Gewerbemuseums blieb er stehen und sah sich scheu um. Hier vielleicht? Die großen Bogenlampen warfen breite Schatten. In diesem Schatten versteckte er sich. Schlechte Absichten? Auf was wartete er?

Jetzt kam eine Gruppe Studenten. Der böhmische Junge trat aus dem Schlagschatten und folgte der Gruppe die Stiege zum Museum hinauf. Der Lehrjunge ging mitten unter ihr, so als ob er dazu gehörte. Und verschwand dann mit den Studenten hinter dem Portal.

Der Beobachter trat hinter der Mauerecke hervor. Also ins technische Gewerbemuseum schlich sich der Bursche.

In der Aula sprach ein Dozent über das Automobil. „Sein Vorläufer war eigentlich der Dampfwagen – wie man unter dem Volke auch heute noch das Automobil nennt – er stammte von Gugnot, der ihn 1770 baute. Dann kam das erste vierrädrige Fahrzeug mit Bezinmotor des Mecklenburger Schlossers Siegfried Marcus – es war im Jahre 1875."

Unter den Hörern, die dichtgedrängt saßen und auch standen, hob einer wie elektrisiert den Kopf, als dcr Dozent diese Jahreszahl nannte – das Geburtsdatum des Automobils.

Es war der Porsche Ferdl – und es war sein eigenes Geburtsjahr. „Zehn Jahre später bauten Carl Benz in Mannheim und Gottlieb Daimler in Stuttgart Automobile, jeder für sich, und ganz selbständig. Da es zu gleicher Zeit geschah, entstand die Frage nach der Priorität. Wer war der erste, der eigentliche Schöpfer? Die Frage ist bis heute ungeklärt. Nun geht es aber mehr um die Entwicklung dieses Fahrzeuges. Der Technik stehen hier große Aufgaben bevor."

Manch einem Hörer sank im Laufe des Abends der Kopf schlafmüde herab. Dieser eine dort, der kleine blasse, von dem man am ehesten hätte annehmen können, daß er einschlafen werde, blieb voll wacher Aufmerksamkeit. Er geizte förmlich nach jedem Wort des Dozenten und schien traurig, als dieser seine Vortragsmappe zuklappte.

Die anderen drängten schon hinaus und zerstreuten sich lärmend in den Straßen. Porsche Ferdl ging langsam und allein seines Weges.

Um eine Mauerecke spähten zwei Augen.

Der Ingenieur von der Abteilung Motorenbau der Vereinigten A. G. Bela Egger schüttelte mit dem Kopf, als er davon erfuhr. „Im Gewerbemuseum! Dort stehen in der elektrotechnischen Abteilung nur ein paar Elektrisiermaschinen mit rotierenden Glasscheiben und einige galvanische Elemente, das ist alles. Daran läßt sich nichts abgukken."

„Aber vielleicht abhorchen. Jedenfalls hat er sich mit hineingestohlen."

Der Ingenieur nahm sich Porsche Ferdl vor.

„Was machst du eigentlich dort?"

„Bitte, verraten Sie mich nicht. Ich bin Schwarzhörer. Aber ich kann nicht soviel bezahlen, ich hab doch kein Geld."

„Und woher hast du diese Idee für die Konstruktion genommen?"

„Mir kommt manchmal so etwas ein. Ich kanns aber nicht sagen wie und woher."

Diesen Augen mußte man glauben.

„Du hast technisches Gefühl, Junge. Anders kann ich mir es nicht erklären", sagte der Ingenieur.

Ein paar Tage später wurde der böhmische Klempnerjunge ins Kontor gerufen.

„Jetzt bekommt er den Schupps", höhnten die Gesellen hinter ihm her.

Er wurde in die Konstruktionsabteilung versetzt – als angehender Konstrukteur.

Hugo Scholz

Gablonz an der Neiße

Kaum eine Wegstunde entfernt strebt eine zweite Stadt nach Weltgeltung, die Glasmetropole Gablonz an der Neiße. Mit Siebenmeilenstiefeln hatte das kleine Gebirgsstädtchen von einst Anschluß an die große Welt da draußen gefunden und all das nur durch die Glasmacherei. Es drohte sogar in seinem gigantischen Tempo der Entwicklung das stolze Reichenberg an Größe und Ausdehnung zu überflügeln, ein wahrer Wettstreit entspann sich. Und doch war der Aufbau ihrer Kraftzentren ganz verschieden. Während Reichenberg in mächtigen Großbetrieben mit Tausenden von Arbeitern schafft, liegt in Gablonz das Hauptgewicht bei den mittleren und kleineren Betrieben. Nicht selten hat die Herstellung sogar familiären Charakter.

Schmuckglas, Lusterglas und unechte Bijouterie mit all ihren Nebenzweigen beherrscht das Feld. Das notwendige Rohglas wird zum größten Teil in Polaun, Firma Riedel, erzeugt. Preßglas, Kristallerie und Flaconerie beleben die Vielfalt der Glasverarbeitung. Großexporthäuser sorgen für den Vertrieb bis in die fernsten Zipfel der Erde.

An dem sprichwörtlich reichen Segen nahm auch die nähere und weitere Umgebung gebührend Anteil. In Georgental entstand die größte Holzspielwarenfabrik Europas (Schowanek), Maffersdorf beherbergte die größte Teppichweberei, Kinskey und Tannwald die größte Spinnerei des Landes.

Mitten drinnen im Isergebirge, von weiten wallenden Wäldern umgeben, liegen all diese beachtlichen Industriezentren. Berechtigter Stolz erfüllt die Herzen der fleißigen Bewohnerschaft. In Dichtung und Lied wurde dieser schöne herbe Landstrich oftmals besungen, ihre Menschen verzehren sich heute in Sehnsucht nach ihr.

E. R.

Gablonz und seine Industrie

Es gab eine Stadt in Böhmen, an der Schwelle des Riesen- und Isergebirges, die mit ihren glitzernden Erzeugnissen, ihrem bezaubernden Tand die Welt erobert hatte – Indien wie Amerika, Afrika wie Skandinavien, Rußland, England, Persien und Spanien; eine Stadt, deren Glas- und Schmuckindustrie die elegante Pariserin und die Warenhäuser von Woolworth belieferte, doch ebenso die exotische Primitive der Südsee, Nigerias oder des Kongo; eine Stadt, in deren Restaurants und Nachtlokalen Haifischflossensuppe und chinesische Vogelnester neben anderen extravaganten Delikatessen auf der täglichen Speisekarte standen, weil die Gäste Kaufleute und Handelsvertreter aus aller Herren Ländern waren.

Was in den Werkstätten von Gablonz angefertigt wurde, reichte von der Jahrmarktware, vom billigsten kitschigen Massenartikel – bunten Glasperlenketten und Ohrringen, Blechbroschen, geschmacklosen Reiseandenken und Hausgreueln – bis zu erlesener Juwelierkunst, raffinierter Edelsteinimitation, vollendeten Glasschliff-, Email- und Goldschmiedearbeiten und brachte dem Staat Milliarden von Kronen und hohe Beträge an Devisen ein.

Im Jahre 1548 wurde im Gebiet der Ortsflur Gablonz eine Glashütte errichtet, die vor allem Butzenscheibenglas fabrizierte. Weitere Hütten entstanden im nahen Isergebirge, und es war ein ferner Vorfahr der bekannten Industriellenfamilie Riedel, der, als Pächter der Hütte in Antoniwald, mit der Herstellung von Glasschmuck begann. Als der Dreißigjährige Krieg auch Böhmen verheerte, fiel die Glasmacherei völlig der Vernichtung anheim, ist indes um 1700 neuerlich in der Umgegend von Gablonz nachweisbar und konkurriert in der Mitte des

18. Jahrhunderts – mit künstlichen geschliffenen Edelsteinen – bereits erfolgreich mit venezianischer Ware. Ende des 18. Jahrhunderts hatte sich eine Kleinindustrie, die Gürtlerei, entwickelt, die in volkswirtschaftlich bedeutungsvoller Weise die Bevölkerung des ganzes Landkreises zu vielfältiger Mitarbeit heranzog, zumeist in der Form von Heimarbeit, an der sich sogar die Kinder beteiligten. Obwohl Gablonz schon seit hundert Jahren die führenden deutschen Messen und Märkte mit seinen glitzernden Herrlichkeiten beschickte, entfaltete sich der Export in großem Stil erst mit dem Bau einer Lokalbahn im Jahre 1888 und erreichte seine Hochblüte nach dem ersten Weltkrieg mit 500 Exporthäusern!

Verschiedene Gablonzer Erzeugnisse erlangten Weltruf, wurden ein Begriff, so zum Beispiel die Glasperlen, die Kristallerie, ihre geschliffenen Parfümflakons, Aschenbecher und Blumenvasen, Schmuckketten und Bestandteile für Lüster, die Fertigung von Christbaumschmuck, Glasknöpfen – und Armreifen, den Banglos, deren unerschöpfliche Absatzgebiete Indien und der Orient waren, während Amerika, eisenbahnwaggonweise, Similisteine und Bijouterie, Rußland Rosenkränze, Spanien Medaillons mit religiösen Symbolen und andere Devotionalien kauften. Die Qualität der Fabrikate, die übrigens, außer Glas, auch unedle Metalle, Zelluloid, Holz, Perlmutter und Galalith verwendeten und ständig, anpassungsfähig, mit der Mode wechselten, beruhte auf außerordentlicher Erfahrung und Materialkenntnis der Fabrikanten, ihrer Handwerksmeister und Entwerfer sowie auf der Vielseitigkeit der Arbeitsmethoden, die das Schleifen, Pressen, Blasen, Polieren, Stanzen, Löten, Bemalen, Emaillieren, Versilbern und Vergolden, Gravieren und andere Verfahren umfaßten. Da die Wirkung der Schmuckgegenstände sich mit einer entsprechend gefälligen Art der Verpackung steigerte – die oft kostspieliger war als die Ware selbst –, gedieh in Verbindung mit der eigentlichen Gablonzer Industrie auch die Herstellung von Kartonagen, Kassetten und dergleichen schwunghaft. In guten Zeiten beschäftigte und ernährte Gablonz bis zu 150000 Menschen.

Eine kunstgewerbliche Fachschule, an der hervorragende Kräfte, namhafte, zumeist in Wien und Prag geschulte Künstler, wirkten, bildete den Handwerker- und Meisternachwuchs für Gablonz theoretisch und praktisch heran. Die alljährliche Schulausstellung war sehenswert. Sie zeigte außer tüchtiger Gürtlerlehrlingsarbeit Spitzenleistungen der Lehrer und Meisterschüler. Da gab es köstlichen echten Schmuck, Unikate, bei denen getriebenes, ziseliertes Silber, schöne Halbedelsteine und Perlen Verwendung fanden, dekorative Messingschüsseln und Dosen, bemaltes Glas und Porzellan, interessante Wandbehänge, Entwürfe für Stoffmuster und Mode, Bucheinbände, Inneneinrichtung, Freskomalerei, Töpferei und vieles mehr.

Das äußere Bild der tätigen, geschäftstüchtigen Stadt war ein uneinheitliches, unharmonisches. Es wurde regellos gebaut. Waren die Gewinne groß, schossen Geschäftshäuser, Privatvillen und Garagen aus dem bergigen Gablonzer Boden, wurden neue Wagen gekauft, und man lebte luxuriös. Dann ging es hoch her in der altrenommierten „Krone", in den Bars und Nachtlokalen; es heißt, man zündete dann die Zigarren mit Banknoten an. Kam ein Konjunkturtief, saßen die Gablonzer genügsam daheim – bei Brot und Kaffee – und harrten zuversichtlich auf bessere Zeiten – die meist auch nicht lange auf sich warten ließen.

Inge Thiele

Gablonz an der Neiße und die Weltgeltung seiner Industrie

Die Geschichte der Stadt Gablonz an der Neiße war in mehr als einer Hinsicht eigenartig. Im Laufe von weniger als hundert Jahren hatte sich Gablonz vom unbedeutenden Tuchmacherdorf zum Vorort der nordböhmischen Glas- und Schmuckindustrie entwickelt und bedeutete für unsere Industriebezirke dasselbe, was Boston für Neu-England, Liverpool und Manchester zusammen für Lancashire sind. Mit einer Bevölkerungszahl von rund 40000 Einwohnern, natürlicher Mittelpunkt eines Arbeitsgebietes von mehr als 120000 Menschen, noch mehr aber mit einer außerordentlich hohen Produktionsstärke pro Kopf, gehörte Gablonz zu den führenden Industriezentren des Staates.

Die Glasindustrie dieses Wirtschaftsbezirkes, die ihre Entstehung der Wirtschaftspolitik adliger Großgrundbesitzer der waldreichen Randgebiete verdankt und die mit ihren ersten Anfängen bis ins Mittelalter zurückreicht, gehörte zu den leistungsfähigsten und bekanntesten, obwohl durch den Wegfall des Besitzes natürlicher Vorzüge die Vorteile der „geborenen Industrien" längst verloren gegangen sind. Gestützt auf die Fähigkeiten ihrer technischen und Wirtschaftsführer sowie auf die vererbte Geschicklichkeit der eingeborenen Bevölkerung, hatte sie ihre Weltmarktstellung erfolgreich behauptet und bildete so ein eigenartiges Gegenstück zur bekannten Töpferei in Staffordshire.

Die Kunde über die ersten Glashütten Böhmens reicht bis ins 15. und 16. Jahrhundert zurück. Manche dieser Hütten lagen bereits in jenen Gebieten, in denen später die Gablonzer Glasindustrie ihre größte Entwicklung fand. Die ersten Artikel waren Butzenscheiben, Fensterglas, Flaschen, Krüge und Becher. Nach der gewaltsamen Unterbrechung durch den Dreißigjährigen Krieg, der mit seinen Zerstörungen auch die ersten Ansätze der Glasindustrie vernichtet hatte, entstanden zunächst im Riesengebirge und in kurzer Folge auch im Isergebirge neue Hüttenbetriebe. Der Waldreichtum begünstigte die Holzfeuerung und die Gewinnung von Holzpottasche (als Schmelzmittel). Das „leichte“ Kaliglas, ohne Natron und Blei geschmolzen, erfreute sich bald besonderer Beliebtheit. Zu den bereits erwähnten Fertigwaren traten die verschiedenen Formen des Beleuchtungsglases, aber auch Linsen und andere Kleinwaren aus Glas. Zu den Hütten kamen die selbstständigen Schleifmühlen, die mit den Erzeugnissen einer ungemein vielseitigen Hohlglasveredlung den Ruf des „Böhmischen Kristallglases“ bereits damals nicht nur in ganz Österreich, sondern auch in Deutschland begründen halfen. Das Wasser der Isergebirgsbäche war eine billige Energiequelle und darum entwickelten sich diese Glasveredlungsbetriebe bald in erstaunlicher Zahl längs dieser Bäche. Zu den hohlglasveredelnden Schleifmühlen trat dann der für das Gablonzer Glasgebiet so charakteristische neue Zweig der Glaskurzwarenherstellung, mit der Umstellung der Erzeugung auf den Glasschmuck. Die ersten Erfolge dieses hochbedeutsamen Industriezweiges sind geschichtlich bis ins erste Drittel des 18. Jahrhunderts nachzuweisen. Aus hohlen Glasstengeln wurden Glasperlen hergestellt, die zunächst mit dem Munde geblasen und innen mit einem Silber- oder Goldspiegel versehen wurden. Durch das Absprengen schmaler Ringe aus den nichtkonischen Teilen von Glasflaschen entstanden die Glasringe, der später größte Indienartikel, der einst allmonatlich in ganzen Schiffsladungen verschickt werden sollte (Bangles). In kleinen Glasdruckhütten begann man die ersten Knöpfe aus Glas zu drucken, aber auch Steine und massive Perlen herzustellen. Dem wachsenden Hunger nach Rohglas mußte eine Umstellung auf Kohlefeuerung entsprechen, obwohl diese Kohle über hunderte von Kilometern herangebracht werden mußte. Die Aufschließung der nordböhmischen Braunkohle begünstigte die Umstellung in verhältnismäßig kurzer Zeit. Diese Glashütten, die den Lebensnerv der ganzen Industrie darstellten, waren im Isergebirge von alters her mit dem Namen der Hüttenbesitzerfamilie Riedel verbunden, die auch einen bestimmenden Einfluß auf die weitere Verarbeitung, insbesondere auch auf die Hinwendung der Erzeugung auf den Glasschmuck ausübte. Es war ein wahrer Segen für dieses Gebiet, daß gerade in diesen Hütten immer ein echter Pioniergeist lebendig war, der sich allen technischen Errungenschaften der Zeit rasch anzupassen verstand, zum Vorteil der ganzen Industrie. Kaum waren mit der Siemens'schen Erfindung der Regenerativfeuerung für die Stahlgewinnung neue Wege erschlossen, da kam es auch in diesem Gebiete zur Umstellung der Hütten auf eine leistungsfähigere Feuerung. Neben diesen Hütten gab es eine Reihe von Kompositionsbrennereien in Gablonz, Albrechtsdorf und Josefstal, die sich durch eine besondere Leuchtkraft der Farben auszeichneten. Sie verdankten ihr Entstehen dem Bedürfnis nach geeignetem Glas zur Nachahmung von Edelsteinen und die bedeutsamen Fortschritte ermöglichten die Entwicklung neuer Verfahren in der Glasverarbeitung und damit das Aufkommen neuer Industriezweige, die in der Nachahmung von Diamanten durch die Chatonindustrie ihre Krönung fanden. So erzeugten Hütten und Kompositionsbrennereien bald neben den traditionellen leichten Kristallgläsern hochwertige Farbengläser in allen erdenklichen Schattierungen, vorwiegend in Stangen- und Stengelform. Mit der Entwicklung dieser Farben errichteten sie eine echte Monopolstellung, um die uns die ganze Welt beneidete, und darum setzten auch hier die ersten Versuche ein, diese Erzeugungsgeheimnisse für das Ausland zu gewinnen und die Industrie zu verschleppen.

Neben der Hohlglas- und Glasschmuckindustrie kam in Gablonz und den umliegenden Orten noch eine weitere, besondere Form eines hochentwickelten Kunstgewerbes zum Blühen, die Gürtlerei. So bezeichnete man die Erzeugung verschiedenster Schmuckstücke aus unedlem Metall, vielfach in Verbindung mit Glassteinen, Halbedelsteinen oder Edelmetallen. Dieser Erwerbs- und Industriezweig, der sich noch bis ins erste Viertel des 19. Jahrhunderts auf die Erzeugung von Fingerringen, Knöpfen, Pfeifen und Stockbeschlägen beschränkte und der in den vierziger Jahren die Herstellung von Broschen und Schließen aufgriff, hatte bald in Art und Form der erzeugten Gegenstände eine Mannigfaltigkeit erreicht, von der sich ein Außenstehender kaum eine Vorstellung machen kann. Die bewundernswerte Reichhaltigkeit wurde vor allem durch die große Zahl von großen, mittleren und kleinen Betrieben begünstigt, die – neben den Schattenseiten eines dadurch naturnotwendig verschärften Wettbewerbes – eine erstaunliche Anpassungsfähigkeit bedingte.

Diese Verschiedenartigkeit der Erzeugung machte es schwer, über den Umfang der Gablonzer Industrie des 20. Jahrhunderts etwas Zusammenfassendes zu sagen. Alle Arten feinster Kristallerie bis herunter zum einfachen geschmirgelten Stapelartikel, alle Arten von Perlen, Steinen, Knöpfen, Ringen, alle Formen von Klein- und Schmuckwaren aus Metall, Holz, künstlichen Massen usw. sind hier vertreten.

Aber nicht nur die Vielseitigkeit dieser Erzeugung überaschte den Beobachter, sondern noch mehr der erstaunliche Umfang dieser im amerikanischen Tempo

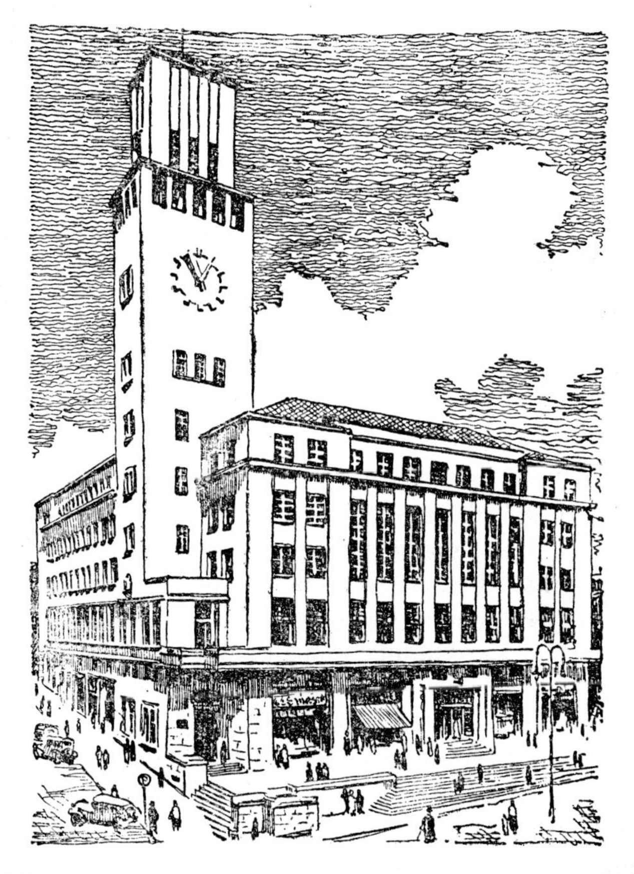

Gablonz Neues Rathaus

wachsenden Industrie. Diesem Wachstumsprozeß entspricht auch früh eine außerordentliche Bedeutungshöhe in der Steuerleistung und im Ausfuhrhandel. Bereits in der Zeit des alten Österreich betrugen die beim Steueramt in Gablonz tatsächlich eingezahlten Steuern 1955000 Ö. Kr., ungefähr ebensoviel als das damalige österreichische Kronland Dalmatien aus den gleichen Mitteln steuerte (1954000 Ö. Kr.). Da Gablonz damals etwa 20000 Einwohner zählte, während Dalmatien 650000 hatte, entfiel auf jeden Kopf in Gablonz eine Steuerleistung, die um das Dreißigfache höher lag als in Dalmatien. Und wenn die Glasindustrie seit dem Bestande der Tschechosl. Republik zum Aktivum der Handelsbilanz mit einem Posten von 50% beigetragen hatte, so war die Gablonzer Industrie daran unbestritten in außerordentlichem Maße beteiligt.

Der Weltkrieg 1914/18 brachte zwar eine Unterbrechung dieser hoffnungsvollen Entwicklung, konnte aber dennoch diese Industrie nicht dauernd vernichten, auch wenn die Schwierigkeiten von Jahr zu Jahr größer werden sollten. Die Gablonzer Glas- und Schmuckwarenindustrie hatte sich sofort nach Beendigung des Weltkrieges erfolgreich bemüht, die abgerissenen Fäden ihrer internationalen Verbindungen anzuknüpfen. Diesen Bestrebungen kam ein außerordentlich großer Bedarf an Schmuckwaren aller Arten entgegen, daß man nahezu von einem Warenhunger sprechen konnte. Auch in der Folgezeit war die steigende weltwirtschaftliche Konjunktur mit dem stark aufnahmefähigen Markte den Entwicklungsbestrebungen unserer Industrie äußerst günstig.

Der Zusammenbruch der Weltwirtschaft hatte für die ganze Gablonzer Glas- und Schmuckwarenindustrie, die mit 90 Prozent ihrer Erzeugung auf den Weltmarkt angewiesen war, verhängnisvolle Folgen. Die Produktion wurde um Jahrzehnte zurückgeworfen, Zehntausende von Arbeitern und Angestellten aus Erzeugung und Handel ausgestoßen und selbst die Finanziers dieser Industrie, die Exporteure, verzehrten ihre Substanz. Dazu kam, daß diese Exportindustrie bis in die letzte Zeit hinein fast gar nicht mit einer nennenswerten Unterstützung des Staates rechnen konnte; es war die Zeit, in der man die Bedeutung der Ausfuhr für die ganze Volkswirtschaft, für die Gestaltung des Arbeitsmarktes, für die Rohstoffversorgung, für die öffentlichen Finanzen und für die Aufrechterhaltung der Währung nicht richtig einschätzte, obwohl der tschechoslowakische Warenexport seiner Zeit mit rund 20 Milliarden Kronen der Hälfte des Nettoeinkommens aller steuerpflichtigen Personen entsprach. Die Ausfuhr drohte in den Fesseln gesetzlicher und ungesetzlicher Maßnahmen vollständig zu erstarren, und weil der politische Einfluß der Exportindustrie gleich Null war, mußte es kommen, daß sie noch bis in die letzte Zeit ohnmächtig und ohne ausreichende Hilfe dastand. Die erste Devalvation der Krone, der Ausbau der Exportkreditversicherung, die Errichtung des Exportinstitutes waren erste Hilfsmaßnahmen, deren Wert nicht verkleinert werden soll. Aber sie allein genügten noch nicht, um eine dauernd gesunde Basis für die Entwicklung der Ausfuhrindustrien zu schaffen. In Exportkreisen hat man diese Einrichtungen, deren Ausstattung in einem schreienden Mißverhältnis zu den gestellten Aufgaben stand, mit einem Schabeisen verglichen, das man einem Menschen als Werkzeug gibt, um einen Urwald zu roden. Ein eingehender Vergleich mit der Entwicklung der Ausfuhr anderer Staaten zeigte auch, in welchem bescheidenen Maß die Tschechoslowakei noch an der allgemeinen Aufwärtsbewegung der Weltwirtschaft teilnahm.

Den steigenden Schwierigkeiten auf dem Weltmarkte gegenüber sahen sich Gewerbe und Industrie gezwungen, weitgehende Rationalisierungsmaßnahmen in Arbeitstechnik und Betriebsform durchzuführen. Besonders hervorzuheben ist der Ausbau der Glasindustrie in wärmetechnischer Hinsicht, die eine bessere Ausnützung des Brennstoffes und zugleich die Verwendung billiger Kohlensorten ermöglicht. Die Ersparnisse durch Einführung moderner Generatoren betrugen im allgemeinen 18-25 Prozent, in Ausnahmefällen bis 30 Prozent. Dieser Posten fiel natürlich stark ins Gewicht. Denn das Brennstoffkonto war durch die hohen Frachtkosten für Kohle (bis 100 Prozent des Grubenpreises) ohnehin sehr stark belastet. Neben diesen Rationalisierungsmaßnahmen strebte Industrie und Gewerbe immer bewußter zur Qualitätsarbeit, die uns einen schätzenswerten Vorsprung vor den übrigen Konkurrenzindustrien gewährte.

Diese Bestrebungen werden durch die Kunstgewerbliche Staatsfachschule in Gablonz an der Neiße, die unsere heimische Industrie seit dem Jahre 1880 sowohl in technischer Hinsicht, als auch in allen Fragen kunstgewerblicher Fortbildung maßgebend beeinflußte, tatkräftigst unterstützt. Im Jahre 1929 hatte sich die Gablonzer Industrie in der „Gesellschaft zur Förderung der Gablonzer Glas- und Schmuckindustrie" eine Zentralstelle und Spitzenorganisation geschaffen, die sich satzungsgemäß neben der Interessenvertretung vor Regierung und Behörden vor allem die Erhaltung und Förderung des Gablonzer Glas- und Schmuckgewerbes in technischer und gewerblicher Beziehung zur Aufgabe setzte.

Daß Gablonz an der Neiße als kommerzieller und industrieller Mittelpunkt eines bedeutenden Wirtschaftsgebietes über ein ausgedehntes Netz von Banken, Speditionsunternehmungen und Verkehrseinrichtungen verfügte, bedarf keiner Ausführung. Leider entsprach der Hauptstützpunkt eines entwickelten Verkehrs, die Eisenbahn, in keiner Hinsicht der Bedeutung des Fremdenverkehrs und vor allem nicht den Interessen unserer Wirtschaft, was für eine Industrie, die nicht nur die Kohle, sondern auch fast alle anderen Rohstoffe oft von recht weit herbeischaffen mußte und über 95 Prozent ihrer Erzeugnisse exportierte, natürlich einen erheblichen Nachteil bedeutete.

Die außerordentliche Leistungsfähigkeit der Gablonzer Industrie in der alten Heimat wurde durch die planvolle Entwicklung gewisser Voraussetzungen gesichert, die zunächst nicht unbedingt als Vorteil gewertet werden mußten. Dazu gehörte einmal das verhältnismäßig geringe Kapital, das in den armen Gebieten des Gebirges zur Verfügung stand, die große Zahl von Menschen, die sinnvoll beschäftigt werden sollten usw. Was aber zunächst Schwäche war, wurde im Laufe der Zeit zur besonderen Stärke der Industrie dieses Gebietes. Die Kapitalarmut brachte es mit sich, daß man von jeher bemüht war, mit einer denkbar einfachen Einrichtung der Erzeugung ein Höchstmaß wirtschaftlichen Erfolges zu sichern. Auch bei besserer technischer Einrichtung der Gablonzer Betriebe waren Investitionskosten hier weitaus niedriger als in den meisten übrigen Produktionszweigen. Ein großer Teil der Erzeugung wurde in kleinsten handwerklichen Betrieben, in der Hausindustrie und schließlich in Heimarbeit gefertigt, und damit wurde Gablonz der Mittelpunkt der wohl größten Heimarbeitsindustrie der Welt. Zehntausende von Menschen, insbesondere von Frauen, konnten schlagartig als Arbeitskräfte eingesetzt werden, wenn es die rasch schwankende Konjunktur einer bestimmten Moderichtung verlangte. Eine Unzahl von Frauen, die sich sonst nur in ihrer Hauswirtschaft betätigten, bildete die stehende Reserve, die, geschult und erfahren, jederzeit tätig werden konnte und immer wieder wurde.

Die Verteilung der Industrie auf Tausende von selbständigen Kleinbetrieben begünstigte einen weiteren

Vorzug dieser Industrie, die für den Weltmarkt notwendig war: das umfangreiche Sortiment. Die Vielseitigkeit der Erzeugung mit ihren beweglichen und jeder Anregung willig folgenden Trägern führte zu einer unübersehbaren Fülle von Artikeln und Mustern. Gute Exporthäuser führten 20000 bis 60000 verschiedene Muster der verschiedensten Erzeugerfirmen. Eine Glashütte brachte z. B. nur das Grün in 50 verschiedenen Tönungen heraus, da unsere Kunden in Afrika hinsichtlich der Farbe außerordentlich anspruchsvoll waren und Farbenunterschiede feststellten, die das ungeschulte Auge eines Europäers kaum wahrzunehmen vermag. Alle diese Tatsachen führten zusammen mit einer alten Tradition zu einer ausgesprochenen Monopolstellung der Gablonzer Industrie, die erst durch die Massenaustreibung der Deutschen aus der CSR gebrochen wurde.

Eine weitere Stärke der Industrie lag darin begründet, daß alle Ausgangsmaterialien, Rohglas, Metall, später auch Holz und plastische Masse wertmäßig in keinem Verhältnis zum Preis des Endproduktes standen, was bei so rohstoffarmen Ländern, wie es das alte Österreich und später auch die CSR waren, von großer Wichtigkeit werden mußte. Dazu kam, daß diese Rohstoffe fast ausnahmslos aus dem Inlande bezogen werden konnten, während zum Beispiel die Textil- oder Lederindustrie, selbst Porzellan-, Musikinstrumente-Industrie und viele andere Zweige der sudetendeutschen Wirtschaft auf den ungestörten Nachschub von Rohstoffen und Halbfabrikaten aus dem Ausland angewiesen blieben. Darum war auch die Gablonzer Industrie schon in der früheren CSR besonders geschätzt. Wohl lag dort die Gesamtausfuhrziffer der Textilindustrie z. B. höher als die der Gablonzer Erzeugung. Aber nach Abzug der Einfuhren an Textilrohstoffen und Halbfabrikaten verblieb als reiner Ausfuhrüberschuß etwa im Vergleichsjahr 1925 nur ein Posten von 343 Millionen Kc gegenüber einer Gablonzer Ausfuhr von $1^1/_2$ Milliarden Kc, die als reiner Ausfuhrüberschuß gewertet werden muß.

Das Erstaunlichste bei diesem Kampf um die Selbstbehauptung blieb aber immer wieder der Gablonzer Mensch. Während es in anderen Industrien in der Regel so ist, daß ein Erzeuger oder Fabrikant dauernd verloren ist, sobald er einmal wirtschaftlich Schiffbruch erleidet, war in der Gablonzer Industrie seit jeher ein Neubeginn unter den sich ständig ändernden Voraussetzungen der Weltmarktlage durchaus möglich und wurde auch immer wieder festgestellt. Dieser Zähigkeit des Menschen verdankt die Industrie ihre schönsten Erfolge. Und was für den Einzelnen gilt, gilt auch für die Gesamtheit. So hatte man in diesem Gebiet auch unter den schweren Verhältnissen der Weltwirtschaftskrise 1929 bis 1930 nicht den Mut verloren und suchte durch die Verdoppelung der Anstrengungen sich neuerdings emporzuarbeiten.

Kaum war der Einbruch der Weltwirtschaftskrise überwunden, der neben großen wirtschaftlichen Zerstörungen auch positive Erscheinungen zur Folge hatte (rationelleres Arbeiten, Verbesserungen der Qualität, Angleichung an die allgemein gesunkenen Weltmarktpreise usw.), kaum waren die neuen Voraussetzungen für einen weiten Aufschwung geschaffen, als der Ausbruch des 2. Weltkrieges diese Industrie vor noch größere Aufgaben stellte. Ihre Umstellung auf die Bedürfnisse der Kriegswirtschaft – einer Industrie, deren einziger Stolz es früher war, die Frauen der ganzen Welt zu ihren Kunden zu zählen – gehört mit zu den großen Leistungen der neueren Wirtschaftsgeschichte. Diese „Mumpitzindustrie“, wie sie einmal ein unwissender Schmock einer vormals hochangesehenen Zeitschrift nannte, erwies eine ungeahnte Lebenskraft und fertigte Artikel am laufenden Band, von denen kein Planer je geträumt hatte. Auch damit wurde ein Beweis erbracht, wie wertvoll unternehmerische Initiative sein kann, wenn sie auf eine Unzahl von Betrieben verteilt wird, und wie falsch es wäre, alle Rettung nur von wenigen Großbetrieben zu erwarten.

Als uns der blinde Haß der Benesch-Clique und ihrer Helfershelfer die Heimat raubte, waren es wieder die Gablonzer, die zuerst begannen, aber auch begriffen, daß nur gemeinsames Arbeiten einen neuen Start ermöglicht. Gewiß wurde der Neubeginn dadurch erleichert, daß die Monopolstellung dieser Industrie besondere Verhältnisse schuf. In einer Zeit, in der sich nicht nur in England, sondern auch in vielen anderen Staaten immer wieder Stimmen über die angeblichen Gefahren des deutschen Schleuderwettbewerbes bemerkbar machten, war es nicht unwesentlich, daran zu erinnern, daß unsere Glas- und Schmuckwarenindustrie in ihren spezifischen Artikeln kein Wettbewerber für die Industrien der Besatzungsmächte war. Dazu kam, daß auch in Deutschland selbst nur wenige Industriezweige durch den Wettbewerb der neuen Gablonzer Betriebe betroffen wurden. Trotzdem blieben aber ungeheuere Mißverständnisse und falsche Vorstellungen zu überwinden, ehe die ersten Betriebe aus dem Boden gestampft werden konnten.

Und so entstanden, wohl in verschiedenen Ländern, aber immerhin doch zusammensiedelnd, die ersten Gruppen der Gablonzer Industrie in Westdeutschland und damit seine größte, geschlossen siedelnde Flüchtlingsindustrie. Die geistige und sittliche Kraft dieser neuen Gruppen liegt nicht nur im Festhalten an der überlieferten Lebensform, sondern auch im Erlebnis der Austreibung, die uns stärker zusammengeführt hat, als heute allgemein erkennbar wird. Denn die Austreibung als ein elementares Erlebnis hatte eine gestaltende Macht, die den Menschen prägte, ihren Gruppenbildungen neue Kräfte mitteilte und so den Versuchen um die Eingliederung in Westdeutschland einen gewaltigen inneren Auftrieb gab. So wurde ohne große Worte die Zusammenarbeit in diesen Gruppen – allen unvermeidlichen persönlichen Reibereien und Rückschlägen zum Trotz – nicht nur ein dekoratives Losungswort, sondern tägliches Brot einer neuen wirtschaftlichen Offensive, die bereits zu bedeutenden und allgemein anerkannten Erfolgen geführt hat. Damit wurde aber ein Beitrag geleistet, der nicht nur den Gablonzern zugute kommt, sondern darüber hinaus auch den übrigen Vertriebenen. Denn nach diesen Erfolgen wird man auch die Möglichkeiten der übrigen Flüchtlingsbetriebe viel aufmerksamer prüfen müssen. Und wenn die Gablonzer sich in harter Arbeit bemühen, wieder das zu erlangen, was ihnen die Ungunst der Zeit an Früchten jahrelangen Fleißes und strebsamer Arbeit geraubt hat, so leisten sie damit einen Beitrag für den Wiederaufbau Deutschlands, der als Beispiel in die Geschichte eingegangen ist.

Robert Polzer (gekürzt)

In der Gablonzer Gegend

In einer „Beschreibung der allerfürnehmsten Bergwerksarten" aus dem Jahre 1598 sagt der Bergbeamte Erker: „Darnach ist auch eine gemeine Red bei uns in teutschen Landen von allerley Körnern, so in Gebirgen und Flüssen gefunden und von den Ausländern und Landfahrern weggetragen werden; aus welchen man Golt solle machen. Für meine Person aber halte ich von solchem gar nichts, denn ich derselben Körner auf mancherley Weg im Fewer und sonst versucht habe, aber niemals kein Golt darin finden können. So viel habe ich aber von glaubwürdigen Personen, die von solchen Landfahrern gründlich berichtet worden, daß solche Körner kein Golt bei sich haben, ward auch keines daraus gemacht, sondern daß sie die Landfahrer in Italiam und andere Örter umb einen Lohn dahin getragen, als zu einem Zusatz, daraus schöne Farben und Schmelzgläser gemacht werden. Welche Farben und Schmelzglas man bei ihnen so hoch achte und so teuer verkauffe, als wenn es Golt wäre."

Dazu bemerkt Dr. J. K. E. Hofer in seinem vortrefflichen Buche „Das Riesengebirge": „Schon um das Jahr 1289 standen die Venetianischen Glasfabriken von Murano in solcher Blüte, daß sie achttausend Glasarbeiter beschäftigten. Zur selben Zeit erlangte die Florentiner Mosaik-Industrie ihre Weltberühmtheit. Im Dienste dieser Industrien mögen die „Walen" (Wallonen, Wälsche) das Riesengebirge durchstreift haben. Sicher ist, daß sie große Massen Zinn und Zinngraupen nach Italien schafften. Neben den Walen mögen auch manche Schwindler und Glücksritter sich herumgetrieben haben. Hiezu kam, daß zu jener Zeit die roten böhmischen Granaten, an denen das Riesengebirge auch in unseren Tagen noch reich ist, allgemein für goldhaltig erachtet wurden, denn man hatte gehört, daß die Venetianer dem Glase durch Zusatz von Goldsalzen die schöne rote Färbung geben, welche die Granaten ebenfalls zeigen. Es wurden sogar Bergwerke, so am Eulengrunde, lediglich auf Granaten angelegt."

Einer der drei Hauptkämme des Isergebirges, und zwar der südlichste, der in den Gablonzer Bezirk hineinreicht, heißt der „welsche Kamm", unzweifelhaft von jenen Walen (Welschen).

Die Gablonzer Glasindustrie ist heute kaum weniger berühmt, als es zu ihrer Zeit die Venetianische war. Daß die Walen zu ihrer Entstehung irgendwie beigetragen haben, das wäre immerhin möglich, weil die ersten Glashütten in der Gablonzer Gegend schon im Anfange des fünfzehnten Jahrhunderts errichtet wurden, genau nachweisen wird es sich jedoch schwerlich lassen. Heute findet in der Glasindustrie die Mehrheit der Bewohner des Gablonzer Bezirkes ihren Lebensunterhalt. Die „Gablonzer Artikel“ genießen einen Weltruf. Sie umfassen neben den Produkten der eigentlichen Glasindustrie in allen ihren Zweigen auch die Erzeugnisse der Gürtlerei und der mit ihr verwandten Gewerbe, die verschiedensten Glaskurzwaren und Schmuckwaren. Die Stadt Gablonz ist der Hauptstapelplatz für diese Artikel, daher führen sie nach ihr den Namen, aber hergestellt werden sie nicht bloß in der Stadt selbst, sondern in der weiteren Umgebung, im Isergebirge und darüber hinaus. Daß diese Industrie sich stetig weiter entwickle und vervollkommne, dazu trägt ihr gut Teil bei eine ausgezeichnete staatliche kunstgewerbliche Fachschule für Gürtler, Graveure und Bronzearbeiter; ferner kommen den Bedürfnissen von Gewerbe und Handel noch eine gewerbliche Fortbildungsschule und eine städtische Handelsschule entgegen.

Die eigentliche Gablonzer Industrie hängt in fast allen ihren Zweigen von der stetig wechselnden Mode ab. Eine Folge davon ist das rasche Emporkommen einzelner Unternehmer und die plötzliche Verarmung anderer. Überhaupt wirkt der selten durch längere Zeit sich gleich bleibende Verdienst auf den ganzen Charakter der Bewohner ein. Bald ein flotter Geschäftsgang, bald wieder Geschäftsstockung, heute ein reichliches Einkommen, morgen ein kümmerlicher Erwerb; ein so häufiger und oft so jäher Wechsel in den Existenzbedingungen muß eine gewisse Leichtlebigkeit erzeugen, aber auch großen Wagemut und einen nie rastenden Unternehmungsgeist. Zugleich hat der Umstand, daß die launenhafte Göttin Mode die Beherrscherin der Gablonzer Industrie ist, in weiten Kreisen der Bevölkerung einen Formensinn geweckt und großgezogen, der allein schon der Gablonzer Industrie die Behauptung ihrer Eigenart und die Unmöglichkeit der „Verschleppung" in hohem Maße sichert. Alles hat einen Zug ins Große, fern von jeder kleinstädtischen, spießbürgerlichen Beschränktheit, angenommen. Das Wachstum der Stadt erinnert an amerikanische Verhältnisse. Bis zum Jahre 1866 war Gablonz nur ein Marktflekken, 1885 betrug die Einwohnerzahl noch knapp 9000, heute rückt sie an das dreißigste Tausend hinan. Noch steht im Neißetale hie und da ein bescheidenes, ebenerdiges Blockwandhaus als Denkmal jener nicht fernen Zeit, wo Gablonz ein unansehnliches Dorf war, aber die übergroße Mehrzahl der Gebäude sind freundliche, nette, zum großenteile recht stattliche, selbst prachtvolle Neubauten. Ein erfreulicher wirtschaftlicher Aufschwung, steigender Wohlstand spricht aus allen Ecken und Enden der Stadt.

Und wie an der Neiße, so herrscht auch in dem weiter östlich gelegenen Kamnitztale ein überaus reges industrielles Leben. Der Feldbau ist kaum noch Nebenbeschäftigung. Stundenlang zwängen sich die Dörfer durch das enge Tal, aber die Häuser kriechen auch an den waldigen Lehnen und an den Grasflächen der Bergrücken hoch hinauf, schmiegen sich an den Saum der Wälder, dringen selbst in alle Schluchten und Seitentäler. Wenige Niederlassungen zählen nach Jahrhunderten, erst das großartig entwickelte Geschäfts- und Verkehrsleben der neueren Zeit hat diese Ortschaften so stark bevölkert. Zwischen niedrigen Häuschen, die aber beinahe alle nett und freundlich aussehen, ragen große Fabriken mit kühn emporstrebenden Schloten und prangt manch stattliches Gebäude, geschmackvoll im Schweizerstile ausgeführt. Neben der Glaswarenfabrikation macht sich die Textilindustrie geltend, regen sich in Maschinen-, Porzellan-, Papier- und Holzpappendeckelfabriken, in Eisengießereien und Brauereien Tausende fleißiger Hände.

Josef Bendel (1884)

Wies einstens war . . .

Ich war im Geist in meiner Heimat wieder,
in meiner Heimat, die ich ach verlor,
ich ging die alten Gassen auf und nieder
und sah zu manchem Fenster still empor.

Mir wars, als ob sich eines öffnen müßte
und mir ein liebes Antlitz drin erschien,
als ob ein alter Freund mich draus begrüßte,
doch mußt ich ungetröstet weiterziehn.

Die Lüfte sind erfüllt von Glockenklängen,
doch ach, die Glocken tönen dumpf und bang,
denn fremde Hände ziehn an ihren Strängen,
es ist nicht mehr der Heimat Glockenklang.

Kehr um, mein Geist, mir ist so wund und wehe,
gedulde dich noch stille manches Jahr,
bis ich in Wirklichkeit die Heimat sehe
und alles ist, wies einstens war . . .

Adolf Klinger

. . . gedulde dich noch stille manches Jahr! Der Geist Adolf Klingers ist still heimgekehrt. Der Sohn und Lehrer seiner Vaterstadt Reichenberg, der Dichter des Jeschken- und Neißeliedes, wurde 1949 in München zur Ruhe gebettet; seine Seele aber flog zurück in die Heimat, dort lebt sie und in unseren Herzen.

Gustav Wiese

Schloß Friedland

Federzeichnung von Fritz Slawik

Der Kreis Friedland

Selten ist auf engem Raume so viel Anmut einer Landschaft vereint wie hier. Hoheitsvoll zieht sich im Südosten des Bezirks der Iser-Urgebirgszug mit seinen dunkelgrünen weiten Wäldern und imposanten Bergen, Schluchten und Tälern dahin, ihm vorgelagert sonnen sich freie Fluren, stattliche Dörfer und gewerbefleißige Städte. Mitten drinnen liegt Stadt und Schloß Friedland. Dieser Name wurde zum Juwel des Herzogtitels Wallensteins. Neustadt, als Bergstadt gegründet, gehört heute mit Heinersdorf, Bärnsdorf, Rückersdorf, Raspenau, Mildenau, Haindorf, Weißbach, Wustung und Weigsdorf zu den Brennpunkten der Textilindustrie des Kreises. Schafwoll- und Baumwollwaren, Spinnereien, Jute, Hanf und Lederwaren sind die Haupterzeugnisse. Die Landwirtschaft errang sich durch besondere Leistungen den gebührenden Platz in der Wirtschaft.

Aber auch mit Naturschönheiten ist dieses Gebiet recht gesegnet worden. Wittigtal, Hegebachtal und Stolpichschlucht locken unzählige Wanderlustige an. Weite rauschende Wälder, einsame Felskoppen, steile Wände, seltene Pflanzen und eine reiche Tierwelt sorgen für Vielfalt und Liebreiz. Sommerfrischen beherbergen Tausende Erholungsuchende. Bad Liebwerda, das köstliche Herzheilbad, mit seinen Stahl- und Sauerbrunnen, seinen weitläufigen Promenaden, gedeckten Wandelhallen, vorzüglich eingerichteten Hotels und Logierhäusern, seinen Wasser- und Wintersportgelegenheiten ist sehr besucht und geschätzt. Haindorf mit der nach Plänen Fischer von Erlachs erbauten schönen, großen imposanten Klosterkirche ist als Wallfahrtsort bis tief hinein nach Sachsen und Schlesien bekannt und gilt als Mittelpunkt der Sommerfrischen und Ausflugsziele.

Heimat-, sagen- und märchenumwoben, von weiten wallenden Wäldern umrauscht, von mächtigen Bergen und Schrofen geschützt, einst von fleißigen, treuen Menschen gehegt, lieblichen Fluren und Höhenzügen gesäumt, wer könnte dich jemals, und trüge dich das Schicksal noch so weit weg, vergessen? Niemand! Niemand!

E. R.

Landeskundliches vom Kreise Friedland

Der Kreis Friedland liegt in 51° n. Br. und 15° ö. L. und gehört in seiner Gänze zur böhmisch-sudetischen Masse. Von seinen 399 qkm Fläche sind ein Viertel Gebirgsland und Steilhang des Isergebirges und drei Viertel Hügelland, das sich nach Nordwesten abdacht. Das Hügelland löst sich von der Gebirgsscholle in einer Linie, die 500 bis 600 m hoch am Fuße des Gebirges verläuft. Der höchste Punkt des Kreises ist die Tafelfichte mit 1122 m, der tiefste liegt an der nordwestlichen Grenze an der Stelle, wo die Wittig das Land verläßt, in rund 200 m Höhe. Gebirge und Steilhang sind, von Forst- und Unterkunftshäusern abgesehen, unbewohnt und mit Wäldern bedeckt. Das Hügelland trägt die ehemaligen Rodungen mit Dörfern und Städten, das weite Ackerland und die Wiesen, durchbrochen von Roderesten, die als kleine Büsche stehen geblieben sind. Zahlreiche Bäche zerschneiden es und bilden eine unruhige Landschaft. Der Boden ist von verschiedener Güte; Löß und Basaltdecken erhöhen die Fruchtbarkeit, während die Skelettböden des Gneises und Granites magere Felder liefern, die stark wasserdurchlässig sind und zur Ortsteinbildung neigen. Diese Flächen sind vernäßt und zum Teil vermoort.

Die jährlichen Regenmenge steigt gegen das Gebirge zu an. Sie beträgt im NW des Kreises 750 mm, steigt am Fuße des Isergebirges auf 1000 und liegt oben bei 1600 mm. Das Klima in der Niederung ist infolge der häufigen nordwestlichen Luftströmungen, die auch die Träger der Feuchtigkeit sind, mild, und fast nie bleibt im Winter eine dauernde Schneedecke liegen. Das Gebirge dagegen hat harte Winter mit hohen Schneelagen, die über 600 m vom Oktober bis Ende April erhalten bleiben. Infolge der kühlen Gebirgsluft verdichtet sich der Wassergehalt der Nordwestwinde oft zu Nebel, so daß unser Gebirge im Jahr fast 200 Nebel- und Regentage aufzuweisen hat. Die Folge ist der Wasserreichtum des Isergebirges und ein ergiebiges Quellengebiet, das die Bäche speist. Diese weisen im Frühling die größte, im Sommer die geringste Wassermenge auf, ja es kommt vor, daß ihre Betten zu schmalen Rinnsalen und hie und da („Verlorenes Wasser" bei Lusdorf!) ganz wasserleer werden. Das Gefälle der Bäche ist ungleich, auf dem Gebirge meist sehr gering. So beträgt es beim Schwarzbach von der Quelle bis zum Steilhange auf mehr als 2 km kaum 10 m, so daß er zahlreiche Windungen macht, an denen das Wasser Tümpel bildet und sich Moorreste und feiner Sand absetzen. Das größte Gefälle haben die Gebirgsbäche in der kurzen Strecke des Steilhanges, wo sie auf 1 bis 2 km fast 300 m Höhenunterschied zu überwinden haben. Hier haben sie ihre V-förmigen Täler eingerissen, die zum Teil noch unfertig sind und Wasserfälle aufweisen. Die Bäche des Hügellandes haben ein ausgeglichenes Gefälle; vielfach kommt es zu Schlingenbildungen(Mäandern), die die Ursache der Altläufe und Lachen des unteren Wittigtales sind. – Auf dem Gebirge verläuft die Hauptwasserscheide zwischen Oder und Elbe; sie zieht sich über die Tafelfichte und deren Osthang zum Ablager, von da über den Sieghügel, die Christkindlwiese und die Tschihanelteiche zum Hang des Taubenhauses. Sie ist stellenweise so flach, daß die Moore sie überziehen und ihre Quellwässer nach verschiedenen Himmelsrichtungen entsenden: ja, es kommt zu einer Gabelung erster Ordnung, indem der Hegebach sein Wasser der Wittig wie auch der großen Iser zuführen kann. Alle Bäche, die in den Mooren entspringen, führen feine Moorteilchen mit sich, so daß ihr Wasser braun erscheint, während die anderen helles aufweisen. Diesen Umstand hat auch die Namengebung beachtet, indem wir eine Schwarze, Braune und Weiße Wittig, einen Schwarz- und Weißbach, eine Schwarze und Weiße Stolpich unterscheiden.

Nach diesen allgemeinen erdkundlichen Angaben erwartet der Leser gewiß einen Blick auf die Einzelheiten, aber Raumknappheit zwingt dazu, die bereits vorbereitete „Wanderung durch die Heimat" für diesmal zurückzustellen, um uns von der Natur sogleich den Menschen zuwenden zu können.

Das Gebiet des Friedländer Kreises war bis ins hohe Mittelalter unbewohntes Waldland, dessen Täler höchstens von Jägern und Fallenstellern aufgesucht wurden. Nur im nordwestlichen Zipfel in der Nähe der unteren Wittig bestanden als wendische Weiler bereits die Orte Göhe, Tschernhausen mit seinen Feldhäusern, Lautsche und Bunzendorf, deren Anfänge vor das Jahr 1000 zurückreichen dürften. Das ganze übrige Gebiet wurde erst im Zuge der großen Kolonisation des 13. und 14. Jahrhunderts von deutschen Bauern urbar gemacht und besiedelt. Als erste deutsche Dörfer, möglicherweise schon vor 1200, wurden Kunnersdorf und Friedland ausgesetzt. Letzteres, überragt vom gleichnamigen Schlosse, in dem die Besitzer der Gegend – bis ins 16. Jahrhundert die Herren von Biberstein, dann die Freiherren von Redern, Wallenstein, die Grafen Gallas und Clam-Gallas – ihren Sitz hatten, wurde bald zum städtischen Mittelpunkt des

Ganzen. Bis 1400 waren im Friedländischen folgende „Waldhufendörfer", wie sie ihrer Flurform wegen genannt werden, ausgesetzt, wobei das Alter nach Osten zu abnimmt: Hermsdorf, Dittersbach, Ringenhain, Kunnersdorf, Raspenau, Mildenau und Mildeneichen, Haindorf, Bad Liebwerda, Lusdorf, Schönwald, Rückersdorf, Bärnsdorf, Heinersdorf, Dittersbächel, Wünschendorf mit dem verschwundenen Nadelsdorf, ferner das verschwundene Waltersdorf bei Lusdorf, sodann Arnsdorf, Bullendorf, Niederullersdorf, Weigsdorf, Priedlanz, Berzdorf, Wiese und Engelsdorf. Mithin war bis 1400 der gesamte aussetzungsfähige Boden mit Dörfern belegt, so daß zur weiteren Neugründung von Orten nur noch Siedlungslücken und der Fuß des Gebirges verfügbar waren. Vor 1500 wurde Wustung angelegt, das von Priedlanz abgegliedert worden war, und nach 1550 wurden die ersten Häuser von Überschar errichtet. Auch der Ort Zahne dürfte aus dieser Zeit stammen, wenn er nicht etwa eine wendische Vorbesiedlung aufzuweisen hat. Aus alten Meierhöfen gingen zu Beginn und Ende des 18. Jahrhunderts die Orte Christiansau, Karolinthal und Hegewald hervor. Älter als sie ist Hohenwald, das kurz nach 1600 ausgesetzt worden ist. Im Laufe des 18. Jahrhunderts wurden noch Phillippsthal, Jäkelsthal und Ferdinandsthal gegründet. Alle diese Orte füllten Siedlungslücken auf. Zu wirklichen Neugründungen ist es nach 1400 nur noch zweimal gekommen: 1584 wurde Neustadt an der Tafelfichte als Bergstadt planmäßig angelegt und 1594 das Dorf Weißbach gegründet, wozu ein Teil von Haindorf abgegliedert wurde.

Die Siedlungen des Kreises Friedland sind bis auf die ehemaligen Wendenweiler in der Nordwestecke von deutscher Hand angelegt und selbst die erwähnten slawischen Orte in deutschem Geiste umgeformt; deutsche Bauern und Bürger haben unserer Heimat das Antlitz gegeben. Nichtdeutsche Einflüsse sind nirgends bemerkbar und konnten sich dort, wo sie einmal vorhanden waren, inmitten des starken deutschen Lebens auch nicht halten. Die Tatkraft unserer Vorfahren zeigt sich im Lauf der Geschichte zweimal besonders deutlich: einmal zur Zeit der Hussitenkriege, in der zahlreiche Dörfer, z. B. Heinersdorf, zerstört wurden, und nach dem 30jährigen Kriege (1618 bis 1648), bzw. nach der im Friedländischen 1651 bis 1654 durchgeführten Gegenreformation. Das Gebiet unseres Kreises war damals in solchem Grade entvölkert, daß in manchen Dörfern, z. B. Bärnsdorf, nur noch einzelne Höfe bewohnt waren. Fünfzig Jahre später aber waren bis auf drei sämtliche Höfe und Gartenstellen wieder bewirtschaftet.

Die Bevölkerungszahl war seitdem in ständigem Steigen und erreichte nach 1900 ihren Höhepunkt. Bereits im letzten Jahrzehnt zuvor aber begann in einigen Orten die Geburtenzahl zu sinken, so daß das weitere Anwachsen der Bevölkerung nur noch fremdem Zuzug zu verdanken war. Nach 1910 jedoch setzte ein allgemeiner Rückgang der Einwohnerzahl ein, der in den Industrieorten rascher, im landwirtschaftlichen Gebiet langsamer und allmählich in Erscheinung trat. Erst nach 1938 begann die Bevölkerungsbewegung wieder aufwärts zu gehen. Das Friedländer Gebiet gehörte zu den geburtenärmsten des Sudetenlandes. Den stärksten Zuzug aus anderen Gegenden erhielt unser Kreis in den Jahren 1880 bis 1910; die Ursache lag im Aufblühen der Industrie, deren bessere Verdienstmöglichkeiten immer neue Arbeitskräfte anlockten. Dabei kam es auch zur Zuwanderung von Tschechen aus Innerböhmen; doch trat ein fühlbares Erstarken des tschechischen Bevölkerungsanteils erst nach 1918 ein, ohne auch dann jemals 5. v. H. zu übersteigen. – Die Dichte der Bevölkerung betrug etwa 90 auf 1 qkm. Im oberen Wittigtal war sie höher als der Durchschnitt, am geringsten an der unteren Wittig, wo sie stellenweise bis auf 50 absank.

Frühzeitig regte sich in unserem Kreise gewerbliches Leben. Schon im 14. Jahrhundert war in Friedland die Tuchmacherei zu Hause, wie die 1381 erwähnte Tuchwalke zeigt. Vor dem 30jährigen Krieg gewann die Leinweberei Bedeutung, in der Stadt sowohl wie auf den Dörfern, wo überall Webstühle vorhanden waren. Die Leinwand war damals eine sehr begehrte Ware und wurde, hauptsächlich durch den Nürnberger Großhandel, mit dem die meisten nordböhmischen Leinweberzünfte Lieferverträge hatten, nach Südeuropa und in die spanischen Kolonien ausgeführt. Aus dem Handwerk und der Hausindustrie entwickelte sich im 19. Jahrhundert die fabriksmäßige Webindustrie, die sich in Friedland, Haindorf, Heinersdorf und Neustadt zur Großindustrie emporhob. In Mildenau aber tat sich ein Zentrum der Wollspinnerei auf. Bemerkenswert ist auch die Porzellanindustrie von Hegewald, Mildeneichen und Haindorf; doch ging sie in den letzten Jahrzehnten stark zurück. Von Bedeutung war ferner die Holzindustrie von Haindorf und Weißbach, die vor dem ersten Weltkriege eine starke Ausfuhr nach Deutschland aufwies. In Friedland bestanden auch eisenverarbeitende Industrien. Berühmt aber war die Neustädter Sägenerzeugung, ein altes Handwerk, das an die Stelle des eingegangenen Bergbaus getreten war. Auch sonst war das Handwerk im ganzen Kreise vertreten, namentlich in den drei Städten Friedland, Neustadt und Haindorf. So waren z. B. die Haindorfer Schuhwaren weit und breit bekannt.

Vom Mittelalter bis in das erste Drittel des 19. Jahrhunderts wurde im Bereiche des Glimmerschieferzuges vor der Tafelfichte der Zinnbau bergmännisch betrieben. Lusdorf ist ohne Zweifel Ende des 13. Jahrhunderts als Bergort ausgesetzt und 1584 von der Bergstadt Neustadt abgelöst worden. Zahlreiche Stollen am Rapplitz, Kupferberg und Sauberg geben noch Zeugnis von dem einst reichen Bergsegen dieses Gebietes. Der Kalkberg bei Raspenau lieferte früher Eisenerz, das in Raspenau verhüttet wurde. Die Blütezeit dieses Betriebes fällt unter die Herrschaft Wallensteins, der in Raspenau die zu seiner Kriegsführung benötigten Kanonenkugeln und Schanzwerkzeuge verfertigen ließ. Nach Wallensteins Tode verfiel der Eisenbergbau hier wieder. Im 19. Jahrhundert grub man im Wustunger Kessel nach Braunkohle, die daselbst in einer Mächtigkeit von 5 bis 6 m ansteht. Die Ausbeute und die Güte der Kohle waren aber zu gering, um der Konkurrenz der großen Kohlenbergbaugegenden standhalten zu können.

Der Handel der ältesten Zeit vollzog sich meist nach den Städten Görlitz und Zittau. Handelsstraßen durchzogen das Kreisgebiet von Ost nach West und von Nord nach Süd. In der neueren Zeit, namentlich im 19. Jahrhundert, wurden Prag und Wien Ziele unseres Handelsverkehrs. – Ein stark ausgeprägtes Straßennetz, dem man große Sorgfalt angedeihen ließ, verband Dörfer und Städte unseres Kreises. 1833 ward dieser durch den Bau der „Kaiserstraße“ (Reichsstraße) über Dittersbach und Olbersdorf nach Süden aufgeschlossen, und 1847 folgte die Straße über den Hemmrich. 1873 wurden sie von der Eisenbahnlinie Reichenberg–Friedland–Seidenberg als Verbindungswege abgelöst, bis sie in unserem Jahrhundert der Kraftwagenverkehr von neuem belebte. Um 1900 wurden die Bezirksbahnen gebaut, die die entlegeneren Gegenden des Kreises an die Hauptlinie anschlossen.

Der Mensch unseres Heimatkreises war aufgeschlossen, bildungsfreundlich, fleißig und sparsam. Ordnungssinn und große Reinlichkeit zeichneten ihn besonders aus. Dies zeigte sich in den schmucken Dörfern und einla-

Schloß Friedland

denden Städten, die eine gewisse allgemeine Wohlhabenheit der Bewohner verrieten. Die Landwirtschaft stand, wie die wohlbestellten Felder, die stattlichen Höfe und der hochgezüchtete Viehstand bezeugten, auf besonderer Höhe. Der Mensch des Friedländer Ländchens liebte seine Heimat über alles, besonders aber sein eigenes Heim. Lieber machte er einen stundenlangen Weg zu seiner Arbeitsstätte, als daß er sein Haus und sein Dorf aufgegeben hätte, um in die Stadt zu ziehen. So ist es trotz der Großindustrie nie dazu gekommen, daß sich an ihren Stätten die Menschen zusammenballten, und die Industrieorte blieben verhältnismäßig klein. Ein gewisser Weitblick bewahrte unsere Heimatmenschen meist davor, in Kleinlichkeit und Gehässigkeit zu verfallen; allerdings war, wie fast bei jedem Stamme des schlesischen Sprachbereiches, dem auch sie angehörten, ein gewisses Mißtrauen gegen Fremde vorhanden, das leider nur allzuleicht in Vertrauensseligkeit umschlagen konnte. Standesdünkel und Überheblichkeit kamen dagegen nur selten vor. Auf dieser gesunden Grundlage war ein guter Humor gewachsen, der im Verein mit einer ausgezeichneten Beobachtungsgabe in glücklichen wie in bösen Zeiten oft herzerquickend zum Ausdruck kam. Voller Sehnsucht gedenken wir alle, die wir heute über die Weiten Deutschlands verstreut sind, der lieben, trauten Bilder unserer Heimat, des Märchenlandes unserer Träume.

Adolf Schicketanz

Die Wallfahrtskirche Haindorf

Untrennbar mit dem Gnadenbild der „Mater formosa" (der holdlächelnden Mutter Gottes) von Haindorf ist die Geschichte des Ortes verbunden. Sagenhaften Berichten zufolge soll die ungefähr 30 cm hohe Lindenholzstatue 1311 von einem Siebmacher aus Mildeneichen in Zittau um einen gefundenen Pfennig erworben worden sein. Er barg es, so wie ihn ein Traum angewiesen hatte, in den Ästen einer Linde am heutigen Standort der Kirche. 1346 verzeichnen die Meißner Bistumsblätter hier schon eine Altarstation, also ein Kirchlein. Haindorf war damals eine unscheinbare Waldsiedlung, denn seine Bewohner hatten der Herrschaft jährlich 66 Eichhörnchen zu zinsen, die als Leckerbissen sehr geschätzt waren. Mit zunehmender Rodung wurde der Zins in Weidegeld und bäuerliche Abgaben umgewandelt.

Als Wallfahrtsort erscheint Haindorf erstmals 1409. Gegen Ende des 15. Jahrhunderts wurde die Kirche ausgebaut, gotisch gewölbt und 1498 „zu Ehren der Heimsuchung der fröhlichen Jungfrau Maria" geweiht. Als Haindorf 1558-1621 den Freiherrn von Redern gehörte und der Protestantismus sich unter ihrer Herrschaft ausbreitete, wurden die Wallfahrten nach Haindorf verboten. Trotzdem hielten die Pilger ihre Andachten in den benachbarten Wäldern ab. Da wurde die „Mater formosa" in einen Seitenaltar verschlossen und schließlich von Katharina von Redern nach Reichenberg in die Schloßkapelle gebracht. Da bei dem Schloßbrande von 1616 Kapelle und Muttergottesstatue unversehrt blieben, ließ die Herrin das Marienbild wieder nach Haindorf zurückschaffen.

Als Katharina 1617 starb und ihr Sohn als Widersacher des Kaisers 1621 nach Polen flüchten mußte, konnten die

Katholiken wieder in die Kirche einziehen, doch blieben die Wallfahrten wegen der Besetzung durch die Schweden noch weiterhin unterbunden. Sie wurden erst durch das 1698 errichtete Franziskanerkloster gefördert und mehrten sich, als die Herrschaft 1722/29 den von dem berühmten Baukünstler Fischer von Erlach entworfenen Plan durch den Prager Baumeister Hafenecker verwirklichen ließ, wobei das alte gotische Kirchlein als Altarraum eingebaut wurde.

Wie durch ein Wunder blieb das Gnadenbild bei dem Großbrand 1761, in dem selbst die Kirchenglocken schmolzen, unversehrt. Mit Hilfe von reichlichen Spenden der Gläubigen konnte die herrliche Barockkirche schon 1763 neu erbaut werden.

Als die Haindorfer Pfarrei von jener in Raspenau 1785 abgetrennt und selbständig wurde, traf sie das Wallfahrerverbot Josefs II. hart, doch härter noch wirkte sich die Abgabe wertvoller Kirchenschätze an die Prager Statthalterei aus.

Erst nach den Napoleonischen Kriegen setzten die Pilgerzüge wieder stärker ein. Ungeahnte Schönheit strahlte das Gotteshaus aus, als bei der Auffrischung 1899-1908 der Wiener Professor Andreas Groll die Kuppel mit herrlichen Fresken schmückte. Während der „Jedermann-Festspiele" 1931 hielt sein Schüler, der Gablonzer Dominik Brosik, einige Gestalten des Festzuges in der kleinen Hofkapelle zum Andenken an jenen ereignisreichen Sommer fest.

Josef Preußler

Schloß Friedland

Friedland! Ein Ortsname, der nicht selten ist. Wir finden ihn in Deutschland dreizehnmal. Allein Stadt und Schloß Friedland im Sudetenland, der einstige Mittelpunkt der schönen Landschaft, die sich vom Saum des waldigen Isergebirges gegen die Oberlausitzer Niederung hinzieht, das ist ein Name von welthistorischem Klang dank seiner Verknüpfung mit dem Namen und Wirken eines Mannes, dessen Gestalt in der deutschen Geschichte und Dichtung an hervorragender Stelle steht. Wem ist der Name Albrechts von Waldstein, Herzogs von Friedland, unbekannt? Wer kennt nicht Wallenstein, den großen Heerführer im Dreißigjährigen Kriege, und sein tragisches Geschick, dem Schiller in seiner herrlichsten Bühnendichtung ein leuchtendes Denkmal gesetzt hat?

Breit und behäbig lagert im weiten Talkessel die Stadt Friedland. Ein schlanker Rathausturm, ein gedrungener Kirchturm und einige Fabrikschlote erheben sich über die Dächer der zum Teil im einstigen Bering zusammengepferchten, zum Teil nach Sprengung der mittelalterlichen Mauerfessel frei in Gärten gestellten Häuser. Vom Markte aus läuft fast in gerader Richtung die Schloßgasse südostwärts der Höhe zu, deren aus hochgetürmten Basaltsäulen gebildeter Kegel eine stolze Feste krönt: das Schloß Friedland.

Wenige Schritte hinter dem letzten Hause der Stadt verlassen wir die bergan sich windende Straße und steigen auf dem durch den wohlgepflegten, mit schönen alten Bäumen bestandenen Schloßpark führenden Fußpfade empor und stehen bald vor dem Schlosse. Bewundernd umfaßt unser Blick das Gesamtbild der gewaltigen, aus dem Niederen oder Neuen Schlosse und dem Hoch- oder Alten Schlosse bestehenden Burganlage. Wie verwachsen mit dem ihn tragenden schwarzgrauen Basaltfelsen erscheint der massige Bau, der aus dem Ring standhafter Wehrmauern und des grün überwucherten Wallgrabens in breiten Fronten, mit steilen Dächern, spitzen Giebeln und trutzigen Tor- und Wehrtürmen zu schwindelnder Höhe steigt, überragt noch von dem mächtigen runden Bergfried, der stolz und ernst zu den Wolken sich reckt.

Über eine Zugbrücke, durch ein wappengeschmücktes, klobiges Rundbogentor treten wir in einen halbkreisförmigen Zwinger ein, an dessen hoher Mauer, von kletternden Efeuranken fast verdeckt, eine lateinische Inschrift uns zu bedenken gibt, daß der Friede immer stärker sei als der Krieg. Durch ein zweites Tor führt uns der ansteigende Weg in den weiten Hof der ehemaligen Vorburg, den von Nord nach Ost an Stelle mittelalterlicher Wohnbauten, des Gesindehauses und der Ställe ein weitläufiger Renaissancebau des ausgehenden 16. Jahrhunderts, das Niedere oder Neue Schloß, einrahmt. An der Westseite des Hofes steigt, gedeckt von einer dicken Wehrmauer, der gepflasterte Fahrweg in steiler Windung durch ein drittes Tor zum Alten Schloß empor. Wir benutzen aber den kürzeren und bequemeren Weg über eine Steintreppe und Terrasse, der uns durch einen gotischen Torbogen an der Schloßkapelle vorbei zum Portal des Alten Schlosses und dann weiter über eine Freitreppe durch eine lange Vorhalle in den engen inneren Schloßhof und von diesem aus in die Burggemächer führt.

In wechselvollem Geschehen sind viele Jahrhunderte über dem Schlosse Friedland verrauscht, und ein jedes Jahrhundert grub mit hartem Stichel seine Zeichen tief in das graue Gemäuer hinein. Ein kriegerisches Geschlecht baute diese festen Mauern gleichsam für eine Ewigkeitsdauer auf. Sie hielten stand im Wandel der Zeiten aller Unbill der Natur und trotzten auch aller rohen Gewalt in Krieg und Not. Die Geschichte des Schlosses und seiner Gebieter aus edlen Geschlechtern ist auch die Geschichte der weiten Landschaft ringsum. Lebendig tritt sie uns entgegen bei der Wanderung durch das Schloß, in den weiten Sälen und hohen Gemächern, von deren Wänden in langer Reihe aus lebensgroßen Bildnissen die einstigen Herren auf Friedland auf uns herabschauen, darunter auch mit finsteren Augen im fahlen Gesicht Wallenstein, der Herzog zu Friedland.

Josef Bergel

SAGEN
aus dem Isergebirge

Die drei Teufel auf dem Jeschken

In grauer alter Zeit lebten einmal auf dem Jeschkengebirge drei Teufel. Eine große und geräumige Höhle im Innern des Berges war der Aufenthaltsort dieser seltsamen Unholde. In stiller Nachtzeit stiegen sie manchmal in die Täler herab und statteten den Talbewohnern unwillkommene Besuche ab.

Stand irgendwo im walddunklen Forste ein Jägerhaus oder eine einsame Waldmühle, so waren sie dort nicht selten nächtliche Gäste. Freilich kamen sie nicht mit Hörnern und Pferdehufen, sondern als verirrte Wanderer oder Jägersleute. Oft spielten sie den furchtsamen Bewohnern der Umgegend arge und tolle Streiche, namentlich in jenen Nächten, wo die wilde Jagd durch die böhmischen Wälder zog und alles mit Grausen erfüllte.

Wenn dann der brausende Nordsturm in den Büschen rauschte und an den uralten Tannen und Fichten mächtig rüttelte und dichte Schneemassen auf die einsamen dunklen Höhen wirbelnd herniedertrieb, stieg oft ein flackernder Feuerschein, lichthell und strahlend wie flammendes Nordlicht, über die Jeschkenkuppe empor und färbte den weiten, wolkenschwangeren Himmel purpurrot. Alsdann saßen die drei Teufel in ihrer Höhle am brennenden Herdfeuer und spielten Karten oder würfelten.

Einmal nun, es war an einem rauhen, stürmischen Herbstabende, sprengte durch ein dunkles Waldtal am Westabhange des Jeschkenberges ein einzelner Reitersmann. Er schien große Eile zu haben, denn er spornte sein Roß ununterbrochen zum wildesten Ritte an. Das kleine, aus ärmlichen Hütten bestehende Dörfchen, das sich in der Schlucht gegen den Wald hinaufzog, lag wie ausgestorben da. Die furchtsamen scheuen Einwohner, durch den Hufschlag des schäumenden Rappen aufgeschreckt, starrten dem flüchtigen Reiter nach und bekreuzten sich, denn sie vermeinten, der Reiter sei der leibhaftige Gottseibeiuns selbst, denn niemand anders konnte es in dieser Nacht wagen, zum öden Bergwalde hinaufzureiten.

Vor einem alten Mühlenhause am Rande eines rauschenden Baches hielt der Reiter sein Roß an. Aus der niedrigen Wohnstube des baufälligen Hauses fiel ein matter Lichtschimmer. Der Reiter besann sich einen Augenblick, danan schwang er sich aus dem Sattel und schritt auf die morsche Türe zu. Er pochte an dieselbe und begehrte Einlaß. Der heulende Sturmwind, sowie der hinter dem Mühlenhause hervorbrausende Waldbach übertönten seine Stimme und erst nach längerem, anhaltendem Pochen ließen sich im Innern schwere Männertritte hören. Eine tiefe Baßstimme frug unwirsch und barsch, wer in dieser Nacht noch Einlaß begehre.

„Ein Fremdling, der, des Weges unkundig, die rechte Fährte zu erfahren wünscht, die über's Gebirge führt", war die Antwort des ungeduldig Harrenden. Es verging noch einige Zeit, bevor der Riegel von der Türe hinweggeschoben wurde. Jetzt ließ sich die robuste Gestalt des Müllers sehen, der mit forschendem Blick den in einen schwarzen Reitermantel gehüllten Fremden musterte, indeß ein mehlbestaubter Bursche, dicht hinter ihm stehend, eine Laterne in der Hand hielt, deren Lichtschimmer die Gestalt des Unbekannten nur allzu deutlich erkennen ließ. Der Reiter hatte etwas Fremdartiges, auch war seine Sprache nicht die der Umwohnenden. Auf dem Haupte prangte ihm keck eine reichverzierte Sammetmütze, von der stolze Reiherfedern herabnickten. Die langen, über die Schultern herabwallenden Haare rahmten lieblich sein schönes weißes Antlitz ein, aus dem wie glühende Kohlen die feurigen schwarzen Augen hervorfunkelten. Das Mißtrauen des Müllers schien bei Betrachtung des Fremden etwas zu schwinden. Als aber der letztere seine Frage um den richtigen Weg auf den Jeschken wiederholte, da fuhr Jener zusammen und bekreuzte sich, denn er war der Meinung, es mit dem leibhaftigen Satan selbst zu tun zu haben, und indem er mit einer raschen Handbewegung dem Fragenden den Weg andeutete, schlug er die Türe wieder zu.

Der Reiter aber schritt zurück zu seinem scharrenden Rappen, welcher ungeduldig zu harren schien, und schwang sich schnell in den Sattel. Von Neuem flog der unermüdliche Renner den steilen Bergpfad hinan. Bald nahm die Fichten- und Föhrenwaldung ihn in ihre unheimliche Finsternis auf. Durch die rauschenden Wipfel aber zog der brausende Sturmwind und rüttelte krachend in dem dürren, klappernden Geäste der schwankenden Baumkronen.

Schon war der Reiter eine geraume Zeit durch den Wald geritten, als durch das dichte Gezweige ein flammender Lichtstrahl brach und den Wald weithin erhellte. Diesem Lichtschimmer ritt er nach und gelangte bald zu einer einsamen weiten Höhle. Hier hielt er seinen Rappen an, schwang sich aus dem Sattel und trat an den Eingang der Höhle, wo selbst sich ihm nun ein wunderlicher, seltsamer Anblick darbot. Bei unermeßlichen Schätzen von Gold und Edelsteinen saßen zwei Teufel und würfelten, während der Dritte schlafend am Herdfeuer lag. Die gewaltigen Häupter mit den roten Hörnern und schwarzen Schlangenhaaren, sowie das einzige auf der Mitte der Stirne befindliche Auge und der robuste riesenmäßige Körper verrieten große Ähnlichkeit mit dem schrecklichen Riesen Polyphem, der einst die trojanischen Flüchtlinge so sehr erschreckte. Mit prüfendem Blicke betrachtete der Ankömmling diese sonderbare Gruppe eine Weile, dann rief er mit lauter Stimme:

„Ihr Teufel, ich komme in Euer Haus
Und ford're Euch mutig zur Wette heraus.

Wer schneller als ich ist, wer früher am Ziel,
Der gewinnt meine Seele, der gewinnet das Spiel!"

Kaum hatte der Ritter diese Worte in die Höhle gerufen, da war's, als wollte der Berg zerbersten, und mit wildem Getöse schleuderten die erschrockenen Teufel die Würfel auf den Boden, während sie grimmig aufsprangen und schnell wie der Blitz vor dem Fremden standen. „He! wer bist Du, sterblicher Wicht, daß Du die Kühnheit hast, uns in unserer Behausung aufzusuchen, und zum Wettstreite herauszufordern?" Wie Donner klangen diese Worte der beiden Teufel an des Ritters Ohr, der mit unerschrockenem Mute die Unholde betrachtete. Jetzt trat auch der dritte Teufel, den der Ruf des Ritters aus dem Schlafe geweckt hatte, heran. Kaum bemerkte er den Ritter, als er zu ihm sprach: „Was ist Dein Begehren, Sterblicher? – Wünschest Du Schätze, Gold oder Edelsteine? – Sprich! Was hat Dich verlockt, unsere Wohnung zu betreten?"

Dieser antwortete mit gefaßter Stimme: „Nicht Euer Gold und Silber, noch Eure Edelsteine haben mich verlockt, Euch hier oben aufzusuchen; sondern ein Anderes hat mir den Mut gegeben, vor Euch hinzutreten. Wisset", so fuhr er fort, „daß ich gekommen bin, Eure Stärke und Macht zu prüfen."

Ein donnerähnliches, weitschallendes Gelächter erfüllte auf des Ritters Antwort den Raum, und einer von den Teufeln sprach: „Armes Menschenwürmlein, ein Druck dieser Hand genügte, Dir den Garaus zu machen, und Du willst unsere Kräfte prüfen? – Aber, wohlan, wir wollen Deinem Wunsche willfahren, nur versprich uns, im Falle Du verlierst, der Unsere zu sein mit Leib und Seele."

„Das verspreche ich", antwortete der Ritter, „doch zuerst muß ich mir Denjenigen auswählen von Euch, welcher der schnellste ist. Sage mir, wie schnell bist Du?" und er wandte sich an den Ersten.

„Ich bin so schnell, wie die Kugel aus dem Rohre", war dessen lakonische Antwort.

„Da bist Du nicht der Rechte. Denn Du bist mir zu langsam. Mein Rappe, der draußen auf mich harrt, ist viel schneller und flüchtiger als Du." –

„Laß hören, wie schnell Du bist", sprach er jetzt zum Zweiten.

„Ich besitze die Schnelligkeit des Sturmwindes und vermag den Boden so schnell zu pflastern, als Dein Roß im wildesten Ritte ihn aufwirft", antwortete dieser.

„Auch Du bist mir noch zu langsam und ich kann Dich zur Wette nicht brauchen; aber," sprach abermals der Ritter, indem er sich an den dritten Teufel wandte, „ich möchte wissen, wie schnell Du bist?" –

„Wie der Gedanke, so schnell bin ich", war dessen Antwort.

„Gut", sagte der Reiter, „Du bist der rechte Mann, mit Dir will ich wetten. Der Preis der Wette ist bereits bestimmt, es gilt meine Seele. Morgen, wenn die Turmuhr unten im Tale die elfte Stunde verkündet, reite ich vom Fuße des Berges aus, durch Dörfer und Städte. Du aber baust eine 100 Ellen hohe Mauer, und wenn Du mich, sobald der erste Hahn kräht und die Morgenstunde verkündet, mit dem Baue derselben eingeholt hast, habe ich die Wette verloren. Umgekehrt gilt von Dir das Gleiche."

Ein höhnisches Lachen und leichtes Kopfnicken des Teufels drückte nur allzudeutlich aus, daß er mit dem Vorschlage des Ritters zufrieden sei. Dieser aber schritt zu seinem Rappen, schwang sich wieder in den Sattel und war schon vor den Augen der erstaunten Teufel verschwunden . . .

Wieder war die Nacht gekommen. Über die Jeschkenhöhen ergoß der bleiche Mond sein Silberlicht und erhellte weithin die Täler, Auen und Berge. Über dem weiten schönen Land aber lag tiefe, träumerische Ruhe, denn der süße Gott des Schlafes hatte alle Bewohner in seinen Arm genommen und mit seligen Träumen umfangen. Am Fuße des Jeschkenberges aber stand der Reiter in einen langen dunklen Mantel gehüllt. Eben verkündete die Turmuhr im Tale die elfte Stunde, als er dem Rosse die Sporen eindrückte und wie der Sturmwind pfeilschnell dahinjagte. Das Roß schien Flügel zu haben, so rasch stürmte es talwärts, weit ins Land hinein.

Oben am Jeschkenberge aber trat zur selben Minute aus seiner düstern Felsenhöhle der Teufel. Er wollte die Wette wagen. Im Nu hatte er einige umherliegende Felsblöcke zusammengerafft und begann nun mit unglaublicher Schnelligkeit seine gewaltige Arbeit, nämlich den Bau einer Riesenmauer, den er früher vollendet zu haben glaubte, als der Ritter seinen verwegenen Ritt. Es schienen dem Teufel tausend Geisterhände zur Arbeit behilflich zu sein, denn in wenigen Minuten stand schon eine feste, 100 Ellen hohe Felsmauer da und lag bedeutendes Material zum Weiterbaue in Bereitschaft.

Immer schneller und eifriger baute der Teufel und die Mauer wuchs zusehends. Der Schweiß lief dem Arbeitenden in großen Tropfen von der Stirne. Da schlug der donnernde Hufschlag des Reiters an sein Ohr und mahnte ihn zu noch rascherem Tun, denn schon hatte die Turmuhr des nahen Landstädtchens dreiviertel auf zwölf geschlagen und war der Reiter dem Teufel noch um ein Bedeutendes voraus. Die Mauer war aber schon mehrere Meilen lang.

Da auf einmal gewahrte er dicht vor sich den Reiter, wie er sein müdes Roß zu neuem Ritte antrieb. Nun sah er bald die Wette gewonnen und mit höhnischem Lachen rief er ihm zu: „Ist Dein Gaul müde, wart' ein wenig, ich will ihn schon zum Gehen bringen." Kaum aber waren dem Teufel diese Worte entflohen, so krähte der Hahn im Dorfe. Wie erstarrt stand der Teufel still, als er den Hahnenruf vernahm und den Reiter nur wenige Schritte noch vor sich erblickte. „Ha!" rief er und mit zorniger Faust schleuderte er die gewaltigen Felsstücke auf den Boden, daß sie sich zu einem riesigen Berge auftürmten. „Ha! so hat mich also mein Glück betrogen! – Verfluchtes Menschenvolk!"

Sprach's, und während der Reiter ihm lachend zurief, warum er an der Mauer nicht weiter bauen wolle, enteilte er, schnell wie der Sturmwind, zurück zu seinen nächtlichen Genossen auf den Jeschken. Der Reiter aber verschwand aus der Gegend, geheimnisvoll wie er gekommen, und niemand weiß bis zur Stunde anzugeben, wer er gewesen. Aber auch die drei Teufel ließen sich nicht mehr sehen, und seit Jahrhunderten ist ihre Spur verschwunden . Nur die Mauer, die der Teufel während jener Stunde gebaut, in welcher er die Wette verlor, ist die einzige Erinnerung an diese furchtbaren Gesellen. Der ganze Höhenzug, der sich vom Jeschken bis zum Berge Bösig erstreckt, soll das nächtliche Werk des Teufels sein.

Der Todtenhain

Nicht weit Raspenau, einem reizend gelegenen Dorfe in der Nähe von Friedland, erhebt sich ein anmutiger Waldhügel, größtenteils von prächtigen Buchenstämmen bewachsen, der „hohe Hain" genannt. Am Fuße dieses Hügels, und zwar auf der Nordwestseite desselben, dort, wo die Lomnitz ihr dunkles, reißendes Gewässer dahintreibt, erstreckt sich zu beiden Seiten der romantischen Ufer ein dunkelgrüner Fichtenwald. Mitunter befindet sich daselbst ein saftiggrüner Rasenplatz oder ein schwellender Mooshügel, welcher den Wanderer zur Ruhe einladet. Dieser Wald mit seinen lauschigen, stillen Plätzchen trägt den Namen Todtenhain; und dies nicht mit Unrecht.

An der Stelle nämlich, wo sich dieser Wald befindet, durch dessen heimliches Dunkel die schnelle Lomnitz dahinschäumt, stand vor etwa 200 Jahren ein liebliches Dörflein, bewohnt von fröhlichen und glücklichen Menschen. Wie mag das wohl gekommen sein, wird nun der Leser fragen, daß heute an Stelle dieses Dorfes ein großer schöner Wald wächst, wo Rehe grasen und Adler nisten? – Das ging so zu:

Im Jahre 1679 wütete eine verheerende Pest in Europa, die man gemeiniglich mit dem Namen der „Schwarze Tod" bezeichnete. Welch' große Opfer dieser Seuche während der Zeit ihrer Dauer an einzelnen Orten gekostet, wo sie mit ganzer Vehemenz gewütet, das weisen die Annalen der betreffenden Städte und Länder auf. Viele tausend Menschen erlagen dieser Seuche an einem Tage, so in Palermo auf Sicilien mehr denn 30000 Menschen, in Neapel, in Rom, aber auch in Wien und anderen Orten der österreichischen Monarchie, in Deutschland, Frankreich und England noch mehr.

Um jene Zeit zeigte sie sich auch in Nordböhmen, und zwar in der Friedländer Gegend äußerst stark. Bald grassierte sie im weiten Umkreise, am stärksten und heftigsten aber in Lanzenau (Lomnitzau), dem spurlos verschwundenen Walddorfe. Dasselbe starb buchstäblich aus und nicht ein einziger Einwohner soll dem Tode entronnen sein. Das ganze Dorf war ein Friedhof, auf welchem verpestete Leichen lagen. Da gab der damalige Besitzer von Friedland, zu dessen Domäne das Dorf gehörte, den Auftrag, alle Wohnungen, mit allem, was sich drinnen vorfinde, anzuzünden. Das geschah auch und das ganze Dorf wurde niedergebrannt. Die Leute mieden seitdem diese furchtbare Stätte des Todes und allmählich wuchs nun daselbst ein Wald empor, der keine Spur mehr verraten läßt, daß sich hier jemals eine Wohnstätte der Menschen befunden hat. Nur an einer Stelle, nämlich dort, wo ein wunderschöner Buchenbaum seinen weitverästeten, frischgrünen Blätterwipfel erhebt, läßt sich noch eine Spur erkennen, daß einst daselbst Menschen gewohnt haben mögen. Es breitet sich nämlich ein prächtiger Rasenplatz rings umher aus, wo einst ein Gasthaus gestanden haben soll. Vielleicht daß damals unter dieser schönen mächtigen Buche sich die Jugend des Dorfes versammelte, um heitere Spiele zu spielen oder muntere Reigentänze aufzuführen. Jetzt rastet nur ein Waidmann oder eine lustige Gesellschaft unter dieser Buche, wenn sie den Wald passiert, oder wandeln grasende Rehe in stillen, mondhellen Sommernächten vorüber.

Der ackernde Teufel

Das alte, berühmte Schloß Friedland, das so reich ist an historischen Denkwürdigkeiten jeglicher Art, erhebt sich auf einer Anhöhe, die an ihrem Südostabhange eine jener seltsamen Steinformationen zeigt, die dem Volke wegen ihrer eigentümlichen Gestaltung reichlichen Stoff zur Sage geben. Es befinden sich nämlich dort mehrere furchenartige Einschnitte in der aus Basaltsteinen gebildeten Felswand, die große Ähnlichkeit mit jenen Steinschichten verraten, welche sich häufig als mächtige Felsablagerungen in vulkanischen Gegenden vorfinden.

In uralter Zeit wohnte auf dem Schlosse Friedland ein mächtiger Ritter, der nichts mehr liebte als Weiber, Wein, Würfel und Kartenspiel. Tage und Nächte lang saß er im hohen Burggemache am grünen Tische. Einige gleichgesinnte Zechgenossen leisteten ihm Gesellschaft. Um alles das, was in der weiten Welt vorging, kümmerte er sich gar nicht. Daß es auch mit der Frömmigkeit bei ihm nicht weit her war, läßt sich leicht denken, und den Teufel führte er öfter im Munde als den Namen Gottes.

Einstmals nun saß er, es war an einem schwülen Sommerabende, am Tische und spielte lustig darauf los. Er schien fröhlicher zu sein, denn je; und obwohl er beständig Unglück hatte (denn ein Goldstück nach dem andern wanderte zu den Geldhaufen seiner Spielergenossen), so vermochte doch das Mißgeschick nicht seine gute Laune zu stören, ein tüchtiger Schluck aus dem Humpen, der immer gefüllt neben ihm stand, machte ihn den Verlust vergessen.

Die Spieler vertieften sich immer mehr und mehr in ihr Spiel und bemerkten nicht, daß mit der tieferen Nacht allmählich ein schweres Unwetter herannahte und dichte Wolkenmassen sich über die weite waldige Gegend lagerten. Auch bemerkten sie nicht das leise Aufzucken der Blitze.

Da trat plötzlich ein Diener in den Saal und meldete die Ankunft eines fremden Mannes, der um gastliche Aufnahme vor dem herannahenden Unwetter bat. Jetzt erst gewahrten die Spielenden mit Staunen den wetterschwangeren nächtlichen Himmel.

„Führ' den Fremden herein", sprach der Burgherr zum Diener, „möcht wissen, wer er ist."

Der Diener entfernte sich und trat nach wenigen Augenblicken mit dem Fremden in den Saal. In den scharfgeschnittenen Gesichtszügen des Mannes lag etwas Außergewöhnliches. Auch verrieten der schwarze Vollbart, die dunklen Augen mit den stechenden Blicken sowie das schwarzgelockte Haupthaar und die Tracht nur zu deutlich die südländische, fremdartige Abkunft.

Freundlich lud der Ritter ihn zum Sitzen ein. Der fremde Mann leistete bereitwilligst der Einladung Folge und legte die dunkle Samtmütze mit den roten Federn sowie den Mantel ab.

„Habt Euch wohl verirrt? Denn Ihr seid ohne Zweifel ein Welscher, den ein unglücklicher Zufall in diese Gegend führt –" begann abermals der Ritter.

„Wohl, freundlicher Herr", antwortete mit dem Kopfe nickend der Ankömmling, „ich komme aus Welschland, wo meine Wiege gestanden, und nur ein Ohngefähr führte mich in diese öde verlassene Gegend, wo mich jetzt das drohende, schwere Unwetter überraschte und an der Weiterreise hinderte."

Eben hatte der Fremde diese Worte ausgesprochen, als der Sturm die ersten großen Regentropfen an's Fenster warf, so daß die Scheiben laut erklirrten.

„Ihr seid uns sehr willkommen. – He!" und er wandte sich an einen der bereitstehenden Diener, „ein Stück Wildbret und einen Humpen für den neuen Gast!" –

Dieser lehnte jedoch das Essen ab und begehrte nur einen guten Schluck für seine durstige Kehle.

„Könnt Ihr spielen", sprach nun der Eine der Ritter zu dem Fremden, „so leistet uns Gesellschaft, es wird Euer Schade nicht sein."

Der Fremde bejahte es; und von Neuem wurden nun die Karten gemischt und der Humpen gefüllt. Unbekümmert um das Unwetter, welches draußen immer heftiger tobte, begannen sie jetzt das Spiel. Bald klangen die Goldstücke und rollten die Würfel. Mit dem Fremden schien auf einige Zeit das Glück zum Burgherrn zurückgekehrt zu sein, denn in kurzer Zeit hatte er das Verlorene zurückgewonnen, bald aber verlor er von Neuem, während sich bei Jenem allmählich die Goldstücke häuften. Die Wolke des Mißmut's lagerte sich auf die Stirne der Verspielenden, als sie ihr schönes blankes Gold in den Beutel des Fremden wandern sahen, und mehr als ein verdächtiger Blick von Seite der Ritter fiel auf ihn.

„Wahrhaftig, der Teufel selbst kann nicht mehr Glück haben, als Ihr", sprach der Burgherr voll Mißmuts zum Fremden, der mit einem höhnischen Lächeln den Sprecher angrinste, während sein Auge glühte und funkelte.

„Aber", fuhr der Burgherr zu den Rittern gewendet fort: „Was liegt an der verlornen Summe! Bin ich doch der Burgherr von Friedland und den Mauern meines Schlosses kann niemand so leicht etwas anhaben, und wäre es der Teufel selbst, der an ihnen seine Kraft erproben wollte. – Hahaha! –" und er lachte grimmig auf.

Der Fremde hingegen blickte den Burgherrn verächtlich an; alsdann sprach er: „Ihr irrt Euch, Herr, mit einem Pfluge und zwei Rossen will ich in die Steinwand, auf der Euer Schloß steht, mächtige Furchen ziehen." –

„Wenn Ihr das könnt", antwortete der Burgherr, „so will ich Euer Sklave werden auf immerdar."

„Euer Wort gilt", anwortete der Fremde.

„Es gilt! Und wenn Ihr der Teufel selber seid –", er wollte weiter sprechen, aber ein mächtiger Donnerschlag erschütterte die Grundfesten der Burg und machte den Ritter mit einem Male verstummen. Entsetzt sprangen die Spieler von ihren Sitzen und starrten nach dem Fremden hin, der plötzlich verschwunden war. An der Stelle, wo er gesessen, erblickten sie eine leichte Nebelwolke. Der Burgherr selbst aber lag, vom Blitze getroffen, kalt und leblos am Boden.

Draußen tobten indeß die Elemente immer gewaltiger, als wollten sie die Schöpfung ins Ursein zurückschleudern.

Da stürzten ohne Atem einige Diener plötzlich herein und berichteten mit Grausen, wie der fremde Mann beim grellen Blitzesschein mit einem von zwei Rappen bespannten Pfluge die Steinwand hinabfahre und gewaltige Furchen in die felsige Fläche ackere.

Am nächsten Morgen, als die Schreckensnacht vorüber war, erblickten die erstaunten Umwohner richtig die Furchen in dem Basaltfelsen. Es war nun auch ganz außer Zweifel, wer der nächtliche Gast im Schlosse gewesen und warum der Burgherr eines so plötzlichen Todes gestorben.

Die Erscheinung

Bei Schönwald in der Nähe von Friedland, dort, wo sich jetzt der Fasanengarten des Grafen Clam-Gallas befindet, erhob sich einst vor vielen Jahrhunderten ein altes, prächtiges Ritterschloß, von dem jetzt kaum noch die Trümmer zu sehen sind. In diesem Schlosse hauste, so erzählt der Volksmund, ein jagdlustiger, tapferer, aber auch sehr gewalttätiger Rittersmann.

In manchem Turniere hatte er sich durch seine Kühnheit und Stärke ausgezeichnet; Paris, Salamanka, Mailand und Creçy, wohin er seinen ritterlichen und abenteuerlichen König Johann den Blinden begleitet hatte, wußten von ihm zu erzählen.

Seitdem aber die Jahre hohen Alters seine dunkelbraunen Locken gebleicht und die Haare weiß geworden waren, mußte er freilich die Turniere meiden, und fast mürrisch saß er zu Hause am Kamine, in Gedanken an vergangene Zeiten versunken. Und nur im Herbste, wenn der Schnee sein Bahrtuch über Wald und Flur breitete, durchstreifte er die Wälder, Eber und Hirsche verfolgend.

So kehrte er denn eines Abends müde und abgespannt, von seinem Dienertrosse begleitet, von der Jagd zurück.

Da trat ihm am Eingange in den Burghof ein in Lumpen gehüllter Bettler entgegen, der ihm flehend die Hände entgegenstreckte und um ein Almosen und um Nachtherberge bat. Zornig stieß der Ritter den Alten zum Tore hinaus.

In derselben Nacht nun, als der Ritter in tiefem Schlafe lag, schritt durch das Schlafgemach zu seinem Bette eine Menschengestalt, ganz ähnlich der jenes Bettlers, welchen der Burgherr am Abende in die kalte, stürmische Herbstnacht hinausgestoßen hatte. Vor dem Lager blieb die Gestalt stehen und berührte mit den mageren, kalten Händen die Stirne des Ritters, der vom Traume erwachend, schaudernd die Gestalt anstarrte. Ein Schrei des Schreckens entfuhr seinem Munde, als er den Bettler vom vorigen Abend zu erkennen glaubte. Er sprang aus dem Bette. Die Erscheinung verschwand . . .

Noch dieselbe Nacht mußten die Diener das ganze Schloß durchsuchen, aber vergeblich, man fand keine Spur von dem Bettler. Erst am anderen Morgen wurde die erfrorene und halbverschneite Leiche des fremden Bettlers mitten im Walde aufgefunden. Er war den Mühsalen des Lebens erlegen.

Wie ein Fluch aber lastete es seit jener Begebenheit auf dem Gemüte des Ritters. Die Gestalt des Bettlers schien ihn überall hin zu verfolgen. Umsonst suchte er sein Gewissen, das ihn wie ein nagender Wurm quälte, zu beschwichtigen, und so oft er sich zur Ruhe legte, erschien ihm, und zwar immer zur selben Zeit, diese Erscheinung. Auch anderen Personen des Schlosses ward sie sichtbar.

Da beschloß endlich der Ritter, das Schloß zu verkaufen; aber jeder Käufer wurde durch die Erscheinung, die sich alle Abende und zwar zur selben Zeit immer zeigte, davon abgeschreckt. Nun verfiel der greise Ritter in unheilbaren Irrsinn, der ihn bald da, bald dorthin trieb, bis er zuletzt eine Fackel ergriff und diese in den Turm schleuderte, wo sofort die helle Flamme emporloderte. Der prächtige große Bau wurde ein Raub des Feuers und sank in Trümmer. Und ganz ähnlich jenem großen Könige im Altertume Sardanapel, der sich samt seinen Weibern und Schätzen in die Flammen stürzte, warf sich auch unser Ritter in die todbringenden Flammen und verbrannte. Der Ort, wo das Schloß gestanden, ist nun so ziemlich wüst und öde, und es ist, als lastete noch der Fluch jener Tat auf ihm.

Die Alte vom Berge

In der Nähe von Oberwittig liegt hart an der sächsischen Grenze der sagenhafte Kikelsberg, auf dem vor alten Zeiten die Alte vom Berge ihr Wesen trieb. Es war dies eine seltsame, launenhafte Frau, die durch ihre wunderliche Erscheinung die Umwohnenden oft in Furcht und Schrecken versetzte, bisweilen aber auch in Tagen der Not und Bedrängnis, welche auch unsere heimatlichen Täler nicht verschonen, als ein rettender Engel erschien. Deshalb ist sie auch heute noch lebhaft in dem Gedächtnisse der Leute, obgleich mit den dunklen Föhren- und Fichtenwäldern, die sich einst dort erstreckten, wo jetzt saatenreiche Fluren und blumige Wiesen ihre bunte, farbenschöne Pracht entfalten, auch die sonderbare Frau verschwunden ist. Nur in kalten, stürmischen Winternächten sitzt bisweilen noch beim schnurrenden Spinnrade eine Mutter und erzählt ihren lauschenden Kindern das schöne Märchen von der guten Frau, von der Alten vom Berge. Wenn dann draußen um das kleine beschneite Haus der Nordsturm braust und an der hölzernen Türe oder am engen Kamine rüttelt und die grünen Tannenreiser an die zugefrorenen Scheiben drückt, dann vermeinen sie wohl, es poche und klopfe die gute Alte, Einlaß begehrend. Aber sie kommt nicht mehr, seit es die Menschen mit ihr so böse meinten, mit ihr, die es einst mit ihnen so gut gemeint hat. Wie das zugegangen, will ich dem Leser hier erzählen.

Vor alter Zeit, als rings im weiten Böhmerland große Teuerung, Krankheit und Hungersnot herrschte, da stand wo im Walde ein einsames Haus, bewohnt von einem armen Leinweber und seiner kleinen Familie. Es war ein stürmischer, trüber Herbstabend, und der nahe, damals noch dichtbewaldete Kikelsberg war in eisige Schneewolken gehüllt. Der Nordwind fuhr schnaubend durch die Waldwipfel, als wollte er alle die mächtigen, himmelanstrebenden Baumriesen zerbrechen und ins Tal hinabschleudern.

In der niedern, ärmlichen Stube des Leinwebers herrschte tiefe Stille, nur das Spinnrad der Frau, welches in der Nähe des Ofens stand, schnurrte seine eintönige Weise, denn emsig drehte die Hausfrau den feinen Faden zwischen ihren abgezehrten Fingern, während am morschen, hölzernen Tische der Mann saß, das bleiche, traurige Haupt auf die Hand gestützt.

Hätte das kleine Öllämpchen am Tische heller gebrannt, man hätte wohl auf der Wange des sinnenden Mannes eine große Träne bemerken können, sowie das wehmütige Zucken der Gesichtsmuskeln, welches seinen Kummer nur allzudeutlich verriet.

Auch die zwei kleinen Knaben, die in der Stube saßen und gierig an einer harten Brotkrume nagten, waren gegen die Gewohnheit der Kinder still und ruhig, und nur bisweilen richteten sie ihre großen blauen Äuglein zur Mutter empor, als verstünden auch sie des Lebens Leid und Wehe.

Dieses war das seltsame Familienbild in dem einsamen Häuschen im Walde. Die schmerzliche Stille im Innern stand in großem Kontraste mit dem tobenden Aufruhre der Elemente draußen . . .

Endlich erhob der Mann, nachdem er die Träne mit seiner rauhen Hand von der bleichen Wange abgestreift hatte, sein Antlitz und sprach: „Weib, ich hab's, – nicht länger können wir und unsere Kleinen hungern. Ich will das Äußerste tun, denn die Not bricht Eisen, Gott wird mir's verzeih'n –"

Ein wehmütiger Blick der Frau traf das düstere Auge des Mannes; erschrocken starrte sie ihn an.

„Ich werde ein Schmuggler", fuhr er fort, „das Schmuggeln ist noch der einzige lohnende, wenn auch verbotene Erwerb."

„Tue mir und den Kindern das nicht an", begann jetzt die Frau mit rührender Stimme, „wenn Dich die Grenzjäger fangen, so –"

„Pah!" sagte er, „dann ist's auch noch Zeit zum Verhungern, liebes Weib, und" – er wollte weiter sprechen, als es plötzlich heftig an das Fenster pochte. Lauschend hielt der Mann in der Rede inne – „das ist nicht der Sturmwind, das ist ein verirrter Wanderer, der an die Stätte der Not und des Elends ein Asyl in dieser schrecklichen Nacht sucht", sprach die Frau, „ich will hinausgehen und die Türe öffnen."

Sie ging, und bald klirrte der Türriegel und gefolgt von einem greisen Mütterlein, trat sie in die Stube.

Beim Anblicke der alten, ärmlich gekleideten Frau klammerten sich die erschrockenen Kinder an die Schürze der Mutter und mit ängstlichen Blicken starrten sie das Weibchen an, das nun vor Frost und Kälte zitternd um ein Nachtlager bat. „Ich komme", sprach die Alte, „vom Berge drüben und wollte noch ins Dorf hinab. Der Schneesturm und der Nebel aber hinderten mich am Wege und nahe daran, zu erfrieren, bemerkte ich den Schimmer Eures Lichtes und mühsam schleppte ich meine ermatteten Glieder bis hierher. Habt also Mitleid mit mir Armen!"

„Ihr seid uns willkommen, Mütterchen", sprach der Mann; „aber wir können Euch nichts bieten, was Euere ermatteten Glieder stärken könnte, wir nagen alle am Hungertuche. Die Not, die uns nie verläßt, ist unsere stete Haushälterin und der Hunger unser Gast, nur einen kargen Rest vom Mittagbrote können wir Euch bieten."

Dankend lehnte die Alte dieses ab und erklärte, daß die Wärme des Ofens ihre starren Glieder mehr erquikken werde, als Speise und Trank, und sie setzte sich alsdann neben die Frau auf die hölzerne Bank.

Gar Vieles erzählte die seltsame Alte nun den Hüttenbewohnern, und die furchtsamen Kleinen betrachteten scheu die wunderliche Erzählerin.

Schon begann das Lämpchen zu erlöschen, als man sich zur Ruhe legte. Für das Mütterchen war eine Streu in die Stube gemacht, auf der, obgleich dies ein hartes Lager für alte, müde Glieder war, sie nur allzubald der süße Gott des Schlafes umschwebte. Und während draußen der Sturm fort und fort tobte, gossen Genien in das Herz der Schlummernden Trost und Ruhe und zeigten ihnen das Paradies verspäteter Wünsche, das Eden ihrer Träume, und sie sahen vor sich, wie die sehnenden Insulaner, das Tal ihrer Brotfruchtbäume.

Die Nacht verging, und der Morgen breitete seinen blassen Dämmerungsschleier über die weithin verschneite Gegend. Auf dem einsamen Pfade, welcher durch einen kleinen Wald in das Dorf Oberwittig führte, schritt die Alte, welche in der Hütte Nachtherberge gesucht. Sie war aufgebrochen, noch ehe der helle Tagesschein die düstere Nebelhülle, die den Kikelsberg umhüllte, durchbrach.

In der Hütte aber herrschte auch an diesem Morgen die trübe Stimmung vom verflossenen Abend. Geräuschlos ging die Frau an ihre häuslichen Arbeiten, während der arbeitslose Mann finstern Blickes durch die mit Eisblumen verzierten matten Fensterscheiben starrte.

Eben wollte er, wie es schien, den Faden des gestrigen Gespräches wieder anknüpfen, als ihn der laute Freudenschrei seiner Frau unterbrach.

Erschrocken wandte er sich um, und sein erstaunter Blick fiel auf seine Frau, die unter dem Lagerkissen, auf dem das Haupt der Alten geruht, eine Rolle Dukaten hervorzog und dem sprachlos dastehenden Gatten entgegenhielt. Lange konnten sie nicht zu Worte kommen; unwillkürlich drängte sich ihnen die Frage auf, wie die Alte zu dieser Geldsumme gekommen sein mag; endlich fiel es dem Manne ein, daß er oft im Dorfe unten von der Alten vom Berge vernommen habe, die einstmals auf ähnliche Weise einer armen Familie Hilfe geleistet. Jetzt erst fiel ihnen die seltsame, wunderliche und doch so geheimnisvolle Gestalt der Greisin auf, die so Vieles und Märchenhaftes gestern am warmen Ofen erzählt hatte. Als sie sich im nächsten Dorfe noch am selbigen Tage nach der Frau erkundigt hatten, wollte sie dort niemand gesehen haben. Bald war jeder Zweifel gänzlich gelöst, als sie Kunde erhielten, daß sie auch in andern Häusern, wo Not und Elend herrschte, erschienen und bald dürre Reiser oder Laubblätter, die sich nach ihrer Entfernung in Gold verwandelten, verschenkt hatte.

So war die Alte vom Kikelsberge für Oberwittig und Umgebung zu Zeiten ein rettender Genius, bis einmal eine böswillige Frau, der sie einen nie endenden Garnfaden geschenkt hatte, sie beschimpfte. Seit jenem Tage wurde sie nirgends mehr gesehen, und nur der Mund des Volkes erzählt noch mit Rührung von der geheimnisvollen Retterin aus der Not, von der Alten vom Berge.

Die Sage vom Hufeisen an der Stadtkirche zu Friedland

In das Gitter eines Fensters der Stadtkirche zu Friedland ist ein schöngeformtes Hufeisen eingefügt. Wahrscheinlich ist es das Wahrzeichen einer Bruderschaft der tätigen Nächstenliebe, die unter dem aufklärerischen Kaiser Joseph II., dem Sohne Maria Theresias, an die Stelle einer früheren Rosenkranzbruderschaft getreten war.

Diese nüchterne, historische Erklärung genügte jedoch der Volksphantasie nicht. Eine Sage rankte sich um das geheimnisvolle Hufeisen im Fenstergitter, die den Ursprung dieses Zeichens ins späte 16. Jahrhundert zurückführte.

Im Jahre 1558 wurde die Herrschaft Friedland samt den Städtchen Reichenberg und Seidenberg, dem wohlbekannten Übergangsort von der Oberlausnitz her, von einem Herrn von Redern erworben, dem kaiserlichen Stellvertreter oder Viztum in Breslau, der sich durch eine Urkundensammlung um die Geschichte der schlesischen Hauptstadt verdient gemacht hat. Sein 3 Jahre zuvor geborener Sohn Melchior wurde nach Besuch der Fürstenschule St. Afra in Meißen und deutscher und italienischer Universitäten schließlich ein „kriegserfahrener Oberst", der in kaiserlichen Diensten gegen Holländer und Russen, vor allem aber gegen die Türken sich auszeichnete und dafür in verhältnismäßig jungen Jahren – er starb 1600 erst 45 Jahre alt – Reichsfreiherr, Generalfeldmarschall und Hofkriegsratpräsident wurde. Mit kaiserlicher Bestätigung wurde er außerdem alleiniger Herr von Friedland und damit Lehnsherr von mehr als 20 adligen

Vasallen. Als solcher hat er den Bergbau auf Zinn gefördert und dazu die kleine Bergstadt Böhmisch-Neustadt angelegt. Unwillkürlich denkt man bei diesen mannigfältigen Verdiensten an den Nachfolger derer von Redern in der Herrschaft Friedland, an Albrecht von Wallenstein.

So licht das Andenken an den Türkenbesieger und sorgenden Gebietsherrn Melchior von Redern bei den Friedländern geblieben ist, so düster ist das Bild, das die Überlieferung von seiner Gattin gezeichnet hat. 1582 hatte Melchior Katharina, Gräfin von Schlick, geheiratet. Die Erzählungen von ihr schildern sie als eine harte, erbarmungslose Herrin, die in den langen Jahren der Abwesenheit ihres Gatten im Türkenkrieg ihre Untertanen auf alle Art bedrückte und infolgedessen von den Bürgern Friedlands wie der Teufel gefürchtet wurde. Wo man ihrer nur ansichtig wurde, ging man ihr aus dem Wege. So ritt sie einst wieder durch menschenleere Straßen und Gassen ihres Städtchens Friedland zum Gottesdienst in der Stadtkirche, fand aber an der Kirchentür die unvermeidlichen Bettler, die dort auf milde Gaben hofften. Die vornehme Reiterin auf schwarzem Vollbluthengst sah sich von den Bittenden umdrängt, und um sich des Ansturmes des Elends zu erwehren, befahl sie ihrer Begleitung, das Bettelvolk auseinanderzutreiben. Nur ein alter Mann leistete flehend Widerstand, und als die Gräfin in höchstem Zorn darüber ihrem Hengst die Sporen gab, schlug das Pferd so heftig mit den Hufen aus, daß eines der Eisen sich löste und, von der Kirchenmauer zurückprallend, den Alten tödlich an der Stirn traf. Entsetzt soll die Gräfin in wildem Galopp auf ihr Schloß zurückgeritten sein und das Städtchen lange Zeit gemieden haben. Das verhängnisvolle Hufeisen aber wurde in ein Fenstergitter der Stadtkirche eingeschmiedet.

So deutete die Sage das merkwürdige Hufeisen. Der einzige Sohn und Erbe des gräflichen Paares, Christoph von Redern, kämpfte 1620 auf seiten des unglückseligen Winterkönigs Friedrich von der Pfalz in der Schlacht am Weißen Berge bei Prag und verlor dadurch mit allen seinen Besitzungen auch die Herrschaft Friedland, die danach von Wallenstein erworben wurde und durch ihn weltbekannt geworden ist. Die Gräfin ging mit dem Sohn in die Verbannung, und niemand weiß, wann und wo sie ihr Leben beschlossen hat.

Herbert Roeder

Der Nachtjäger

Viele Leute wollten nicht an den Nachtjäger glauben; ich habe ihn selber jagen hören.

In Christianstal lebte einmal ein Glasmacher, der glaubte an nichts. Als er sich einmal am Feierabend vor der Hütte wusch und es schon finster war, hörte er im Dunkel über sich den Nachtjäger hinziehen. Spottend rief er hinauf: „Mir auch ein Viertel!“ Und sofort sauste aus der Höhe etwas Schweres herunter und ihm vor die Füße.

Dem Mann knickten die Knie ein und er sprang so geschwind in die Hütte hinein, daß die anderen Glasmacher alle sahen, er müsse sich über etwas entsetzt haben. Es war aber nichts aus ihm herauszubringen, und als man mit Licht hinausging, lag da vor der Tür ein Viertel Pferdefleisch. Man holte gleich den „Hüttenpater“. Der steckte das Fleisch an einen Spieß und hat den Jäger darauf so lange mit Gebeten beschworen, daß er es wieder holte.

Der Glasmacher hatte aber von der Zeit an ein kurzes Gedächtnis. Er ist darauf zu seinen Kindern gezogen, wo er bald gestorben ist.

Gustav Leutelt

Die befreite Jungfrau

Südlich von Tannwald, als Grenzscheide zwischen deutschem und tschechischem Sprachgebiete, zieht der Gebirgszug hin, der der Muchow heißt. In ihn verbannte man vor Zeiten einen bösen Geist, Muhu genannt. Daher der Name des aussichtsreichen, bis zu 786 Meter hohen Berges.

Einer seiner Felsgipfel, die Theresienhöhe, hatte früher die Bezeichnung Schafstein. Auf ihm legte sich einst ein Handwerksbursche, der von der Wanderung ermüdet war, zu kurzem Schlummer nieder. Kaum aber hatte er sich auf seinem grünem Lager ausgestreckt, als sich plötzlich an der Felswand eine Tür öffnete und dahinter eine gefesselte Jungfrau sichtbar wurde, die den Jüngling bat, einen ihm dargereichten Helm zu putzen. Wie sie sagte, könne sie nur dadurch von ihrem Bann erlöst werden. Der Handwerksbursche erfüllte ihr gern den Wunsch. Und als er mit seiner Arbeit fertig war, warf die Jungfrau die Fesseln von sich und trat aus dem Felsen heraus. Der gutwillige Befreier durfte sie zum Lohne für seine Tat als seine Gemahlin heimführen.

Wilhelm Müller-Rüdersdorf

Hinrollender Stein

Als zwei Männer aus Groß-Iser einmal über die Iserbrücke gingen, die kurz vor dem Walde nach Klein-Iser weist, sahen sie andauernd einen Stein vor sich herrollen. Der eine von ihnen fluchte darüber, worauf der merkwürdige Stein ins Wasser plumpste. Doch ob sie nun liefen, was sie konnten, sie kamen nicht vorwärts. Als der Fluchende aber von neuem ein paar kräftige Worte fallen ließ, waren sie mit einem Male am Ziel.

Wilhelm Müller-Rüdersdorf

Motiv vom Galgenberge — rechts das Watznauerhäusl

Zeichnung: J. Tattermusch

Der Steinesäger

Die kurze Geschichte weist auf einem mächtigen Stein hin, der im Hemmrichwalde, an der Straße nach Reichenberg, liegt. Er soll früher ein Meierhof gewesen, durch gerechten Fluch aber zur grauen Felsmasse verwandelt worden sein.

Auf dem Hofe, der ehemals hier stand, herrschte der reiche aber höse Oberinspektor Platz. Er war ein Tyrann für die Bewohner der gräflich Gallas'schen Herrschaften. Die Summen, die er brauchte, wußte er mit aller Härte von ihnen zu erpressen. Schon äußerlich spielte er sich als ein Strenger und Hochmütiger auf. Die ihm unterstellten Dörfler und Städter mußten ihm sklavische Ehrenbezeugungen erweisen, und wehe dem, der nicht schon hundert Schritt entfernt den Hut vor ihm zog! Er wurde eingesperrt und schonungslos durchgeprügelt. Gar zahlreich waren die verschiedenen Grausamkeiten, die Platz an den wehrlosen Untertanen verübte. Gott sei Dank, blieben sie ihm nicht unberechnet!

An einem Gewitterabend nahte sich ein Pilger dem Meierhofe und bat um Unterkunft. Ganz gegen den bösen, schroff ablehnenden Sinn des Besitzers. Ohne Mitgefühl und unter Schlägen und Schimpfworten trieb ihn Platz aus dem Hause. Aber der Pilger war mächtiger als er. Er verwünschte ihn und bestimmte, daß er wegen seiner Missetaten im Hemmrichwalde Steine sägen solle. Und zwar in alle Ewigkeit. Sein Hof jedoch war seit dem Augenblick in Stein verwandelt.

Wilhelm Müller-Rüdersdorf

In der Neiße

Auch in der Neiße gibt es verschiedene Steine, bei denen man früher einen Wassermann erblickte, so vor allem im „Tumpe“ bei der Hoffmannschen Schlosserei in Gablonz.

Der Wassermann der Gegend soll sogar ein „Wasserweibl“ gehabt haben. Zur Dämmerzeit sah man, wie es in der Neiße Wäsche wusch. Sobald es aber einen Menschen gewahrte, sprang es sofort ins Wasser und verschwand.

Der Wassermann selbst trug eine grüne Matrosenjacke und eine rote Mütze. Alljährlich holte er sich aus dem Orte ein Opfer, und zwar meist ein unschuldiges Kindlein.

Um die Kinder vor seinen Anfechtungen zu schützen, mußten die Paten auf dem Taufgange beim Überschreiten einer Brücke oder eines Steges drei ungleiche Münzen ins Wasser werfen. Die Kinder selbst sicherten sich, wenn sie dreimal ins Wasser spien, ehe sie über einen Bach hüpften.

Wilhelm Müller-Rüdersdorf

Die Vertreibung des Quälgeistes

In der „Pietrecke“ in Morchenstern war bei einem Bauern ein Exekutionssoldat eingelegt, der auf der Bühne sein Nachtlager hatte. Jedesmal, nachdem er kaum seine Schlafstätte aufgesucht hatte, ging droben ein fürchterlicher Spektakel los. Der Soldat schlug mit seinen Waffen an die Kammerwände und an die Tür, daß alle Hausbewohner von dem Lärm wach wurden. Nach seinem lauten Treiben befragt, erklärte der Soldat, daß er den Alp vertreibe. Um folgenden Abend nahm er sich zur Abwehr eine Schere mit auf die Bühne.

Wilhelm Müller-Rüdersdorf

Wallensteins Schatz

Als sich Herzog Wallenstein im Jahre 1627 in Friedland aufhielt und eines Tages den oberen Burghof überschritt, sah er, daß an dem runden Hauptturm des Schlosses eine Leiter angelehnt war. Auf der obersten Sprosse stand ein Fußschütz vom Holkschen Regiment, umklammerte mit seinen Händen die eisernen Fensterstäbe des unteren Burgverließes und zwängte den Kopf durch das Gitterwerk. Allgemein ging das Gerücht, daß Wallenstein in dem finsteren, geheimnisvollen Verließe einen Teil seiner großen Schätze verborgen hielte.

„Was will der Schelm da oben?" fuhr der Herzog mit augenscheinlichem Verdruß den Soldaten an. Dieser, ein nicht minder schlauer wie verwegener Mecklenburger namens Ralf Asmund, stieg die Leiter herab, stellte sich keck vor Wallenstein hin und erwiderte: „Wollte mal Eure Goldfüchse sehen! Geht aber nicht, dieweil Ihr Euch eine so nachtfinstere Schatzkammer ausersehen habt."

Über das harte Gesicht des Herzogs zog ein Lächeln, und er befahl, dem neugierigen Fußschützen das Verließ zu öffnen und ihm Gelegenheit zu geben, den Schatz nach Herzenslust zu betrachten. Der Schloßvogt erfaßte sofort den Sinn seiner Worte und tat, wie sein Herr ihm geheißen. Und ebenso schnell wie sie sich öffneten, schlossen sich auch die schweren Türen hinter dem armen Mecklenburger. Das Verließ aber, in das er tappte, war – leer.

Am Abend berichtete man dem Herzog, daß Ralf Asmund eine Steinplatte des Kerkers aufgehoben habe und verschwunden sei. Von Schreck gepackt, eilte Wallenstein sofort selbst zum Turme und betrat mit einer Fackel das Verließ. Seinen Gedienten befahl er, zurückzubleiben und die Türen hinter ihm zu schließen.

Die große sternförmige Steinplatte, die der Fußschütz aufgehoben hatte und hinter der er verschwunden war,

Friedland – Wallensteinschloß

führte zu einem zweiten unterirdischen Raume. In ihn sprang auch der Herzog hinab, ein Beweis, daß er mit der Örtlichkeit gut vertraut war.

Im Scheine der Fackel zeigte sich ein enges, niedriges Gewölbe, an dessen linker Seite auf einem Mauervorsprung zwei eichenhölzerne Kästchen standen. Eins davon war geöffnet und vermutlich von hastiger Hand seines wertvollen Inhalts beraubt worden. Auf dem Boden des Gewölbes lagen eine Anzahl schwervergoldeter Ketten und Spangen, eine Schnur blitzender Perlen und mehrere mit Edelsteinen geschmückte Ringe umher. Der Dieb hatte sie offenbar beim Suchen im Finsteren herausgewühlt und nicht für besonders wichtig gehalten.

Doch Wallenstein beachtete sie kaum. Er machte sich sofort an das zweite Kästlein und überzeugte sich mit Befriedigung, daß es unberührt und wohl verschlossen war. Mittels eines kleinen Schlüssels öffnete er es, und bis an den Rand hin häuften sich sorgsam und dicht zusammengelegte Briefe und Schriften. Was sie enthielten, erfuhr niemand. Doch daß sie von besonderer Wichtigkeit sein mußten, bewies der Eifer, mit dem der Herzog danach griff und mit dem er Stück für Stück prüfte, um sie alsdann in seinem Wams verschwinden zu lassen und wieder davonzuschreiten.

Sein Weg führte jetzt über eine Treppe, die sich in einer Ecke des unterirdischen Raumes langsam abwärts senkte. Es war dies derselbe, den wenige Jahre später der geächtete Christoph von Redern benutzt haben soll, als er mit einer Schar von Getreuen abermals in seinem Väterschlosse erschien, die kaiserliche Besatzung überrumpelte und sich für kurze Zeit wieder in dessen Besitz brachte.

Dort, wo die Treppe zu enden schien, hemmte Wallenstein den Schritt – und vor ihm gähnte ein schauerlicher Abgrund, aus dem feuchte Luft heraufdrang und das

Brausen strömenden Wassers vernehmbar war. An der linken Seite befand sich abermals eine Tür. Der Herzog betrachtete sie scharf und gewann die Überzeugung, daß sie verschlossen und unbenutzt war. Befriedigt und mit den Worten: „Der Wicht hat den Weg verfehlt, und seinen Lohn gefunden", kehrte er schließlich auf seinem verborgenen Pfade in den Burghof zurück. „Sieh' bei Tagesanbruch nach dem Born", befahl er dem Vogt; „Ralf Asmund wird darin liegen. Und behalte, was du an ihm findest!"

Und er hatte sich nicht geirrt. Als der Schloßvogt am nächsten Morgen die Tür des Bornes öffnete, der in einer Tiefe von siebenundfünfzig Metern vom Flusse gespeist wurde, entdeckte er drunten den zerschellten und blutüberronnenen Körper des Fußschützen. In den Taschen hatte der Verunglückte fünfzig Goldstücke. Sie waren der Teil des Wallensteinschen Schatzes, den er für den wichtigsten und nützlichsten hielt.

Wilhelm Müller-Rüdersdorf

Der Wassermann in der Großen Iser

In den Bächen und Wasserbecken des Iser- und Riesengebirges hat man vor mehr als hundert Jahren den Wassermann häufig angetroffen. In letzter Zeit wurde er dort nur noch selten bemerkt. Ein Mädchen aus den Strickerhäusern erblickte im Iserfluß zwischen Strickerhäusern und Rochlitz einen Wassermann. Er saß gemächlich auf einem Steine, der als einer der größten aus dem Wasser der Iser hervorragte, und war ein feuerrot gewandetes zwergenhaftes Männlein, das eine Gurtjoppe und eine hohe, spitze Mütze trug. Als er das Mädchen bemerkte, verschwand er blitzschnell in dem Steingewirr und den schäumenden Wogen.

Wilhelm Müller-Rüdersdorf

Der Trauersteg

Es war zu Beginn des Dreißigjährigen Krieges, dessen erste schreckensvolle Stürme im böhmischen Lande tobten. Die Schlacht am Weißen Berge bei Prag war entschieden und Friedrich V. von der Pfalz, der Winterkönig, wie man ihn wegen seiner kurzen Regierungszeit spottweise nannte, besiegt und in die Flucht gejagt. Mit seiner Niederlage brach auch über seine Anhänger, zu deren viele böhmische Edelleute zählten, schweres Unglück herein. Kaiser Ferdinand II., der den Sieg gegen Friedrich V. davongetragen hatte, betrachtete sie als Anführer, zog sie zur Verantwortung und ließ sie, soweit er ihrer habhaft werden konnte, einkerkern. Am 21. Juni 1621 vollstreckte dann vor dem Altstädter Rathause in Prag der Henker das blutige Urteil an ihnen.

Zu denen, die die harte kaiserliche Strenge zur Untersuchung vorlud, gehörte auch Christoph II. von Redern. Er war Besitzer der Herrschaften Friedland, Seidenberg und Reichenberg und ein persönlicher Freund Friedrichs von der Pfalz. Da er der Vorladung vor die in Prag tagende Untersuchungskommission nicht Folge leistete, wurde er am 14. Juli 1622 in die Reichsacht getan und damit für vogelfrei und seiner sämtlicher Güter für verlustig erklärt.

Christoph von Redern wußte, was mit ihm geschehen würde, und hatte darum noch zeitig genug sein Heil in der Flucht gesucht. Freilich trug er im stillen die Hoffnung mit sich, daß er eines Tages wieder zurückkehren und seine böhmischen und lausitzischen Stammgüter wieder in Besitz nehmen könne. Die hohen Verdienste, die sich sein verstorbener Vater, der Feldherr Melchior von Redern, als Türkenbezwinger um das Kaiserhaus erworben hatte, begründeten seine Hoffnung. Vorerst war es nun

die Sorge des jungen Edelmannes, seine persönliche Freiheit zu sichern und dem Machtbereich des kaiserlichen Gerichts zu entrinnen. Tüchtig an Körper und Geist, tatenfroh und an Gefahren gewöhnt, blieb ihm zum mindesten die Aussicht, wie so mancher seiner Standes- und Schicksalsgenossen in fremden Kriegsdiensten Ehre, Ruhm und eine geachtete Stellung zu erringen.
Während er sich also mit dem Unheil, das über ihn gekommen, starken Mutes und schnell abfand, konnte seine verwitwete Mutter, Katharina von Redern, den harten Schlag nur schwer verwinden. Das düster schreckende Verhängnis und der fortwährende Gedanke an die Not der Heimatlosigkeit und an eine ungewisse Zukunft hatten ihren vielgerühmten soldatischen Mut ganz gebrochen. Das Schicksal ihres eigenen Sohnes, an dessen Lebenswerk sie selige, stolze Zukunftspläne geknüpft hatte, rührte wie ein Schwert an ihrem Herzen. Und nur in finstersten Farben sah sie im Geiste die Tage, die da kommen sollten. Nicht von der Seite des Sohnes zu weichen und mit ihm alle Entbehrungen und Schrecknisse zu tragen, war ihr fester Entschluß. Und so wanderte sie denn eines Tages neben ihm den rauhen, verborgenen Gebirgspfad dahin, der von dem erst wenige Jahre vorher gegründeten Orte Weißbach über die Iserhöhen nach Straßberg zieht und den der Geächtete sich zur Flucht erwählte. Tief gebeugt, hielt sie Schritt mit dem aufrecht gehenden und kühn dreinschauenden Sohne. Nur ein einziger treuer Knecht ging ihnen, scharf spähend, im unwirtlichen Walde voran.

Lange war man in ernstem Schweigen auf dem ermüdenden Bergstege dahingepilgert, als sich plötzlich zur Linken der dichte Hochwald lichtete und man über dunkelgrüne niedrige Vorberge in das langgedehnte Tal des Wittigbaches blicken konnte. Vom fernen Horizonte winkte den Flüchtenden ihre Friedländer Burg herüber, ganz in blendendes Sonnengold getaucht. Da stieg erneut das bittere Leid im Herzen der hartgeprüften Edelfrau auf. Und wehmutvoll dachte sie an die Zeit zurück, da sie drüben an der Seite ihres ruhmreichen, trefflichen Gatten so wunschlos glücklich war. Wie friedliche Wonne strahlten die Bogenfenster der Burgkapelle, in der Dank und Bitte des beglückten Paares zu Gott emporstiegen; freundlich dehnten sich hinter Wand und Fensterreih' die Räume, die der fürsorgliche Edelmann der jungen Ehegenossin und Mutter neu schaffen und prächtig ausstatten ließ, und drunten am Fuße des Schlosses schlief der Verewigte in der stillen Familiengruft seinen letzten Schlaf und stand das kostbare, mit vergoldeten Erztafeln geschmückte Denkmal, das sie dem liebevollen, verdienten Gatten, Vater und Kriegsmann errichten ließ.

Alles dies war nun nicht mehr ihr eigen und ihr für immer genommen. Ihren Traum, die stolze Burg an Sohn, Enkel und Urenkel zu vererben und einst friedlich und froh über ein blühendes Geschlecht von Nachkommen auf Schloß Friedland zu sterben und an der Seite ihres Lebensgefährten beigesetzt zu werden, sah sie ins trostlose Nichts zerrinnen. Und überwältigt von der Last, die selbst für ein starkes Frauenherz zu schwer war, brach sie mit tränendem Gram ohnmächtig in den Armen ihres Sohnes zusammen.

Zur Erinnerung an den Vorfall und an die Flucht, die schließlich zum sicheren Ziele führte, hat man den einsamen Gebirgspfad, den die Heimatlosen benutzten, den Trauersteg genannt. Dem Wanderer, der heute das waldreiche Isergebirge durchzieht, darf er als einer seiner schönsten und wechselreichsten Pfade empfohlen werden.

Wilhelm Müller-Rüdersdorf

Der Riese von Polaun

Die Dorfgemeinde Polaun führt ein Amtssiegel, das einen kraftvoll aufgerichteten Mann mit einer Keule darstellt. Er ist das Abbild des wilden Riesen Martin, der zu Beginn des Dreißigjährigen Krieges im weiten Polauner Forst, in der Gegend, wo das Martinsfloß in die Iser fällt, hauste.

Im allgemeinen war er kein Wohltäter der Menschen; nur den Verirrten zeigte er sich als freundlichster Helfer. Im Schneekönigsloch, auch Irrgrund genannt, fand man später erstaunlich große Knochen, die vermutlich von dem Waldriesen herstammten.

Wilhelm Müller-Rüdersdorf

Schmirgel

Wo jetzt der Ortsteil Brandl der Stadt Gablonz sich erstreckt, befand sich ehemals eine wilde, schauerlich-düstere Waldschlucht. Vor mehr als zwei Jahrhunderten hauste dort die gefährliche Bande des Räuberhauptmanns Schmirgel. Von Schmirgel selbst heißt es, daß er wider seine Absicht zu dem bösen Räuberhandwerk kam. Als überzeugter Protestant wurde er zur Zeit der Glaubenskämpfe heimatlos gemacht und flüchtete schutzsuchend in den dichten Wald. Mittellos und verbittert gegen die Menschen, die ihn verfolgten, geriet er unter eine Räuberhorde, zu deren Anführer er sich schließlich aufschwang.

Die Felsenhöhle, in der er seinen Wohnsitz aufschlug, ist noch heute unter dem Namen Schmirgels Loch bekannt. Man munkelt, daß dort ein großer Schatz verborgen liege. Mit Schmirgel hauste in der Höhle eine Pflegetochter des Glashüttenmeisters Erhard Ewald, zu der er in Liebe entbrannt war und die sich mit ihm vermählt hatte.

Seinen Raubgesellen gegenüber, die keine Barmherzigkeit kannten, übte Schmirgel, dem der edle Sinn nicht ganz geschwunden war, oft große Strenge. Und darum wurzelte in der Seele der Unbändigsten seiner Horde ein tödlicher Haß gegen ihn.

Eines Tages, als er in der Höhle schlief, versuchte einer der Räuber, ihn zu ersticken, indem er vor dem Höhleneingange ein Feuer anzündete. Schmirgel erwachte aber und konnte sich noch rechtzeitig aus dem rauchdurchzogenen Felseninnern retten. Das Feuer jedoch nahm eine solche Ausdehnung an, daß ein beträchtlicher Teil des Talwaldes niederbrannte. Die Räuber büßten dadurch ihren sicheren Schlupfwinkel ein. Zur Erinnerung an die große Feuersbrunst erhielt das Tal den Namen Brandl.

Wilhelm Müller-Rüdersdorf

Totenchristnacht

Zur Zeit des Vikars Ultsch lebte in Gablonz ein altes Weib, die Neummariandel genannt. Sie war fromm und besuchte sehr fleißig die Kirche. Als Gemeindehelferin hatte sie die Kirchenwäsche zu besorgen, die im Gotteshause aufgestellten Heiligenfiguren anzukleiden und aufzuputzen und bei der alljährlich stattfindenden Ausstellung des Krippels im Kirchenraume behilflich zu sein.

Wie nun die Neummariandel eines Weihnachtsabends dabei war, die Kirchenwäsche zu ordnen, die während der Festtage gebraucht wurde, vernahm sie das erste

Christläuten. Schnell raffte sie ihr Wäschepaket zusammen und eilte in die Kirche, um einen guten Platz zu bekommen. Ihre Wohnung lag nicht weit davon, und so gelangte sie bald dort an. Durch die Sakristei, in der sie die Wäsche ablegte, betrat sie den Kirchenraum. Doch was mußte sie zu ihrer Verwunderung sehen! Die Kirche war bereits hell erleuchtet, und in den Bänken drängten sich die Andächtigen, während der Geistliche vor dem Altar stand und den Gottesdienst leitete. Bei näherem Hinschauen erkannte die Eintretende, daß es der P. Feix war, der schon vor mehreren Jahren im Grabe ruhte. Auch unter den Betern in den Bankreihen gewahrte sie viele, von denen sie wußte, daß sie längst tot waren. Zugleich aber sah sie in der Versammlung auch mehrere Personen – oder vielmehr deren Schatten – die noch unter den Lebenden weilten.

Da sträubte sich ihr vor Entsetzen das Haar, und vor den Augen wurde ihr schwarz, daß sie zusammenzubrechen drohte. Zitternd verließ sie darum das Gotteshaus und lief, so schnell, wie ihre widerstrebenden Beine es ihr erlaubten, in das Pfarrhaus. Mehr tot als lebendig, sank sie dort auf einen Stuhl und erzählte, was sie erlebte. Auch bezeichnete sie die Lebenden, die sie in der Schar der Geister erblickt hatte. Der Vikar verbot ihr streng, über das Geschehene zu irgend jemand zu reden. Dann zog er sich an und ging selbst in die Kirche. Schon nach einer Weile kam er jedoch wieder zurück, ohne ein Wort zu sagen. Mit dem zweiten Läuten strömte die Gemeinde von allen Seiten zum Gotteshause. Doch nichts war mehr zu sehen.

Neummariandel wurde vor Aufregung krank und starb bald danach. Den Kirchendienern befahl der Vikar, künftig am Heiligen Abend die Kirche immer erst nach dem zweiten Läuten zu öffnen.

Wilhelm Müller-Rüdersdorf

Das Loch, durch das der Tod nicht ins Haus kann

Im 18. Jahrhundert lebte in Gablonz ein Mann namens Christian Weiß, Glasers Christian genannt. Er war sehr wohlhabend und ließ sich das jetzt als Nr. 222 zählende Haus bauen. Kurz vor der Vollendung unterzog er es in Begleitung des Baumeisters einer genauen Besichtigung. „Es ist alles recht schön und gut“, sagte er, „aber etwas habt ihr doch vergessen zuzumauern!“ – „Und das wäre?“ – „Ihr habt vergessen“, sprach Weiß mit starkem Ton, „das Loch zuzumauern, durch das der Tod ins Haus hinein kann.“

Ruhig lächelnd entgegnete der Baumeister hierauf: „Das können wir schon noch machen.“

Es war eine schaurige Mitternacht, als er auch wirklich an das seltsame Werk ging. Hammer und Kelle in der Hand, umschritt er dabei dreimal das Haus. – Tatsächlich soll Weiß in seiner eigenen Behausung nicht gestorben sein. Weil der Tod dort nicht hinein konnte, packte er ihn, als er eines Tages zum Nachbar „Schmiedegout'l“ ins Dorf ging. Dort wurde Weiß vom Schlage gerührt.

Wilhelm Müller-Rüdersdorf

Der Spruch der Wiedergänger

Zwei Georgentaler Nachbarn vereinbarten bei Lebzeiten, daß derjenige von ihnen, der zuerst sterbe, wiederkommen und über das Jenseits berichten solle. Als nun der eine aus dem Leben schied, harrte der andere seiner Wiederkunft. Lange ließ der Tote auf sich warten; dann –

es waren schon mehrere Wochen verstrichen – erschien er endlich dem Nachbarn im Traume. Doch nur kurz waren seine Gegenwart und sein Bericht. Nachdem er den Spruch:

> 's ös nei wie ich douchte,
> 's ös nei wie du douchst,
> 's ös ganz andersch dort!

gerufen hatte, verschwand er wieder. So schnell, daß der andere keine Frage mehr an ihn richten konnte. Allerdings erschien er nun jede Nacht, aber ohne jemals wieder zu sprechen. Als der Besuchte seiner Frau von dem täglichen Geisterbesuche berichtete, erschrak sie so sehr, daß sie schwer krank wurde. Nach ihrer Genesung zahlte der Mann eine Messe in der Morchensterner Kirche, die er gemeinsam mit seinem Weibe anhörte. Und nun hatte er Ruhe vor dem Geiste.

Auch mehrere alte Jungfern aus der Töpferecke in Ober-Tannwald hatten sich gegenseitig versprochen, nach ihrem Ableben wiederzukommen und über das Jenseits Bescheid zu geben. Die Verstorbenen hielten ihr Versprechen.

Wilhelm Müller-Rüdersdorf

Das Eidgrab

Als Melchior von Redern die Herrschaft Friedland besaß, brach zwischen ihm und dem Herrn von Smirschitzky, dem Besitzer der Herrschaften Semil und Rohosetz, ein Grenzstreit aus, da dieser die Grenzen des Gebietes im Gebirge unrechtmäßig ins Friedländische hinein erweitert hatte.

Alle Rechtsbeweise waren gegen den Grenzveränderer; doch fand er einen seiner Untertanen, der bereit war, einen Eid zu seinen Gunsten abzulegen. Zur bestimmten Stunde erschienen die beiden Streitenden an der Stelle, die jetzt das Strittstück heißt. Sie befindet sich in unmittelbarer Nähe der Iserquellen und trägt einen großen, breiten Stein, auf dem ein Kreuz aufgerichtet war. Davor sollte der Eid abgelegt werden. Da – als der leichtfertige Zeuge die Schwurfinger auf das Kreuz gelegt hatte und die Eidesformel nachsprechen wollte, versagte ihm nach wenigen Worten die Stimme. Seine Gefährten schleppten ihn in ein nahes Gebüsch, wo er wieder zu sich kommen sollte. Ohne jedoch die Sprache wiedererlangt zu haben, starb er bald eines elenden Todes.

Die Zeugen des Vorfalles erkannten darin eine Strafe Gottes, und Melchior von Redern sagte zum Herrn von Smirschitzky: „Bruder, die Sach' ist gewonnen!" – Und es blieb fortan bei den alten Grenzen.

Die Stätte aber, wo der Betörte den Meineid schwur, liegt wüst auf den heutigen Tag. Das Eidgrab heißt die Grube, die sich neben dem großen grabsteinartigen Felsstück befindet. Karge Gräser wuchern auf der unseligen Stelle, und von den ernsten Fichten des rauschenden Forstes dringt Rabengekrächz darüber hin.

Wilhelm Müller-Rüdersdorf

Der verfehlte Schlag und seine Folge

In Maschke-Franzens Teich in Radl war vorzeiten der Wassermannn auch zu Hause. Man sah ihn dort wiederholt, wenn er am Ufer saß und seine bunen Kleider flickte.

Ein Bauer, der ihn nicht leiden mochte, hatte sich vorgenommen, ihn bei nächtlicher Gelegenheit unschädlich zu machen. Als er eines Tages vom Felde heimkehrte, setzte sich der Wassermann soeben wieder auf den Uferrand, ihm den Rücken zukehrend. Der Bauer trug eine Hacke in der Hand und faßte darum den Entschluß, dem Wassergeist so kräftig eins zu verletzen, daß er für immer genug habe. Leise schlich er sich näher. Der Ahnungslose kramte gerade in seinen bunten Lappen herum und sprach, indem er einen um den anderen auf das Wams legte: „Den flick' ich daher, den daher" . . . Die Hacke erhoben, sprang der Bauer herzu und schrie, während er sie wuchtig niedersausen ließ: „Und den flick ich daher!" Doch er verfehlte sein Ziel. Der Wassermann war flink in den Teich gehuscht und tauchte soeben wieder in der Mitte der Flut, mit seiner roten Kappe auf dem Haupte, an die Oberfläche empor. Dabei reckte er dem Angreifer die geballte Faust entgegen und rief ihm zu: „Bauer, das werd' ich mir merken!" Dann tauchte er unter. Und lachend trollte der Bauer seinem Hofe zu. Nach Jahr und Tag aber verging ihm das Lachen. Der Wassermann hatte sich gerächt und ihm seinen besten und stärksten Ochsen im Teiche ertrinken lassen.

Wilhelm Müller-Rüdersdorf

Überlistiges Wassermännlein

In üblem Rufe stand ein kleiner Born, der sich bei Tannwald auf der Spitzberglehne oberhalb des Kohlplanes befindet, denn ein Wassermann hauste darin. Ein Bauer aus der Töpperecke dengelte einst in der Nähe des Brunnens die Sense. Beim Aufblicken von seiner Arbeit fiel sein Blick unwillkürlich auf die Stelle, wo sich der Wassergeist zu zeigen pflegte. Und siehe da, das Männlein aus dem „Born" heftete gerade schöne, bunte Seidenbänder an das Strauchwerk, die er nach einer Weile gegen andersfarbige austauschte. Schon längst hatte sich der Bauer vorgenommen, das Männlein „auszuwischen". Nun sah er den Augenblick für gekommen. Er dengelte zum Schein ruhig weiter, schielte dabei aber immerfort nach dem Wassermann, bis er dessen rotes Mützchen gewahrte. Schnell griff er jetzt nach der Sense, sprang mit einigen Sätzen zum Born, riß eine Handvoll Bänder aus dem Gesträuch los und suchte, Dengelhammer und Dengelstock zurücklassend, das Weite. Zwar hörte er den Wassermann hinter sich locken: „Bauer, Bauer, host dan Klitschklotsch vergassen!", doch achtete er nicht weiter darauf und rannte heim.

Wilhelm Müller-Rüdersdorf

Die Hilfe des Bettlers

Ein Bettler, der sich in einem Hause in Georgental unter dem Ofen heimlich ein Nachtlager verschafft hatte, hörte nachts die Tür gehen und sah etwas Weißes, das sich dem in der Wiege schlummernden Kinde der Hausfrau näherte. Er vermutete gleich, daß die Erscheinung der Alp sei. Und als seine Annahme augenblicklich von dem Kleinen beniest wurde, bestand für ihn kein

Zweifel mehr. Rasch rief er ihm den üblichen Wunsch: „Helf' Gott!“ zu. Da ging's „praz“, und es war, als fiele ein harter Gegenstand zur Erde. Jetzt erwachte auch die Mutter des Kindes, zündete Licht an und sah zu ihrem großen Schrecken neben der Wiege ein Lehmkind liegen. Der Alp, der beabsichtigte, es gegen das lebendige Kind auszuwechseln, hatte es beim Ausrufe des Bettlers fallen lassen. Früh kam der Verborgene zum Vorschein und gab Aufklärung über den nächtlichen Vorfall, wofür er dann gut belohnt wurde.

Wilhelm Müller-Rüdersdorf

Wie Friedland entstand

Dort, wo das Friedländer Schloß sich erhebt, stand vor reichlich tausend Jahren ein hoher hölzerner Wartturm, Indika oder Index geheißen. Er war von einem Wächter und seiner Familie bewohnt und diente den fremden Wanderern, die die wilde, unwirtliche und wenig wegsame Gegend durchzogen, zum Weiser.

Um die Warte herum, auf dem Hange und am Fuße des Schloßberges, zog sich weiter, dunkler Wald. Und in seiner Mitte befand sich eine Ansiedlung, die im dreizehnten Jahrhundert entstand und lange unbenannt war. Ihre Gründung verdankte sie einem sächsischen Prinzen, der sich mit einer bürgerlichen Jungfrau vermählt hatte und der in die Waldeinsamkeit flüchtete, weil ihn sein Vater verfolgte.

Erst nach Jahren, als sich der Grimm des Erzürnten gelegt hatte, durfte er in die Heimat zurückkehren. Voll dankbarer Erinnerung an die lange, friedliche Zeit, die er in der kleinen Ansiedlung verlebte, nannte er sie Land des Friedens. Daraus entstand später der Name Friedland.

Wilhelm Müller-Rüdersdorf

Der Waldsteig

Ein Sonntag war's
Im Sonnenschein prangten Wiesen und Felder,
dazwischen auf schmalem Rain
schlängelt bergan ein Wegelein.
Kein Lüftchen regt sich.
Vogelsang begleitet meinen stillen Gang.
Zaudernd und befangen nur
schreitet mein Fuß durch die blumige Flur.
Das Steiglein lockt und winkt voran,
hüpft über den Bach, springt am Waldrand neckend fort
und hält dann Rast an einem lauschigen Ort.
Und immer schaut's mit frohem Blick
in's Heimattal zurück.
Bis dann die Höhe war erreicht –
da kam der Alltagsweg herauf gekeucht
und hat mein Steiglein roh verscheucht. – – –

R. Fez. 1932

Auf den Schlössersteinen von Polaun

Graue Steine, nie betretne Wiesen,
Voll von Filz und Farn und Moor und Moosen;
Wasser wäscht die Wurzeln zwischen Kiesen;
Bock und Ricke durch die Stämme stoßen.

Zackenkämme kommen, klimmen, ziehen,
Bis sie über andern Ländern liegen,
Und die kleinen, wilden Wasser fliehen
Zu des Bergstroms braunen Wanderwiegen.

Taubenhäusern gleich stehn Teufelssitze
Über dem Gewirr der Wipfelbogen;
Fahne ist der – Baum im Felsenritze,
Stütze scheinen sie dem Himmelsbogen.

Erd' und Himmel fließen ineinander,
Und der kleine Mensch versinkt vor ihnen;
Wie ein Sandkorn, niederrieselnd, schwand er
In der Sagenschlösser Steinruinen.

Ferdinand Schwind

Auf der schönen Aussicht

Als einst der Herr die Welt durchwandelt,
Hier blieb er rasten kurze Zeit,
Ausgießend mit den Gnadenhänden
Die Fülle seiner Herrlichkeit.

Hier mußt' er sinnend frohen Blickes
Die blüh'nden Täler überschaun
Und segnend seine Hände breiten,
O Heimat, über deine Au'n.

Drum bist du mir so lieb vor allen
Den Landen, die mein Aug' gesehn,
Drum bleibst du mir so reizumfangen,
O Heimat, — unvergänglich schön!

Theodor Hutter

Du liebe Heimatsprache

Gedichte und Geschichten in Isergebirgs-Mundart

War seine Hejmicht ne liebt und ihrt,
o dan hout dr Kantr ömsunst geliehrt,
und war sanr Muttrn Sprouche ne acht,
dar verdient's, doß'n jeder Mensch veracht.

Ferdinand Schmidt

Du liebe Heimatsproche

Du liebe Heimatsproche,
ho ich dich wu vernom,
do es mir ei de Fremde
a Stückl Heimat gekomm.

Dos klong wie ejne Musik,
su herrlich und su schien,
unds wur, ols tät ich wieder
dorch meine Wälder giehn.

Unds wur, ols hätt dr Votr
mich wieder bei dr Hand
und zeigt mr huch vom Berge
mei liebes Heimatland.

Erich Weber

Meine Sprouche

Su vuller Sunne wors a Morgen,
o jeden Grosholm hing a Diamant;
dou wors, doß ich vergoß die Sorgen,
die mich vo Tag zu Tag führn o dr Hand.

Dou ging ich o an Wiesenrejne,
oa Kornfald un Gehonnsblum hie,
un ging su mutterseeln allejne –
mir wur su gutt wie lange schun ne mieh.

Ganz sachte soht ich ale Wurte,
wie ichs amol ols Kind gesoht,
su Kinderreime aus men Urte
un Hexenspröchl, die mir Jungn gehot.

Nu horcht ich uf, dar ganze Himmel,
dar klong, a ejnzsches Morgenlied –
von Lörchn zug a ganz Gewimmel
huch über mir an Sunngefunkel mit.

Adolf Wildner

Das laute Geheimnis

Mr hann vo Liebe ne gesprochen
und uns ou ne de Hände gahn.
Mr sein ock su beisammgesassen
und hann anander ogesahn.

Und doch – mr söllts gor ne glejben,
tun ötze olle Loite sohn,
dar Antoun sieht de Theres garne,
a es ja schunt ihr Freiersmon.

De Liebe lässt sich ne verstecken,
mr mag ou geschoidt zu Warke giehn;
dröm warch r lieber morne oubends
n' ganzen Treidl eigestiehn.

Ferdinand Siegmund

Geschichteln in Isergebirgs-Mundart

Be enner geizschen Bauerschfro woar Kendstoof on d' Poathen schlugen ei, os hätten se acht Taach nischt gassen. Doas woar dar Fron ne rajcht on doch mußt se wetter nietschen (nötigen), weil doas emo su Brauch es be ons. Se toat doas aber su: „Aßt ock aßt, die Ehr ganze Toaler eigleät hot!"

*

En Bauern schlug s Gwitter ad Scheun, die a su a beßl ubschn Haus stiehn hott. A woar groad mitn Ufbaun fertsch, do koam wieder a Gwitter on schlug nochamo a die Scheun ei. Docht sich dar Bauer, mr warn dan Ding a beßl ausn Waig giehn on baut sein Scheun onnersch Haus. Wie wieder a Gwitter koam, stond a ben Fanster on wie dr Bletz of die aal Stell zufuhr, wu die Scheun verder gstanden hott, meint a: „Spürst a Scheunl?"

*

Ofn Maierhof hottnse en neun Khiertjong (Kuhhirten), dan se soiten, a müßt mit a Kühn draußn bleibn, bis d' Sonn onnerging. Em a Obt koam a gprescht, haut n Schoffr d Peitsch verd Fiß on schrie· „Dohier do soll dr Teifl Khiertjong sein, ein Sonn gieht onner, die andere uff!"

*

Noch a Gschecht vonn Mond. Koam da an Fro aus ehrn Toal zo Vrwandten of Bsuch, die an beßl miehrer ofn Gleichen wohntn. On wie se a Vulmond sag, dar su gelb wie a Kliesl Bot r an Himml hing, ruft se vuller Freedn: „Nej hott ehr an schinnen Mound, mr honn drheem ock su an Schorb."

Adolf Köhler

Anstand gewahrt

Um seinen Besitz im Isergebirge zu besichtigen, fand sich der Herr Graf wieder einmal in Josefstal ein und kam auch zu den Holzfällern, die gerade dabei waren, einen großen Klotz mit Keilen zu zerkleinern. Der Herr Oberförster hatte den Leuten eingeschärft, sich dem Herrn Grafen gegenüber ja anständig zu benehmen. Der Graf sah den Arbeitern eine Weile zu und kam ihnen dabei ziemlich nahe. Um ihn zu warnen, meinte der eine: „Ötz word's obr Zeit, Herr Graf, doß Sie a bißl wegtraten, doß Ihn ne amende dr Keil ai de Gusche fleucht!"

Heinrich Karasek

Mei Zeisgl

Und tu ich früh aus'n Betto ufstiehn,
Dou denk'ch, wie mag's man Zeisgl giehn!
Wie's mich sicht, Tut's 'n Schnobl wetzn,
Und guckt, ob'ch mich war mit'n hetzn.
'S guckt und hoppt, fängt o zu zätschrn
Und an Wossr o zu plätschrn.

Und zieht dos Zätschrn ei do Längo,
Bis 'ch a Bössel Meirich bröngo.
Übern Tag, dou mog's ne ruhich stiehn,
Bis mr oubends schloffn giehn.
Drnou ös müdo zun drborm,
Steckt sei Köppl undrn Orm.

Heinrich Huyer

Alt-Reichenberg

Zon Jorrmort

A Reichnbarg wuar Jorrmort gwast on be Schtejnrusn sötzn de Manner da Obt druf a dr Häll on dischkriern übr duas on jäs, wuas ern a jeds däntiert on wuas se drlabt hoan drbei. On do guabs rajcht Ontrschiedliches zu beröchtn.

Schtejnrusn hoat's Wurt. Sein Ahl mit dr Toachtr sötzn ben Tösch on kiechrn rajch nejsorch afür.

„Na Ihr könnt lachn wie dr wollt, Wuchälbr, s'ös su, mit Euch kuan mr oak Schand on Schpot arntn, wenn mr off an Schtell mit Euch wu hie gieht! Wenn dr ward wiedr wuas zo kejfn hoann, mich loßt aus, ich mach kenn Euschpiegl!"

„Nu, wuas hoattr denn do schiens eigkauft?" – frug neuschierch dr Napplschtechr.

„ – s'ös ne oarscht, doaß mr redt! – Hm – Hö! – s'Mentsch braucht a Tüchl on duas mußt gruad vo Reichnbarg sein. Nu on dou sein morer ihrer drei drno nuff gfuahrn, weil se glej do hom'n nischts gscheuts vo Tüchln hättn on sonst au a dr Schtuadt an Sach vill böllchr zo hoann wjär. – 's wuar oall Sach gutt. Mir kumm'n zo a Bud, do logn södte Blentl vo Kouptüchln ganze Schjäbr. S'wur drönn röm gwillt, hie on hargeschtrejft, zon kejfn wur's obr ne. – Mir müssn ju ne glei be dr orscht bestn kejfn, hiß's – Nu troapptn mr off dan hoartn Pfloastr wiedr an Vörtlschtond drkreuz on drquar. Vo oall Seitn wur mr gtschust on getremplt. Nu worn mr glücklich wiedr ei an Schnietwuarluadn. Do logn wiedr hundrte södte Fahnl. Gedunkte, gschtrejfte, pünkliche, nu korz on gutt a oallrhand Foassung. Mit villn suchn, zugs Majdl doa enn södtn Fetzn raus. Duas kejf mr! – mejnt se. – Ich frug wuas's kostn tjät. Noantsch Kreuzr mejnt a. Mein Ahl setztr fuchtsch. Dr Händler wur grob on off ejmo, wiech an Begrief bie no an Sechsr nua zugiehn, flöckt's Mentsch s' Tüchl wiedr hie on lejft schnurstracks nübr ei an andrn Luadn. Wuas blieb mr üborch, ich mußt da zwjä Gänsn ano. Na on dort ging 's suchen oarscht orndlich lus. Dar sajche Muan brocht Euch ganze Boalln Tüchl azu on brett se vor uns aus. Ich bröllt ömmer ahintr: hürn se oak uf! hürn se oak uf! ich bitt Sie öm Gotswülln, sonst müß mr da zwun d' Zwangsjack no ualjehn. Ich huas'n drnou sacht no a pourmo gsojt, a hort obr ne. Oemmer mieh brocht a geschloappt on dr Schwejß liffn wie a Bärnl übrs Gsöcht rontr. Nu log duas Zeug ufgetürmt vr ons, mr sog da Muan ne mieh drhintr schtiehn. Nu zugn se bahl a rutkastlichs, bahl a blokastlichs raus. Sualch mr duas kejfn Vuatr? frug se. Wie gefälltr duas? – Nu, mejntsch – Majdl niehms, wenn drs poaßt. – Se suan on Weil. – Ju – kafzt se druf flennerhoaftsch, worum soallch mr denn gruad duas kejfn, on drbei hieb se 's wiedr hie. Vo dan vill'n schtiehn wuarch hundsmüd gwurn. Wie mr ern su an reichlich hoalb Schtund drönn sein, ich betracht mr gruad au a bößl da Krom, drjäh mich öm – schtiech allejn be dan Haufn. Fort worn se wiedr on nischt gfungn. Duas heißt do huajch mich obr gschamt a dan saichn Luadn. Ich weiß ne, wiech dort bie naus gkumm'n. Duas hejßt obr oak su gebiebt huajch vo Zorn. – Hm Hö! – Be an Worschtlmuan krichtsch se wiedr ei. Dort suajtchn ju mein Mejncht, obr duas wuar an oak gruad oas schlig'ch an Schlag as Woassr. S' dauerte ne lang schtondch wiedr mietn ei an Schnietwuarnluadn. Mein Ahl bstellt a Tüchl, dr Händler drjäht sich öm on wie a sog, fing a ua zo schimpfn: Nej, schrie a, brengt mr dar Gsellschoaft nischt mieh azu, di worn ju schon dreimo do. – Dr ganze Luadn wuar vullr Leut, duas wuar wiedr schpektaklmjäsch, mr sein wie de begossn Pudl, sein mr naus glaufn. Obr draußn, drno konnt'ch mr ne mieh halfn, do gings lus, on wenn'r ne a Polzist gholfn hätt, ich hättr wahrhaftsch a puar neigepföffn, su wittnd wuarch. Vo dan ejbchn Römgetärmer, wuarch wie drschlojn. Nu wuas word sein, wies uf on drzu kuam, gingn se halt wiedr a dan Luadn nei, wu mr zo orscht worn, on ich drjehntr Oaff natürlich hingn anou. Ich docht mr, s'word su wiedr an lang Weil dauern, jehntr öjbs drzu word, lahnstsch a bößl a die Letter ua, die drönn schtond, nabn Regal. Wiech su lahn on dar Sucherei zusah, gibt off ejmo die Lettr no on perdauz logch dr Läng on dr Läng an Luadn on d'Lettr hiebs as Auslochfanstr, doaß's oak su klorrte, duas wuar a Fettn. – Ich denk mich frößt dr Greul – Hm. Hö! – Nu worn mr römgelaufn vo Pontiussn zo Pilatussn on do hoatt mr glücklich su a Blentl Tüchl öm fönfnsechtsch Neukreuzer gkauft on ich hoatt an Scheib neighaun, die siebn Göldn kosten tuat. – Nej wennch drau denk, do übrlejfft's mich. – Hm. – Hö!" –

A hoat's ömmr su a bößl mit lachndn Mutt drzahlt, nu wu obr drhingn die zwej Weibvölkr ne ufhortn zo mäkkern. Wur a fuchtsch on schpukte ei an Bogen bis ei die möttlste Schtub.

Se wußtn wuas's gschlojn hoatt on worn schtöll.

„Nej Ihr Leut, s' ös orndlich schun langste gwurn!" Hohmölchtonl nöckte zuschtömmnd off Schtejnrusn on höjbt offs Brathäusl uf.

„Mir ös abr a Ding poassiert, duas glejbt kej Mensch. Su wuas mach'ch melebtach ne mieh mit, liebr führch Hund off Bautzn. Do gieht enn dr Hürsch." –

„Na also drzjähl oak. Raus mit dr Foarb." schörchte Wenzfilipp.

Mohmölchtonl sog an Sejgr, drno hub a ua. „Ihr wößt doa, doaßch an Kuh zon Jorrmort fuhrt. Ich war ern do gegn Mötsch an Rothauskallr giehn on traff a puar Gablonzr Blütl. Wiech nei ging wuarsch Tag on ich wuar nüchtrn, obr wujch raus ging, schubn mich vo hingn zwien Kellner on a Polizei, on dr Teifl, hausn wuarsch möttlerweil fönstr gwurn. Do huajch mich ern su fort gegrössn öm's Rothaus ömaring, wu zwjemo, s'wuar kej Uaschluß vo kenner Seit. Luckr lossn wolltch ne, holf obr nischt, ich brett zo vill Zuschauer on do tärmertch ern übr d'Goass nübr, do gings drno die längste Weil ei ennr Häusrschnur fort, orndlich mit Doampf saust'ch bargontr. Off ejmo kummch mit menn Greifn zo a Wörtshaustür, doa huajch mich mit viller Müh neigdrockt on ei a Eck biech eignöckt. Wiech drwach, wuarsch möttlerweil zo schpjät zon Zuch gwurn. S' holf nischt, ich mußt übrnachtn. Früh zon orscht Zuch solltn se mich weckn. Wie'ch früh drwacht worn no drei Minutn Zeit zon Zuch. Nu hiß's nochanan:der. Ich oak uff, uagzohn, onkämmt, ongwoaschn, mit em Schtiefl ontrn Oarm, da andrn fung'ch a dr Oerrkejt ne, boarbs o dr Goaß nuff, host'n gsahn sistn ne. Wie'ch su troapp, warch'sn gwuahr, doaß no ejs hintr mir mit troappt, ich drjeh mich öm – wuarsch a Polzei. Wie a njähntr rua ös, langt a no mir. A mejnt, ich säll mit off d' Wachschtub giehn, dort hättn se glej a Wjärtl mit mir zo rejdn. Ich frug'n ob's ne Zeit hätt bis'ch war wieder ruffkumm'n, ich wällt a Zug ne vrpoassn. Vo dr orscht dochtch doa a nischt schlömmes, nu fung obr dar Karl ua on wur hjämsch. Ich mußt wiedr zoröck mit men Schtiefl off d' Wachschtub, dort wurch ei a Lokal gschtackt, oas sältsch off Gschtändnis a hoalb Juhr sötzn. Dort huajch Euch sötzn müssen, bis nomötsch öm zwej, drno hoan se mich wiedr giehn glossn. Zo orscht hoan se mich obr fotografiert, gmassn no oall Seitn, on begustiert. „Ich bie doa Anron Neumann aus'n Witschdorf! Mohmölchtonl heißn se mich drhejm. Kenn se mich denn ne? – mejntsch übersch se, s'holf obr nischt. Na wujch wiedr raus kuam, schtondn die drei Gablonzer Blütl haußn on lachtn wuas se lachn konnt'n, dr ejne brocht menn Schtiefl mit. A die Sach wöllch denkn." –

Die Mannr lachtn, on die Weibvälkr kontnch ne zo gutt gahn. Möttlerweil wuarsch ölf gwurn. Dr Towakrauch log döck zon zrschneidn a dr Schtub on's Jällicht log an letztn Zügn. Do se anandr ne mieh sötzn sogn, bruachn se uf off hejms zu.

Josef Bennesch

Körms

„De Körms ös ons!" singt schtolz dr Borsch,
Sei Schatzl lieb an Oarm
On Schnatl, Boaß on Fiedl schrein,
Wie schljet do 's Labn woarm.

Ju 's ganze Dorf ös frejdnvuhl,
Dr Kürtjong schwenkt sei Bejn,
Suguar dr Pfoarrer schnalzt on pfeft,
Oas wjär'n d' Walt zo klejn.

Die ahln Lindn rauschn sacht
On Glück on Friedn zieht
Vo Haus zo Haus, wie a Gebat,
Da Bauern dorch 's Gemüt.

Josef Bennesch

’s Schweinschlachtn

„Zo Juhr“, mejnt Töscherkoarl drhejm, „word au a amo wiedr a Schwein gschlacht, doaß mr wiedr übrn Wintr wuas zu knöfln hoann.“

Senner Ahln, dies fette Schweinflejsch frs Labn garn uaß, liff’s Woassr zoamm an Maul. „Duas gieht!“ mejnt se.

Dr grußβ Jong schmackt au on vrdrjehte d’ Augn. „Du Vuatr, do host rajcht!“ bröllt a on hoppt vo Frejdn ömmer vo enn Bejn off’s andre. „Dou aß mr wiedr Wellflejsch on Braßworscht –“

Wumps! gings on dr Jong hoat an Gunksorch von Ahln an Röckn. „Worscht die fettn Klunkrn wiedr ohne Brut nontrworchn, doaß d’ drno wiedr vill Wochn henzt on kenn Teifl wuas nötz böst.“

„Nej“, schimpft Sein, „hau mr doa a Jongn ne!“ – dar ötz wu a gholfn kricht oarscht ua zo heuln fing – „zo Juhr wöllst a Schwein schlachtn on heuer höjbst mr schun a Jongn druf lus. Mr wössn ju ne, ob mr no labn. Du böst a Karl wie a Höjns.“

Töschrkoarl grunzte no lang draußn be dr Hublbank, a woßt genau worum an hieb. Mr warn ’s ötz hürn. –

Zwje Juhr zovur wuarsch, wie se ’s letzte Schweinschlachtn oabhieltn. ’S wuar ein an Novembrtach. ’S Schwein blinzlte fett on rund zon Schtual raus. Su rajcht zofriedn wie a suatr Hugsthund. Wuarsch do a Wundr, doaß ’s ne zon Schtoall raus wollt? – Ihr zwien hoatt’nr gruad drua zo ziehn, doaß ’s rauß kuam, su schwjer wurden dr Oabschied vo da gutn Kostschtell. Do schtemmt sich a Mensch drgegn, vrwingr a Schwein, wenn a wu ömsonst gemäst on vrsorcht word, eh as Weichn gibt.

Mit villr Müh’ wur’s nu om Hof ömgrössn. Dr Flejschr wetzt ’s Massr on Töschrkoarl suaß droff om Schwein, wie a Schraubstog. A quengte mit Händ' on Fissn. Duas hält au a Schwein ne off d' Läng aus. Offe jmo fuhrwarkts uf on host's gesahn, siehst's ne, mit Töschrkoarln om Buckl, öm d' Hauseck nömm. „Halt mich uf!" bröllt dr Töschr ei enn fort, bis mrn ne mieh hort.

Oalls macht ano. Be Mauerflordln logn se mienandr ei dr Koalkgrub. Mit villr Müh wurdn die zwje nu raus geschoafft; 's Schwein zo orscht, do sog schun die ahln Töschrn druf, doaß dan nischt poassierte – se schtond drbei on kafzte on nottrte. Se hissn Ahln enn Mups öm andrn.

A a Weil trug dr Fleischr schun 's orschte Vortl an Kessl. De Töschrn räumt a Tiesch oab, drjeht Massr on Guabl azu, 's Brut on frisch griebn Krien. 'S dauerte guar ne lang, suaß Töschrkuarl schien neuwoaschn mit senn Kindrn öm a Tiesch on liß sichs 's guttschmeckn. Bier wuar au an Haus, nu on do hoatts wetter kejn Nut ne. Weil ejn Puart Worschtfleisch schnitt, uaß die andre, on su gings an schien Weil fort, obr dr Tisch wur ömmr ljer. „Ja", mejnt de Töschrn, „sojt mrsch oak, Ihr aßt ju mührer, oas ich hiebrengn kuan. Wuas sölln mr denn do a d' Wörscht tun? – Mr könn' doa ne die ljern Sammln neidröckn!" Wie gsojt, öm d' Labrwoarscht sogs hall aus. Mit da Schwuarzn on mit dr Braßworscht gings.

D' Wörscht worn an Kessl on die ahl Töschrn schtond drbei on wacht wie dr Cerberus, doaß nischt weg kuam on nischt drquar ging. Dr gruß Jong on die andrn Kindr wolltn schloffn giehn. Die Ahl mußt offn Bodn loajchtn. Off da Moment hoatt Töschrkoarl gewoart. Mit zwien Schrietn schtond a ben Kessl on schäppt sich aus da siednt Woassr 's grißte Kläßl Braßworscht raus on fjährt drmit ontr d' West, doaß dar Knotn rübrschtond wie an grußmächtsche Beul. Ondrdassn wuar obr sein Ahl schun wiedr zor Schtell on dr Töschr schtond a dr Tür on pfiff sich ejs, oas wjär nischt gwast. Wie se d' Wörscht raus nimmt, word se's gwuahr, doaß die gruß Braßworscht fahlt. „Nej", schimpfte se, „'s worn doa drei Braßwörscht – wu ös denn die gruße hie?" on drbei sog se sühr vrdächtsch off'n Töscher, dar ötz ben Bruthäusl schtond on 's Gsöcht gottsjämmerlich vrzug on ömmer mit a Händn om Magn griff on fingrt. A krömmt sich wie a Worm, oas wenn a d' Kollra hätt'.

„Karl, soj mrsch oak, wuas host denn?" frug se bekömmrt.

„Nischt! – Nischt! – Dr Bauch tutt mr wieh!" guab Koarl onsöchr zor Antwurt. Die heiße Worscht feuertn om Magn wie glühnde Kohln, obr heldnhoaft hilt a Schtand. A kuam mr vür wie da Griechnjong aus dr Gschicht, dar an Fuchs gschtohln hoatt on sich liebr uafrassn liß, ejhntr ejb ajch vrrotn.

„Su ös 's", schimpft se „wenn 'ch dr Mensch ben Frassn vrgößt!" –

Möttlerweil hoatt'ch Koarl nausgschlochn a sein Koammer, dort schub a die heiß Worscht an Schtieflschoaft. Sei Magn obr hoatt an grußn Brandflajk drvo drwuscht, dar'dn die Nacht ne schlofn liß. Zo morchst liß hajch Aräppl on Quark gahn zon ufliehn. Natürlich wuar sein Ahl außr sich vo Wundr, wie su hajch konnt a Magn außwendsch den Wellflejsch assn vrbrenn. Sonst kömmt 's doa oak ömmer önwendsch vür.

„Ja", haucht dr Töschr leidnd, „duas brennt vo önnwendsch raus!"

D' Wörscht worn lang vrnejst, wie Koarl no senner an Schtieflschoaft sog. A zug se lächlnd a d' Hieh. Dr Teifl! Do fahlt ju schun a Schtöck?! – D' Mäus worns ne. 'S wuar schien gleich, wie mit an Massr oabgschnittn. – „Do muß mr schun ejs vo da Balchern drübr gwast sein!" flucht a vr sich on schub se as Nuajlkastl. Macht oallrhand Zeichn om Deckl on gieht vrdrisslich a d' Warkschtuat.

Wie a da drött Tag wiedr gieht on wöll'ch a Schtöck hulln, leit nabn Kastl gruß Jong's sei Häcklmassr. „Aha! – Huajch Dich, Schpötzbub, vrdammtr! – Na woart oak!“ Vr Greul ruast a nei a d' Schtub, wu dr gruß Jong gruad schien schtöll wie a Lamml fromm be dr Muttr sötzt, die'dn Töschr sei Hemd flöckt. A drgreftn oak on zeuchtn hintrn Tösch röm on haibtn mit'n Truajsl off de Schuatnseit, doaß's oak su knoallte.

Sie wuar vorn orschtn Auchnblick ganz paff, drno hilt sen a Oarm. „Soj mrsch oak, böst denn a Noarr an Kopp wurn? – Wuas schläjst denn duas Kind, vr nischt on wiedr nischt? – Wuas hot a denn gmacht, doaß'dn su dröscht?“ –

„Vo nischt on wiedr nischt?!“ knorschte Koarl. „A words schun wössn!“ –

„Nu wuas hot dr Jong uagschtellt?“ frug se no amo. Se konnt 's obr ne drfuahrn. Kenner sojt a Wurt.

D' Worscht hoat obr no kejn Ruh on wittnd ging Koarl die ganzn Taach hie röm on wu a an Jongn an Trafs gahn konnt, macht as. D' Töschrn kannt sich ne mieh aus.

Au amo nochn Mötsch, word dr Töschr zor Scheun giehn, wie a ern hinters Tur sitt – war sötzt dort mit'n letzt Käpplich Braßworscht? – Dr gruß Jong. Mit ejs, zwje hoatt an ben Flügl.

„Vuatr“, joammerte dr Jong, „tu mr oak nischt, ich gah Dr d' Hälft drvo – sonst sojch's dr Mutter!“

Rjedlich hot a mietn gtejlt, obr Koarl wuar off senn Jong no lange Zeit ne gutt zo schprechn. –

Su kuams, doaß heute dr Töschr wiedr senn Jong hieb, no jehntr ejb's zor Worscht kuam.

Josef Bennesch

Zu viel eingebildet

Ei enn Sunntsche noumötz, an Gosthause bei Tietzen,
Dou soßen vier Leute und toten rietzen,
Zor Rajchten 's Glos Bier, an Maule die Pfeife;
Krottichwenz, dr „Worschtspeil", Frnand, dr steife,
Und aus dr Schötzengosse dr döcke Schur,
Dar de ej Fleischermeister wur.
Su ös halt ei Reichenberg bei Alt und Jung,
Dos ehrsome Schoufkopfspiel siehr an Schwung.

(Natürlich spielt mr ock zun Vrgnügen,
Wenn 'ch wos andersch sohn wälle, dou mößt ich lügen,
Ufs Galdgewinn ös mr jo ne su drpicht,
S' ös ock grode, doß mr noch Kurte richt.)
Vu enn Tösche drnaben dou guckte ei Ruh,
Su a junges Studentenporschlichen zu,
Dos de ei Prouge, ei dr Stoudt,
Wu mr die huche Schule hout,
(Ich weiß halt ne, ob ich's tu rajcht vrstiehn,)
Uf Dukter tot ei die Liehre giehn.

Wenz sohte: „Weiter". „Ne enger, weil
Ich kejne Zahne ho", mejnt dr Speil.
„Nu ich war mich ou ne ei 's Unglöcke storzen.
Dou kinnte dr vierte mich schiene oforzen,
Ock fort –", dos worn, nouch sanner Kurte,

N steifen Frnands inhaltsschwiere Wurte.
Nu guckten olle, dos ös klur,
Höchst intressiert om döcken Schur
Und röchtsch, aus dans san Maule raus,
Dou zwötscherte ej „Solo" naus.
Es tönt der Chur der Borger, bieder:
„Nej, Jesses nej, Herr Schur, schun wieder?"

Dar tote sich sei Blot besahn
Und mejnte: „Wullt'r Kinntra gahn?"
„Nej, nej", su toten olle sohn,
„Wu Sie die Protzen vule hon,
Dou möß mr schun die Gusche hahlen,
Ej Kinntra kennt Ihn jetzt nou fahlen."

„Na, alsdanne, dou könnt 's ja giehn",
Su mejnte Schur, und tot ufstiehn,
„Adr zuvure, dou hölft kej Breechen,
Muß vr die Türe giehn amoul seechen;
Schode, wenn mr ock jemanden hätte,
Dar de a »Sejchspiel« machen tätte." –
Und sahtrsch: „Wo die Not am größten,
Da ist die Hilfe stets am nächsten."
Dar junge Herr, vun Tiesch drnaben
Meldtsch: „Wenn Sie nichts dagegen haben,
So werde ich das Spielchen machen." –
„Könn denn Sie Schoufkoup?" – „Na, zum lachen,
Ich spiele doch schon manche Zeit,
Wenn's Ihnen paßt, ich bin bereit!" –
„Na", docht sich Schur, „mr kon 's riskieren,
Dos Spiel ös ja ne zu vrlieren."
Und weil 's 'n schun siehr sejchern tot
Hout ar 'n ols Antwurt druf gesoht:
„Na kumm se har, ich muß schun naus,
Ej »Solo« ös, Sie spielen aus."

Und während nu dr döcke Schur,
Draußen vor 'n Hause sejchen wur,
Dou tote drönne, ei ollen Ihren,
Dar Herr dos schiene Spiel vrlieren. –
Ar wur sugur „Schneider", war wöste wie. –
('s kömmt halt wos vür, ba dr Atallerie!)

Nu tut mich adr nöche frohn,
Wos sich drnou hout zugetrohn! –
Wie de, os wie dr döcke Schur,
Über dan Ausgang an Kluren wur,
Dou quullen en die Odern, dou schnoppt a noch Wurten,
Dou schrie a: „Ötze zreisch die Kurten“ –
Und ’s Galdnappel schmieß a uf war wejß wie
Und pröllte: „Dos Spiel bezohln Sie!“ –
Und wetter plöckt a, wie a ogstochnes Schwein:
„Ej sötter Mensch, wöll ej »Schoufkoup« sein!?
Dou mössen se orscht, wenn sesch su wulln prohlen,
Nou monchen Sechser Liehrgald zohlen;
Ihre Eiböldung, die tun s’ ock vrgassen,
Möt sotten »Schoufkäppen«, wie mir, kenn Sie sich ne massen,
Sie könn ja ganz gut fr enn »Dukter« tougen,
Adr fr enn »Schoufkoup« – dou word ’s ömmer plougen!“

Richard Tugemann

Jeschken-Isergebirgsmundart

Zeichnung: Adolf Schnabl.

Das „Butterweckl“.

Seffs zweiter Trieb

Seffn wur nouch vörzichjähr'cher Ehe sei Weib de Brigitte gestorben. A Glöck und Lejd, a Lost und Trauer, wur se 'n a treuer Begleiter dorch's ganze Laben und wur's an Ehehimmel ou monchmoul trübe, rantes, oder dunnertes, schlug zuweilen gur dr Plötz ei, su schien um su schinner und heißer wieder de Sunne. Nu wur se tut, seine liebe Ehehälfte, und Seff stond ejsom und vrlossen a dr Walt. Ej längst vrheirotter Suhn und ejne vrheirottete Tochter, die de sölberne Huxt ou schun hinder sich hotten, wor'n freilich dou, doch se wollten vu dan alen Voter, dar trotz sanner 72 Juhre kej Madl a Ruh ließ, dar garne a Glasl übern Dorscht tronk, a Batbruder wur und gerne klotschen tot, of kenn Foll wos wössen. Seff wur vu Beruf Bohnmejster gewast und stond über 40 Juhre an Dienste. Oll's wos Rajcht ös , a sann Berufe wur a töchtich und a hout 'n a dar langen Dienstzeit ne ejne Stunde vrnouchlässigt. Nouchdan seine Brigitte undern Rosen gebett' wur, ging a a Pension, vrkoufte de mejsten Sachen, nohm sich ejne klejne Wouhnung außerholb vun Staadtl und besorgte sich dos bößl Hauswörtschaft salber. Schun früh öm fömfe, nouch aler Gewounheit aus sanner Dienstzeit, wur a schun of'n Domme, kochte sich off enn Spiritusbrenner sann Koffej, drnou wur sei Wajg a de orschte Masse. A enn Sunntsche ging a außer dar a de Predicht, a's Huchomt, noumöttsch a de Vaschpr und an Oubendsegen. Of de Länge behagte 'n dos ejnsome Laben ganz und gur ne. A wur gewouhnt, a weibliches Wasen öm sich zu hon, dos'n bemuttert und for'n sorgt. Wie kon sich ou a aler 72jähr'cher Mon, dar 40 Juhre vrheirott' wur, allejne kömmern? An selben Hause wouhnten ja zwö noch ganz röstiche Weibsbölder, die's freilich ne of

Seff'n, a der Hauptsache of seine Pensioun obgesahn hotten. Mit dan zwön wur nischt, dos sahg a Blinder ei. Seff mußte ejne hon, die mit sann Gesönnungen überejnestömmte, die mit'n baten, singen und beichten ging, ock su ejne wur nouch sann Geschmack. A hotte ja schun vrschied'ne Bekanntschoften under dan Bat- und Kerzlweibern gemacht, ober, dou gob's 'r drunder, die wor'n schun zu alt und zu runzlich, wieder andre hotten sunst gur nischt zu tun, ols vu früh bis zun Oubende a dr Körche zu sötzen, Rusenkränze zu baten und zu singen. War hätt'n denn dou söllen seine Wortschoft besorgen und for'n kochen? Drötte wieder speklierten of seine Pensioun, die wollten sich ock gude Tage machen. Ejne ejnz-'che kom a Betracht, die wie a sich under sann Gesönnungsgenossen ausdrockte, for'n possen töt. Se wur nou a röstiges, a sann Ougen a fesches Weibsböld. Ja, die stoch'n schun lange a de Ougen, of sann töglichen Waigen ai de Körche. Und singen konnt' se, doß's a dr ganzen Körche wiederhollte, und 'n Rusenkranz baten, wie sunst kejne a dr ganzen Gemejnde, und beichten ging se, zwur ömmer zu danselben jungen Koplon, wuhl zwölfmoul a'n Juhre. Ja die, dir wur noch sann Geschmack, „die oder sunst kejne", mejnte a, „die muß mei Weib waren, dos ewiche Alleinsein ho ich ötz grode döcke!" –

Schun'n nächsten Morgen, früh nouch dr orschten Masse, machte sich Herr Seff gur vill öm de Frou Rusl zu schaffen. Of enn sihr freundlichen „Guden Morgen", dan se abensu sihr freundlich drwiederte, sproch a se o und lud se of enn Spaziergang „zum Bölde" ai. Vu ganz gewöhnlichen Dingen kom a of sei Allejnesein zu reden, doß a su ne watter laben könnte, und hauptsächlich ging's über san Ufen, a dan glej ne jeder Feuer brätt. „Ja, wenn ich jemanden kriegen könnte," mejnte a, „dar dos zustande brängt und Feuer machen könnte, dar hätte gude Tage bei mir, denn dos ös a Ufen, dar ock mir gehorcht."

„Nu, dos kon ich ja amoul vrsuchen", fung Frou Rusl o, „vielleicht brejt ich grode Feuer a dan Ufen, und wenn Se wollen, Herr Jusef, kon ich ja mit Ihn' mittegihn!"

Seff wur eivrstanden und schiene state klunkerten se minander hejmwärts, öm, wie sich Frou Rusl ausdröckte, de Feuerprufe zu bestihn. –

Ejne Stunde spöter prosselte a lostiches Feuer a Seff's Ufen, Frou Rusl hotte de Feuerprufe bestanden. Bahle druff stond ejne Flosche Wein und a Kuchen of 'n Tösche. Dar enn Flosche folgte ejne zweite und Herr Seff, a sann zweiten Triebe, machte dr Frou Rusl enn reglrechten Heirotsotrag. Mit enn orndtlich strohlenden Gesöchte wurde vu dr Frou Rusl dar Otrag ogenumm und ehb mr sich's vrsahg, log sich dos ale Puur a jugendlicher Begeisterung schun an Ormen und drockte und busselte sich ob, daß de Fanster zitterten und de Möbel rockten. „Of'n Sunntsch", sohte Seff, dou loß' mr uns traun, und glei vu ötz'cher Stunde gibt's zwöschen uns du und du. Eine Huxtreise machen mr ou und zwur a ej Seebod, vielleicht of Norderney. Drnou fuhren mr of Hamburg und sahn uns Hagenbeck's Tierpark o. Worst du ejne Seerejse ou aushalen, Rusl, worst doch ne seekrank waren? Und wenn vu manner Seite niemand zor Huxt mittegihn wöll, sollen se 's bleiben lossen. Vu danner Seite, Rusl, lodt's de olle ei. Ejne Huxt soll dos waren, daß de ganze Stoodt drvou drzöhlen muß!"

Orm a Orm spozierte dos verliebte ale Puur dorch de Stoodt, doß olle Leute stihn blieben und de Köppe schuttelten. Dr Waig fuhrte grodenwaigs zun Pforrn, dan se ihr Oliegen viertrugen. Nu dar machte orndtliche Pflugradlougen wie dos ale Puur von Heiroten ofung, doch, 's wur sei ernster Wölle und dr Herr Pforr mußte's glei ejmoul fr dreimoul ufbitten, drmit es ou nächsten Sunntsch Huxt machen konnte. Sömt früh gingen se minander orscht zor Beichte, denn ohne dar wöcht'schen Sache hätte mr se ne getraut. Frou Rusl ging wieder, nouch gewounter Weise, zu danselben jungen Koplon beichten und mr konnt's 'n vun Gesöchte runderlasen, die Heiroterei tot'n ne grode possen. 's sagh grode su aus, ols wenn a töte drbei öm 'wos zu korz kummen. Ou Seff mußte sich ganz gehierich seine Sündenhocke auslieren, und 's dauerte ejne reichliche Sejgerstunde bis se lier wur.

Schun zeitig früh, öm holbsexe fuhr Herr Seff a sann orschten alen Broitschnozuge zu sanner Braut. Obzwur der ale Ozug schun ganz außer Moude wur und orscht dar zweestöck'che Zylinder, seit Anno Toubak, dar gur ne rajcht possen wollte, stallte Seff doch sann Mon, und sauber rasiert und gekampelt, sahg a an Stihkrogen, weißer Weste und goldner Uhrkette, öm wingstens zahn Juhr jünger aus. Sei Rusl wur nou lange ne fertsch, denn de Frisär'n hotte 's verschloufen. Sihr lange dauerte 's nou bis se endlich, wunderschiene ufgezejmt, a dan langen, weißen Brautschleier, fertsch wur, während Seff vur Ungedold vu enn Bejne of's andre hoppte, und grode wie of Nolden stond. An Troppe fuhren se ötz a dar schun lange wortenden Gotsche uf und drvou a de Körche, 's wur de hichste Zeit, daß se dort okomen, denn dr Herr Pforr wur schun zwöpplich und wollte nemieh worten, ou stonden de Trauzeugen schun of dr Posse. Wie dos Brautpuur de Körche ahinder schriet, nu Dunnerschlag of'n Galdsaack! wur dos a Ufsahn! Hunderte Kerzlweiber, Batschwastern, Beichtbrüder und Neuschieriche stonden an Gängen, öm zu luhren, zu gucken und zu klotschen! Su ejne Braut a dr Seite vu su enn alen, vrliebten Broitsch'n hotte mr nou ne glei gesahn. Wie zwee Tortltauben toten se sich of'n Waige zum Olture anander oflaschl'n. „Wenn zwee ale Scheunen a's brenn' kumm'", hejßt a Sprüchwurt, „sein se nemieh zun drlöschen!"

'S Brautpuur kom vur'n Oltur, wu Seine Huchwörden glei ofung zu wabern. Gur feierlich klong de Orgl dorch de Körche, drnou stömmten se of 'n Chure a prächtigs Weihelied o. Dr Herr Pforr stallte a dos Puur de üblichen Frougen, ob se sich hon wällten, wos Bejde mit enn lauten Ja beantwurten toten. Drnou wexelten se de Ringe, dr Herr Pforr fung wieder o lateinisch zu wabern, de Orgl sotzte wieder ei, drnou gob's a gemejnschoftliches Gebate und Herr Seff wur druff mit sannr Frou Rusl vrheirott. Haufenweise komen ötz de Batschwastern, Beichtbrüder, Kerzlweiber, Prozessiouns- und Sootgänger und Rusenkranznannen geloufen, öm dan neuen Brautpuure mit 'n alen Hejten, zu gratlieren. Dr Brautschleier, dan den Braut ömhotte, flug ock su a Fatzen vu dr Braut runder, denn olle wollten a Stöck drvoune hon. A Brautschleier, hauptsächlich vu su enner alen Braut, heißt's, soll glej grode su Glöcke brängen, wie vu enn Gehangenen dr Strieck, a dan a sich dro ufgeknöppt hout. Bei dr Körchentüre hotten of'n Röckwaige zwee Jungen enn Strieck gesponnt und bevur se ne a Trinkgald bekomen, ließen se dos jung vrheirotte Puur ne dorch.

Bale soßen se wieder a dr Gotsche und fort ging's a's Gosthaus „Zum lustigen Ehemanne", wu de Huxt gefeiert wur. Vu Broitschens Seite wur niemand gekumm', die hotten zu vill Zorn, doß dar ale Mon nou amoul ejne Heiroterei ogefangen hout, doch vu dr Braut ihrer Seite wur de ganze bückliche Vrwandtschoft beisommen. Mr sotzte sich zu Tösche und de Asserei fung o. Orscht gob's ejne Nudlsoppe, su döcke, doß dr Löffl drönne stond. Drnou sotzte's Krientunke mit Rindfleisch, druf enn Kälberbrouten mit Spinat. Ejner Weile druff Schweinefleisch mit Kraut und Ardäppeln, drnou Gänsebrouten und Gorkensolot, Ätschepätschetunke mit Schworzworscht folgte und ubendruff gob's Potterschnitten mit Baudenkase. Getrunken wur drzu Pölsner Bier, drnou Wein, zuletzt Schnops. Gegen Morgen sotzte 's schworzen Koffej mit Kuchen, Striezeln, Chröstbrut, Kropfen, und Schnierollen. Monche tronken ou stott Koffej Pottermölch. Olle hotten se gruße Täppe mitgebrocht, die se undern Tiesch stallten, wu se dos Assen, wos se ne bezwingen konnten, neigoben. Orscht wollte vur lauder guden Assen gur kejne röchtiche Stömmung a de Gesellschoft kummen, doch dr Wein und dr Schnops workten spöter öm su mihre. 'S wur ömmer losticher a dar Gesellschoft und gur monches Huch und Heil ös of dos Brautpuur ausgebrocht wuren. Nouch zwölfe fung mr ejne Tanzerei o, die bis gegen Morgen dauerte. Hübsch duslich ös drnou, gegen Morgen, die ganze Gesellschoft mit ihren vulen Täppen hejmwärts gewandert.

Herr Seff mit sanner Rusl verließen ols letzte de Huxt. Tutmüde sein se hejmgekummen und schun zahn Minuten spöter lag dar neugebackene Ehemon an Bette, während sei Rusl nou sihr lange mit ihren Ausziehn beschäftigt wur. Ejne vule, geschlohne Stunde hotte se drmit zu tun, bis se sich vun Koppe bis zun Füßen ausgeschölt hotte. Dou wor'n die prachtvulen Locken vun Koppe zu nahmen, de Perlenzöhne aus'n Maule und verschiedenes andres ogeschnolltes Zeug, wu Frou Rusl, ogezoun, su schiene rund und mollich aussohg. Zuletzt fung se nou ejne Wäscherei o und die schienen ruten Backen vrschwonden a dr Woschschössl. Mit grißter Vrwunderung guckt Seff aus sann Bette zu und mit grißter Betrübnis sagh a, wie seine liebe Gattin ömmer mihre zusommeschrumpfte. „Nu soh mr's ock, Rusl", fung Seff o, „wenn de su fort machst, dou bleibt ja vu dir nischt mieh übrich! Und jemersch! wu sein deine ruten Backen hie? Böst ja an ganzen Gesöchte ogemoult, wie draußen an Vurhause unser ales Bruthäusl! Nu Kreuz Dunnerschlag of'n Galdsaack! mit dir ho ich enn Fang gemacht, Rusl!"

„Seff bis ruhig", sohte Frou Rusl, „mr hon anander nischt vierzuschmeißen, host doch a mir kejne Kotze ann Sacke gekouft!" Ej Wurt gob's andre und wenn bejde ne su tutmüde gewast wär'n, vielleicht hätte a dr Brautnacht an Ehehimmel schun dr Blötz eigeschlohn, denn dunnern tote 's schun forchtbur. Bale druff sein se eigeschloufen und hon minander öm de Wette geschnorcht bis zu Möttsche. Gegen dreie stonden se fertich ogezoun zum Ausgihn berejt. Zuvure wollte Frou Rusl enn Koffej kochen, doch a dan vrflixten Ufen wollte es trotz viermoulichen Ofeuern ne brenn', su doß Seff nouch alen Brauche of sann Spiritusbrenner die Orbeit besorgen mußte. Ban Koffejtrinken drönnerte Frou Rusl ihren Seff, wenn se denn de Huxtreise otraten war'n. A hotte ihr doch vrsprochen, doß se glei nouch der Huxt of Hamburg rejsen wollen, Hagenbecks Tierpark besuchen, ejne Reise a ej Seebod machen, enn Rennen beiwouhnen und nou vrschiednerlej sich osahn wollen. Jusef dochte bei sich: „Host de mich belämmert, wie ich ban Ausziehn gesahn ho, belämmere ich dich wieder." Und zu ihr sohte a: „Mach Dich fertich, Rusl, mr war'n unse Huxtreise ötz glei otraten." Frou Rusl hullte a oller Geschwindichkejt ihre neue Rejsetosche azu, gob de nutwendichste Wäsche und andre Bedorfssachen fr'n täglichen Gebrauch nei und glei druff ging de Rejse lus. Se wunderte sich, doß ihr Waig ne grodewaigs zun Bohnhufe führt, denn Seff fuhrte seine junge Frou mit'n alen Hejte a dan Masseprater, wu grode Kludskys Menascherie zu sahn wur.

„Dos ös Hagenbecks Tierpark", sohte Seff, „dou woll'n mr ötz neigihn."

„Mr scheint böst ne rajcht ba Truste!" fung seine Ehehälfte o, „böst wuhl vu dr Huxt har nou besoffen?" Trotz olledan ging se mit 'n nei. Nouchdan se sich de wölden Tiere gehierich beguckt hotten, vrließen se de Menagerie und Seff mejnte: „Ötz gihn mr zu enn Rennen!" Und a fuhrte sei Weib glei drnaben zu enn Karasell, wu se minander drei Rennen mitmachten.

„Ötz host des Rennen gesahn, Rusl, ötz machen mı ober ejne orndliche Seerejse“, mejnte Seff, „kumm ock kumm!“

Schiene state klunkerten se minander bis zum Gondelteich, wu se de Seerejse otroten. Se schien dr Frou Rusl ober schlaicht zu bekummen, denn se machte a Gesöchte wie de Kotze, wenn ’s dunnert.

„Ös dr ne gutt, Rusl?“ fung Seff o, „worst doch ne de Seekrankhejt drwöscht hon?“

Se wollte ejne Schömpferei dort ofangen, doch es wor’n zuvill Leute dort ömaring, die olle aus hallen Holse lachten und dan sunderburen Treiben vu dan alen Ehepuure zuguckten.

„Ötz rejsen mr a ej Seebod“, sohte druff Seff, und a fuhrte sei Weib zun Tolsperrenbode. „Dos ös Norderney“, mejnte a, „und wenn de wöllst, konnst de glei boden!“

„Hölt zun Norr’n wan de wöllst“, schömpfte seine Eheliebste an grißten Zunder. „Kumm gschwinde hejm, dort worst de ’wos drlaben!“ Se sein minander hejmgekummen. Wos dort alles vierging, konnte niemand drfuhren. Gewiß ös ’s ober, doß ’s an Ehehimmel muß geplötzt und gedunnert hon, ou soll ’s glej a purmoul töchtich eigeschlohn hon. ’N nöchsten Tag sagh mr ’n Herrn pensionierten Bohnmejster Seff wieder allejne a sanner Klause und seine liebe Ehegattin, de Frou Bohnmejstern a. R., Frou Rusl, wortschoftete wieder a ihrer alen Wohnung. De ganze Stoodt lachte, ols mr horte, doß dos neugeback’ne Ehepuur schun wieder ausanander ös, doß die Ehe schun wieder aus ’n Leime gegangen und ollgemejn hieß ’s: „Wenn ’s ’n Esel zu gutt giht, giht a of’s Eis tanzen!“

Karl Baier

Reichenberger Mundart

Die neue Dompfsprötze

An Urte wor Gemejnderout,
De Sötzung wor schun hübsch an Gange,
Weils sehr vill zu beroutn hout,
Se redtn vill, se redtn lange.
Und under andern kom halt ou,
De Rede of de Feuersprötze
Und enner sproch: „Ich sohs ok dou,
Die ale ös vr uns nischt nötze.
Ane Dopmfsprötze müssn mr ötz hon.
'S ös jo schun orndlich ane Schande,
Die dötte ebsche Plumperei,
Bei jedn klintschn olbrn Brande.
Dos sein mr dr Gemejnde schölg,
Schun lange. Korzum, mit en Wurte,
Die hon se, ihr könnt salber froun,
Ötz schun ei jedn bssern Urte.“

Ane Dampsprötze kost halt ne wing,
Su mejntn die Gemejnderäte.
War weiß denn, ob sich a sött Ding,
Bei uns su röchtsch rentiern täte.
Su redtn se wull hie und har,
'S hottnr Lost, vill hottnr kejne,
Dou lehte Tölschlrwenz sich nei,
Dr orschte Rout ei dr Gemejne.
„Mitbürger!“ Soht a, „Wehrte Herrn!
Ich will orscht gor ne watr schwejfn,
Doch 's Gald mog kumm, wuhar os will,
De Dompfsprötze, die müssmr kejfn.
Dos word amoul vu uns verlangt,
Die mr ötz dou an Route sötzn.
Ötz handelt sichs ok noch dou drömm,

Wie wär se orndtlich auszunötzn.
Denn rejne ok zur Löscherei,
Wie käm mr denn dou of de Kostn,
Eh holbwajgs orndlich Feuer ös,
Drweile kon dos Ding verrostn.
Dou müssmr watr spekuliern,
Wos mr drmite ofangn sölln.
Ich ho schun drübr nouchgedocht
Und tu ötze dan Otrag stelln:
An Summer words bei uns sehr heiß,
Hauptsächlich ei dan letztn Juhrn,
Dr Stroußnstoub, wie jeder wejß,
Ös olln dou sehr lästich wurn.
Dou fällts mr doch vo salbr ei,
Hout mr an Koppe holbwajgs Grötze,
Zun Stoublöschn wos ös drbei,
Dou nahm mr ou de neue Sprötze."
Und watr: „Fingn amende wu,
De Leute o zu demonstriern
Und gingn gor of anandr zu
Und hiertn ou of kejne Liern,
Ihr wehrtn Herrn, tät sich ne sehr,
Die Sprötze dou bewährn müssn,
Ei Korzn wärn de Stroußn leer
Und olles ohne Blutvergißn.
Und kömmt, wie 's jo schun früher wor,
Wiedr amoul a troichr Summr,
De Dompfsprötze, dou saht drsch glei,
Die hölft uns übr olln Kummr.
Dou könnt sich en öm andrn Tag,
Doch Ejs öms Andre drömm bewerbn,
Dou brauchtn uns wajgn ne rann,
De Arepl doch ne vrderbn.
Und grode denk ich ötz drbei,
Se ging doch ou zum Jauche fohrn,

’S wär ne die ebsche Schweinerei
Und ’s ließ sich ou noch Gald drsporn.
De Dompfsprötze mit jo und nej,
Täts die naus of de Faldr sprötzn,
Su könnte doch dos neue Ding,
Noch unsr Pauerei wos nötzn.
Und wegn Galdbeschoffung, na –
Ich denke, dos wär ok zun lachn.
Drum tu ich ötz dan Otrag stelln:
Vrehrte Herrn! Mr müssns machn.“
Dou horchtn olle Leute sehr,
Wie weise ihr orschter Rout gesprochn.
De Dompfsprötze – obse se kouft?
Wenn ne, dou words de nächstn Wochn.

Marie Hübner (Gablonzer Mundart)

Die folsche Eva

De Feix Antoun ban Ufn stond
Und kochte ’s Möttichassn.
Hons und de Grete spieltn sich
An Houfe undrdassn.

Ofe ejmoul ging a Labn lus,
’S wor rejne zun drschreckn.
An Houfe draußn ’s Gretl schrie,
Os tät se on Spöße steckn.

De Feixn sprong zur Türe naus,
Ihr ging’s dorch olle Gliedr.
„Vermaledeitschtn Kinder ihr,
Wos hotr denn schun wiedr?“

„Och!“ schimpfte Hons noch ganz drzornt
Und tot of ’s Gretl schieln,
„Dos dötte ejsne, folsche Ding.
Mit dar tu ich nemie spieln.

Mr hottn ’s mitsomm ausgemacht,
Mr spieln an Paradiese.
Dort grode öm dan Opplboum,
Dou höm glei of dr Wiese.

Ich bin dr Adam, Eva du,
Du raßt ’n Oppl rundr.
(On niedrn Oste hing noch grode
Enner dro zun Wunder.)

Wenn d ’n worscht hon, schreist de of mich
Und läßt mich ou nei beißn,
Ich setz mich ötze hindern Strauch,
Du! Obr ne bescheißn!“

Ich wort und worte immerzu,
Doß se mich wort verführn,
Doch kejne Eva ruhrte sich,
’S wor nischt von ’r zu hiern.

Doch ötz vrlur ich de Gedold,
Ich wur schun orndtlich biese,
Und wie ich ufstond, schmiß de Gretl
’N Griebsch grode of de Wiese.

„Wu ös dr Opll!“ schrie ich se o
Und sprong hie wie besassn.
„’n Oppl“, lacht de Gretl druf,
„Dan ho ich allejne gassn.“

Don kom de Golle übr mich,
Ich ropte se ban Hure.
Die dötte Eva ös jo noch
Vill folscher ols die wuhre.

Gablonzer Mundart

Feix Antoun

Hej, hej! Wuhie denn, Feix Antoun?
Wos ös denn mit dr luß?
Sein dr de Taubn fortgefloun?
Hottste sunst an Vrdruß?
Ötz wür a röchtsch vrbeine giehn,
Und ließ mich dou wie olbrn stiehn.

Nej jeses! Korl Jachem, böst dus?
Dich hättsch ötz ne gesahn.
Bei mir dou ös dr Teifl luß.
Wos enn su olls kon gschahn.
Wenn ich drs ötz drzähln tu,
Dou worscht dich wundrn, horch ok zu:

Verwöchn ging 'ch eis Öberurt,
'S wor sehr a schiener Oubt,
Ich gieh dou liebr os bei tags,
Weils doch ne su sehr stoubt.
Nej worklich, wenn mr sichs su nömmt,
Dou ös enn moichmoul wie bestömmt.

Na korz und gut, wu dort bei Simm,
Dr Wajg gieht übers Wahr,

Begahnte mr a Polizei,
Dar flug su hie und har.
Ich hon 'n watr ne gekannt,
Ich dochte halt, dar hout an Brand.

Na, na, sie sie! Herr Polizei,
Sie hon s'ch wull en gekouft?
Ok folln se ne eis Wossr nei!
Se sein doch schun getouft. –
Nu jo, su ho ich halt gesoht,
Und ötze hout a mich gekloht.

Nej, Feix Antoun, nej über dich!
Du tust mr orndlich lejd,
De Polizei, dos weste doch,
Gehiert zur Ubrichkejt.
Und übr die, na weste Mon –
Wie kon mr denn dou su wos sohn!
Wenn 's sunstern jemand andrs wär,
Dou wär jo nischt drbei,
Nu obr hostes doch gesahn,
Dos ös a Polizei.
A Polizei, dar sich bezecht,
Ös ne besoffn, dan ös schlecht!

Marie Hübner (Gablonzer Mundart)

Gablonz / Neues Rathaus

Wie's bei an Rockngange ei dr Gablunze zugieht

Ai an Sunntche noch 'n Sagn
sieht mr flugs off olln Wagn
ollerlej Weibvolk mit Hockn,
wen mr frout: se giehn zun Rockn.
Dou word geplaudert und gelacht
und amoul olles schlacht gemacht;
wos an Urte ös passirt,
Wos dr Mon for ane Plouge,
über olls hiert mr halt Klouge.
Hout a Madl an Liebhobr,
heißt's die stöcht ou schunt dr Hobr,
wenn ejne abr noch kenn hout,
dou word vo olle Seitn gfrout:
Nu, wos ös denne mit dar,
ös 'r denn ols zu ordenar?
Kejft sich ejne an neu'n Hut,
heißt's: wie sich die ufperschn tut,
hout denn die su 's Gald drzun?
J Gout, de möchte ne su tun.
Dou die ale Morx-Beate
hout kenn ganzn Toub an Brate,
find 's an Sechsr ei an Taschl,
kejft se Bandl sich und Maschl.
Vo an söttn aln Bande
ös dos worklich ane Schande.
Dö Staff-Lene, dos ös die Rachte,
orschtn hott se 's mit 'n Knachte,
ötze lejft se mit dr Schnorche
olle Tage ei de Korche,
und dan neu'n Herrn Koplon,
dar su schiene predchen kon,

läßt se immer schiene größn,
doch dar mog nischt voun 'r wössn.
Die Ringl-Borbr söll sich scham,
wie's dar de Loite übel nahm,
die setzt euch monchn liebn Göldn
ban Einschreibr untn ei dr Wöldn,
und denkt ihr ock jo ne beileibe,
doß ich's erne übertreibe,
obr ich mach ane Wette,
die hout oich ne fönf Stöcke Bette.
Dos heißt, ihr ward's doch olle wössn,
schier hout Keitln nausgeschmössn,
und, dos hott 'r doch ou gehort,
doß dr döcke Rößlwort
fost wär zu an Ambo kumm,
wor a ock ne gor su tumm!
Hoite wössn se 's schun olle,
's hout ou jede sehr viel Golle,
doß se dou dar aln Vochtn
gestern noch wos Klintsches brochtn.
Na, mr dächte – 's wär genung,
se ös doch grode ne mieh jung,
und hout 'r ötze doch schun siebn,
dos ös a brickl üibertriebn.
Dö Kospr-Nanne, dou vie Radl,
wor doch ock a Schleifrmadl,
gout, ich kannt dos schworze Ding,
wie se noch röm battln ging.
Seit se nu dan Wittmon hout,
Dan olbrn Karl, verzeih mr's Gout,
hout se oich zum woschn, kochn,
a Madl schun seit vorzn Wochn!
Na, wär ich ock dou dr Mon,
ich wöll 'r schun wos anders sohn.
Und su gieht's fort ei enn Oudn,

kenn loßn se zwee gute Loudn,
jede hout zu klohn, zu borm,
und su macht's dr ganze Schworm.
Wie die dou su hönne prohln,
hiert mr draußn Koffej mohln;
Junger, spring nömm zu dr Lammeln,
hull a holb Schouk Bottrsammeln;
kumm har dou, du klintsche Lori,
gieh an Lodn noch Zigori;
saht ock, wie dö Geibekindr
römhoppn os wie dö Hündr,
dorchstuchzn tun se olle Toschn,
findn nerne nischt zu noschn;
jo, jo, mit dan klintschn Quärgern
muß mr sich halt immer ärgern,
die de kejne Kindr quäln,
wössn gor nischt zu drzähln.
Mutter spröcht: kum har dou, Seffl,
borg ban Nopper zwei Dutzd Löffl,
loß dr ou drnou bei Kahn
dos Töppl vulr Siroup gahn;
dr Siroup äs an Koffej gsund,
a kost ou ock zwölf Kroizr 's Pfund.
Wall nu 's Lougr uf tut quoln,
nömmt se aus 'n Brate d' Scholn,
und vor jede stellt se ejne,
doch de Kindr kriegn ock klejne;
tut oich jo ne erne zerrn,
sunst war ich oich an Schoppn sperrn!
Na, nu kömmt se mit dr Konne,
gruß wie ane Bodewonne,
und dr Junge treht ganz morbe
Bottrsammln ei an Korbe.
Na, nu hiert zu ströckn uf
und trinkt an Troppen Koffej druf;

dö Mölch ös dönne noch a bröckl,
mr hon ei vorzn Tagn Zöckl,
doch 's Summerkorn ös dosmoul gut,
ich ho's 'n racht viel neigeschutt;
ou ös a bessr wie vo Bunn,
trinkt ock, süße ös a schunn,
nahmt oich Sammeln, langt ock zu,
mei! verstellt oich ock ne su!
Dou spröcht noch ejne: Du, amende
machn mr dr zu vill Ömstände?
Hoste wattr kejne Klage?
Koffej koch ich olle Tage!
Und nu gieht's gehörig lus,
Dorscht ös schun bei olln gruß;
Koffej-Scholn, aus dr Sitte,
sein su gruß wie de Rührbütte,
obr jede goßt zun Wundr
neun – zahn söche Scholn nundr.
Ich möchte ocke garne wössn,
wu dar Koffej hie mog flössn,
denn doß se sette Töppl trinkn,
dos will en wundrbor bedünkn.
Wie miegn s' ock die grußn Mengn
vo dan Koffej unterbrengn?
'S ös oich worklich ou zun lachn,
wie's su die Weibsbölder machn,
's schinste Fleisch lossn se liegn,
könn s' an Troppn Koffej kriegn.
Na, ich tu kenn nischt zu Lejde,
ich vergönn ou oich die Frejde,
doß dr Koffej, fertch gebrannt,
böllig word wie Ufwoschsand,
'n schinnstn Zockr, weiß und rejne,
sölln se spaln wie dö Stejne,

drnou wünscht ich oich noch drzue
ane ebch neumalke Kuhe
und neubackne Bottrwöschl,
grüßer wie a Blousetöschl,
ou sölle 's unser Harrgout gahn,
doß 's monchmoul täte Siroup rahn;
's möcht ou sein os wie die Juhre,
wie 's wejche Holz so böllig wure,
an racht gutn Mon drnabn,
nauer, dos wär halt a Labn?
Obr wär oich olls beschiedn,
mr scheint, ihr wärt nou ne zufriedn,
denn tut mr oich enn Fingr gahn,
wollt 'r se glei olle zahn.
Und su word's ou immer giehn,
so lange word de Walt bestiehn,
und wenn mr ejmoul kumm zun starbn
und warn dö Himmelsfrejden arbn,
dou wart ihr wull de orschtn sein,
die de glei an vuraus schrein,
ob s' an Himmel olle Wochn
wingstns zwanschmoul Koffej kochn.
Word's nu su odr ou su,
ich soh ötz nou nischt drzu,
gieht su lange 's gieht zun Rockn,
troht oich hejm de Geibehockn,
doch dörft 'r ne zu ofte kumm,
sunst word's amende übl gnumm;
denn die bei Sunnenschein und Rahn
ock immer off de Komine sahn,
und wenn se wu an Koffej richn,
glei müssn drzune krichn,
kenn Rockngang auslassn narne,
die sieht gewiß ou niemand garne,
mr hiert ou hintr aner jedn

immer racht elende redn,
und sötte warn, wenn's ock gerot,
gor nerne hieh mih eingelot.
Drmitte is su 's ollrbeste,
kriecht 'r grode su 's Gelöste,
macht 'r oich an Üfl Foier,
ock mit Kouhln, 's Holz is toier,
und kocht, su vil dr erne denkt,
Koffej, doß dr nunderbrengt,
könnt ou nömm bis zur Mounökn
noch an Vortl Kuchn schöckn,
schließt drnou de Kochl zu
und trinkt 'n Koffej racht mit Ruh.
Dou word gewiß ou oier Mon
übr 's Rockngiehn ne klohn!

Ferdinand Schmidt

Aus dr Schule

Ich denke noch monch liebes moul
o jene Zeit zuröcke,
wu mr noch ei de Schule gingn,
dö Mötze an Genöcke.
Mr worn gehörig biese Jungn
und mochtn halt ne folgn,
dr ale Kantr, trist 'n Gout,
profzeit uns oft 'n Golgn.
Doch aus dr ganzen Klasse wor
dö ollrbiste Kroppe
dr klejne Schuster-Filipps-Franz,
dar mit 'n rutn Koppe.
Kej Voglnast wor dan zu huch,

zu brejt kej Wossrgrobn,
und krappn konnte dar, dos hejßt,
os wie de jungn Robn.
Kej Oppl, keine Borne wor
oich söcher vor dar Krete,
kej Hummelnast, kej Rusnstouk,
kej Wossrrübnbeete.
Kenn bessern „Schmejßr" gob's wie dan,
dos wor bekannte Sache,
a schmejßt suglei, offs orschtemoul
an Rutwüstlich von Dache.
Ejmol ging's bei dr Korche nuff,
mr hortn a Gepinke,
und off 'n Dache übr uns
soß ane Reitscharfinke.
Poßt uf dou, schunt hott a an Stejn,
saht 'r se dorte sötzn?
Gieht weg und trat ne hindr mich,
die war ich rundrblötzen.
A hullte aus und zielte korz,
su lange ne wie'ch schreibe,
dou glitscht a aus, dr Stejn ging schief
und – pautz – ei ane Scheibe.
„Na, woort ock, na, du konnst dich freen,
dou worscht 'r obr kriegn;"
doch Franzl riß schun lange aus,
a tote urntlich fliegn. –
'N andrn Tag, dou kom wie sunst,
dr Patr ei de Schule,
a nohm 'n Katechismus raus
und stallte sich zum Stuhle.
Kaum hott 'n Fillips-Franz gesahn,
macht a an krummn Röckn,
und fuhr geschwind untr de Bank
und ließ sich ne mieh blöckn.

Dr Patr prufte a poor Jungn,
und 's tot sich grode traffn,
doß a an rachtn Plootz muß froun:
„Wer hat die Welt erschaffen?“
Dr Junge brengt sei Maul ne uff.
„Hast du's denn nicht gelesen?“
Dr Patr ruft's su ziemlich laut:
„Wer war's, wer ist's gewesen?“
Dr Junge dort undr dr Bank
hürt ock die letztn Wurte,
und 's überlejft 'n hejß und kalt
o san vrstacktn Urte;
's Gewössn ließ 'n kejne Ruh,
a dochte, 's wär verroutn,
und 's kwäme ötze 's Stroufgeröcht
fr seine Missetoutn:
und hoilnd kwom a ei de Hieh,
dö Angst tot ann drwachn:
„Verzeihn Se 's ock, ich bin's gewast,
ich war's obr ne mieh machn!“

Ferdinand Schmidt

An Hause röm

Ock soh mrsch, Seffl, böste geschoit,
und ob dich denn dos Gald ne roit,
ich weiß gor ne – wos denkst denn du,
dou brengst de noch an Schorm atzu;
mr houn jo doche su schunn enn,
ich wöll an ollrliebstn flenn.
Du schmaßt su's Gald zufleiße naus
und brengst sött unnötzch Zoig as Haus.
De Kindr honn nischt ozuziehn,

’s ös ane Schande, wie se giehn,
und ich gieh ou schunn zun drborm,
und kejfst de noch an Regenschorm.
’S ös wuhr, ich will jo gor ne sohn,
for dan, dar sich’s vrschoffn kon,
dou ös jo ollrdings sehr schiene,
hout a stotts enn Schorme glei zwiene;
bei uns dou hott’s kejne Nut,
mir brauchn ’s Gald off Mahl und Brut,
off Zins und off Befoierung,
ej Regnschorm wor ou genung.
Na, wenn du Gald an Zekr host,
dou kejfst du halt und kost’s wos kost,
sött übrlej Gerate ei,
dr Toifl könnt enn hulln drbei!
E, Nannl, mach ock kej sött Labn,
mr hiert’s jo bis bann Schwon drnabn,
loß enn ock ou zu Wurte kumm
und tu ock ne ei enn fort brumm.
Du wejst’s jo gor ne, wos ich will,
zwee Schorme sein doch ne zu vill!
Du weßt’s jo ou, dar ale grüne,
dar ös doch gor ne mieh sehr schiene,
du tust dich jo schunn salbr scham,
wenn du ’n sollst om Morcht mitnahm,
daßtholbn ho ’ch an noin brocht,
würscht Frejde dro honn, ho’ch gedocht. –
Zun Ausgiehn nahm mr ötze dan,
dar schötzt doch wingstns gegn Rahn,
und gießte’s ou os wie aus Konn,
und doß mr noch dan andrn hon,
dos ös doch gor ne su sehr schlömm,
dan nahm mr halt „an Hause röm“.

Ferdinand Schmidt

Ane böllige Grobrede

Zun Pforrer kwom a ormer Mon
und totn 's Ungelöcke klohn,
sei Weib, dos wor'n gstorbn. .
Se hottn sich ei ihrer Eh'
fönf Kinder und ou Madl zwee,
sunst obr nischt drworbn.
Sie könn mr's glejbn, Sie Herr Pforr,
ich war vor Kummer noch a Norr,
die gute Kotherine,
nu macht se sich uf und drvou,
läßt mr an Haufn Kinder dou,
dos ös gor ne zu schiene! –
Was Gott tut, das ist wohlgetan,
da helfen keine Klagen!
Ohn' seinen heil'gen Willen fällt
kein Blatt auf dieser weiten Welt.
Was woll'n Sie denn d'ran wagen?
„Ich ho nu freilich ne vill Gald,
doch bei mir salbr denk ich halt:
's ös jo dos Ollerletzte,
wos'ch tu man tutn Weibe gahn,
dou dorf'ch ne off an Sechser sahn.
J, wenn's ock noch wos nötzte!
Ich will a hübsch Geloite hon
und die de warn de Leiche trohn,
for jedes ane Kerze;
doß noie Bohrtuch möcht' ou sein,
und ane Groberede fein,
su wie mr spröcht: for's Herze!
Vo überstand'ner Quol und Nut,
vo Himmelsfrejdn noch'n Tud,
vo Labnsmüh' und Lostn.

Wos würe denne su a Ding,
dos jedn racht zu Harzn ging,
vo ungefähr su kostn?“
Dr Pforr dar sohte: „Lieber Sohn,
Sie können schöne Reden schon
für fünfzig Kreuzer haben,
für einen Gulden ist schon mehr,
für fünfe aber wird sich sehr
Gemüt und Herze laben!“
„Dou war'ch die öm an Göldn nahm,
su braucht sich kenner ne zu scham,
denn, wenn'ch mr's überlehe,
ane Rede öm fönf Sechser, nein,
dou kon unmöglich wos dro sein,
dos wössn mr olle zweje.“
Dr Pforrer sproch: „Sie haben recht,
sie ist zwar gerade nicht ganz schlecht,
doch gut ist, was Sie taten;
denn, nur so unter uns gesagt,
zu der um fünfzig Kreuzer wagt
ich selber nicht zu raten!“

Ferdinand Schmidt

Dö Darwinsche Theorie

Kastlmachers Tounl, ohne Oudn,
sei Schulzeug schmejß dr Junge off'n Boudn,
de Schnitte ließ a off'n Tesche liegn
und tot zun Voter ei de Warkstott fliegn.
„Nej, Votr, heut worsch ei dr Schule schien,
du söllst salber amoul mittegiehn!
Dr Lehrer macht's uns heute hall und klor,

wie's off dr Walt vor hundert Juhren wor.
Denk ock, wos uns dr Lehrer hout drzahlt,
dou worn ock lautr Offn off dr Walt
und olle, wie mr ötze stiehn beisomm,
mr tun, 's ös wur, von Offn obestomm."
Dr Votr schüttelte zuorscht san Koup
und pröllt'n o, os wärn se olle toub,
fuhr of 'n zu, drwuscht'n glei ban Koppe:
„Du frechr Karl, daß ich drsch Maul ne stoppe!
J wos, von Offn abstomm, gat mr Ruh,
i du vrholtr, dummr Junge du,
i du vrfluchte Kroppe du, du freche,
du mogst wull vou enn Offn obestomm,
ich obr neche!"

Ferdinand Schmidt

Dr orschte Bunn'-Koaffie

Die Juhr, wie de Handwaberei an Jährwitschtual no drhejm on bal aus jedn Häusl duas „Polike – Polake" klung, do gings oft a muanchr Foamilch guar happerch zu. Do guabs no kejn södt Parad, kenn södtn Luxus wie heut. Die Hosn, die dr Vuatr hintrn Schtuhl zrsassn hoat, wurdn vorn gruß Jong vürgschort on wie se dar ne mieh trojn konnt, wurdn se wiedr klennr gemacht vorn jüngrn on su macht oft ej Puar Hosn an ganze Generation mit. Von selbn grobn bößl Zeug flickte de Mutter da Jongn on da Majdln Röckl on Räckl. –

Zo dar Zeit wuarsch. – Drübn übern Woassr schtieht a klei Häusl, drönn wörkt dr Fuadnbruch, wuas dohie Nazseff ös. Haußn vor dr Tür stieht dr Jong, a rajchter Flachender, mr sitts om orschtn Blick: boarbs on blusch, enn Hostrajchr übers Kreuz gschnoallt, 's Hemd vorn off, wie a Fliechpilz an Hut, hingn an Nacken sötzn, ej Hosbejn a bößl länger, wie's andere on a dr Toasch an Hock Schuttrschtejn. Off ejmo hjebt a a Kop on schnupert, 'skömmt'n a Gruch ad Nuas, su a eigntiemlicher, onbekannter. – Wu kömmt dar har? – A sucht on schnupert an Gassl nuff, ben Faktor bleibt a schtiehn. Do raus kömmt dar Duft, docht sich onser Jong on schteigt übrn Zaun. Wie a ben Faktor zon Faanstr nei sitt, sotzn die Leut röchtsch öm a Tiesch, a jeds Töppl vör sich. Faktors Jong kuam raus on frug, wuas ha denn ben Fanster well?

„Wuas hoat dr denn Gutts? – Bunn'n-Koaffie! du doaß ös wuas feines. 's hot kenn do röm, dr Vuatr hot'n aus'n Preuschn mitgbrocht." –

Nu woßt onser Jong gnung. A schprong, su gschwind a konnt, hejm.

„Vuatr, bröllt a schun vorn be dr Tür, ben Faktor hoan se außn Preuschn Bunn'n-Koaffie! Ich wöll'sn au hoan!"

„Morn, Jonger, giech wiedr nübr, do brengch'n mit. Ich kenn duas Zeug, 's sein grüne Kärner mit an Schliez."

Sein Ahl schtand uf vo dr Ufbank on mejnt: „'s word schie Zeug sein, ne zon vrnejsn!"

„Nej Jonger bies oak gutt übrmorn magsn d' Mutter amo an Topfls koachn!" mejnte druf dr Vuatr.

Dr Jong hoppte vr Frejdn bis ad' Deck nuff, dr Fuadnbruch schlenkerte gmietlich öm an Schtuhl on sein Ahl schimpfte schtöll vr sich, über södte Eifäll.

Wuas ab'n dr Fuadnbruch ös, dar hoat no an Nabnbeschäftigung, diet'n hie on do an Kreuzer oabworf; ha ging njämlich mit poaschn. On su ging ha au heut zobn wieder no a Hock. Ha batte ontrwajgs, wie gwjänlich, sein fönf Vatronser on fönf Kristseistmaria, drmit'n kej Finanzer drwisch'n mächt on a glöcklich wieder hejm käm. 's hoat oallmo gholfn on su wuarsch au duasmo. –

Dr Jong schprong öm d'Hock röm, wie a Indianer, a hätt an liebstn die Bunn'n ruh gassn, su klösterch wuar a. Die Ahl kuam, griff nei ad Tött on liß die grünn'n Dinger a puarmo dorch d'Finger laufn. Drno machts dr Jong, on drmit dr Ahle ne zo korz kuam, langt au ha nei ad' Tött on liß schien langsoamm ejn Bunn' öm de andere wieder nei hoppn. Wie gsojt se tuatn sühr bewahrt drmit.

„Assn Ahl", mejnte dr Fuadnbruch feierlich geschtömmt, mach a Feuer on schör für, drmit dr Jong zo senn Koaffie kömmt. Mir koannst'n ufhejbn, ich muß heut no amoul nübr, dr Krjämer braucht Rusinkn."

d'Trejs macht a Feuer, schütt d'Bunn ei an tjänern Top on scheubtn mit dr Ufguabl an Ufen ahintr. Dr Jong stieht ömmer hinterer, su doaß se sich oft ne rühren konnt on dr Schwejß liffr onontrbrochn vo dr Schtorn.

„'s Woassr koacht, mejnte se noch a Weil, Jongr ötz worscht bal kriechn!"

Wie's ern an vörtl Schtond g'koacht hot, nimmt se an Läffl langt nei – „oach, mejnt se ärgerlich – die Dinger sein dr no hoart wie a Schtejn."

Se goast no a Zeit wieder woarm Woassr zu on feuert woas Zeug hält. Se sitt ömmer wieder nei, ja die Onflatr wolln halt ne wejch warn. Dr Jong ös drübr eigschlofen on wuas dr Teifl wöll, die Ahl nöckt röchtsch au an Hälchl drönn. Off ejmo machts an Kracherch an Ufn, d'Trejs fjährt drschrockn a d'Hieh, obr dr Jong wuar ne zon drweckn. Wie se nu an Ufn ahinter sitt, do log dr Top a Schtöckn ofn Feuer on de Bunn dröm röm: a wuar ausgekoacht on zrschprungn. Fluchnd drgreft se de Ufkrök on zeucht da ganzn Krom afür. Mühsalch klaut se die kolchn Bunn aus'n Feuer. Die schun zu sühr braun worn, liß se drönn liegn. Se worn no wie Kiefl so hoart. Se pinkertn wie Nöpprkugln, wie se se off an Taller tuat on oabwusch.

„Södtn vrfluchtn Raudn brengt a hejm!" – schimpfte se vr sich hie on setzt d'Bunn'n no amol as Feuer.

's wuar Morgn; dr Fuadnbruch koam hejm, obr de Bunn'n worn no ne wejch. Zornch mejnt de Trejs: „ötz namch se raus."

Dr Ahl suaß schon mitn Jong ben Tiesch on jedn liff's Woassr an Maul zosamm. De Treiß schütt de Bunn'n off an Taller, goajst a Nögl braune Botter drüber on dräjht se ahinter off'n Tisch.

„Motter, mejnt dr Jong, die richn ne su wie ben Faktor. Duas muß kej Koaffie sein. Vuater, ben Faktor tuatn sen ju aus Töpln trinkn. Mottr wu host denn d'Soß drvou?"

„Ich hua's ju gsoit! Wa weiß wuas sen fr Raudn aufghangn hoan. D' Sooß drvo ös ne zon vrnejsn, se schmeckt wie Uftopwoassr, schtömmte de Ahl mit ei.

„Nu verfluchtoakett! Duas fahlt oak no! Koaffie ös's, duas ward dr mir ne andersch machn. Host se oak hoalb vrbrenn'n lossn, die Dinger."

„Au!" bröllte dr Jong.

„Wuas host denn?“
„An Bunn ös mr an Zuahn gfuahrn. Ich kuan se ne drbeißn.“

Dr Ahl nuahmch au an Läffls – ’s gingn wie’n Jong, a konnt se ne drbeißn. Obr a wollt sich vo da Zwjen ne blamiern on schlung se ganz nontr, wie se w orn.

„I nu host ju rejn guar nischt drua gton. Häst se doa wingstn wejch kochn lossn! mejnt ha druf nochn zwejntn Läffls ärgrlich. –

„Dommes Schof! – d’ Trejs fuhr wittnd ad hieh – ich hua mich doa die ganz Nacht zo denn Stejnzeug drzun gsoatzt. Je miehrer ich gfeuert, desto härter wurd duas Glump.“ –

Dr Fuadenbruch suaß bahl allejn mit senn Bunn’ ben Tösch on ärgerlich worcht a ejn öm die andre nontr, denn schtiehn lossn konnt a se ne. Sein Ahl die hättn die Gschicht as Gruab ano gsojt. Off die Uart wuar se wie dr Teifl off an arm Sejl. Obr Koaffie brocht a kenn mieh mit außn Preuschn, dan hoat a lang an Magn liegn.

Josef Bennesch

Allejne

Dr Buuschsoom stjeabrt iebr d’ Bejm,
zwej Riehe guckn d’ Schneise har,
de jongn Fichtn stiehn ond trejm
ond Pölze kaffrn krojz ond quar.
De Stejne hoann ’ch möt Mous bedackt,
oack ’s ondre Randl ös zo sahn.
De Finke schreit, dr Schwoarzspecht hackt,
de Sonne wabrt iebr d’ Lahn.

Albert Schulze

Die ahle gute Zeit

Nej grißtn Gott die Juhr duas heißt,
Die ahle, gute Zeit,
Drei Bauern zo enn Bottrfuaß,
Do guabs no Herrnleut.
Do suaß'n d' Käpp ne hoalb su fest,
Do braucht niemand an weite West.

Nej grißtn Gott die Juhr duas hejßt,
Die ahle, gute Zeit,
Do glejbtn d' Leut no ihrer wuas,
Do wur niemand oarscht gscheut.
Do schpuckt no kej södt lusr Geist,
Dar enn a Wajg off nuff's zu weist.

Nej grißtn Gott die Juhr duas hejßt,
Die ahle, gute Zeit,
Wenn enn an Ghorn zon dämmern wur,
Dan soatzt mr gschwind off d' Scheit.
Dr grißte Greul, ihr Leut, ös 's Licht,
Weil duas su muajchn Lumpn kricht.

Josef Bennesch

D'Hejmcht

Grooe Hojsl, Schindlbraatr,
gruße Fichtn, Storm ond Waatr,
koargr Boudn, reiche Mieh,
döcke Nabl driebr hie
on a Herz, vertrejmt ond fruh:
Iserhejmcht,doas böst oack Du.

Albert Schulze

Ein Schwank in Gablonzer Mundart

Selbst ein schlechter Geschäftsgang schadet nicht immer dem urwüchsigen Humor, wie er bei den als nüchterne Geschäftsleute verschrieenen deutschen Nordböhmen nicht selten ist. Lassen wir uns einmal von Ferdinand Schmidt eine Geschichte aus seiner Heimat erzählen:

Geschoit is schiene

Staffwanzl wor, wie m'r spröcht, ein gehöriger Brächer, dar de o jeden Menschen an Norrn hotte. Dou soß a amoul ei en Freitsche Noumötz an „Drei Korpen" und wor hundswölde, weil a bei Blumthal et Co, ei d'r kahlen Schmiede kej Gald kriecht hotte. D'rnaben bei an Tische soß Koschl auß'n Maxdorfe und prohlte, doß a ei aner holben Stunde vo d'r Gablunze off' Maxdorf liefe. Olle wunderten sich und schüttelten die Köppe. „Dos ös nöch gor nischt", fing Staffwanzl o. „Wenn's sein muß, gieh 'ch ei zahn Minuten vu dou off de Nöcklkoppe." Dou guckten de andern erscht racht gruß und enner mejnte sugor, dos wär' ane Ouslüge. Dou fuhr ober Staffwanzl ei de Hieh: se wößten olleminander ne, wos Loufen wär', und wenn se Korasche hätten, sellen, se ock mit'n wetten. Und röichtich! Koschl, dar ging druf ei und se wetten vor Gezoign an holben Hektoliter Gablinzer. „Su", mejnte Staffwanzl, „Ihr hott's olle gehort." D'rnou zug a 'n Sejgr 'raus und zahlte: ejs – zwee – dreie – viere – und wie die zahnte Minute 'röm wor, stond a uf, nohm sich de Mötze und 'n Stecken und – ging of de Nöcklkoppe. – Koschl mußte blechen.

Dr Jong

Dar Lodrch wächst su oack druff zu,
a wächst wa wejß wuhie,
de langn Fiß, de grußn Schuh,
se hal'n bal ne mieh.

De Oarme schlenkern vorn ond hin'n,
on ömmr öm'm röm,
dr Koup ös nern ne racht zo fin'n,
's ös monchmol orndlich schlömm.

Hout Auchn wie zwej Fojer droa
ond wie a Schojntur weit.
Ond schielt 'n wu a Madl oa,
dou guckt a off de Seit'.

Albert Schulze

Dotte

Mr kum'm oall vo Baiern har,
vo Thieringn ond Schsn,
a bößl krojz, a bößl quar:
etz sei mr eigewachsn.

Dot hopptn off dr grien'n Wies
de Ziechn möt a Beckn.
Dohie ös ne su ganz gewieß,
mr warn 's oscht ne vrleckn.

Dohie ös 's Brut ost monchmol trojch.
Na, loß mr oack 's Genottr.
Mr hoann ju su vill andr Zojch,
dou brauch mr kejne Bottr.

Albert Schulze

Seibt

A schojbt de Sammln ei on aus
ond trjeat se jedn nou ei 's Haus.

Vier Kroitzer kost'n jedes Stöck,
drei läßt ajch gahn, dou hot a Glöck.

„Seibt, böst wuhl drjeahnd', doas ös zo wing,
dou setzt ju zu ben docht'schn Ding."

„Du Mauloaff, doas wörscht Du vrstiehn!
Doas brengt de Meng', dou wörd's schun giehn!"

Albert Schulze

Mei Hojsl

Mei Hojsl stieht an Buuschrand dot,
drhindr lauter Bejme.
Doas wischbrt ojch ei ejnen fot
wie klejne, nerrsche Trejme.

De Gleckl bliehn, de Bien'n summ',
si brengn ganze Hockn;
Mejkaffr schwörrn möt ihrn Gbrumm,
ma muß'sch rejn orndlich dockn.

Wenn etz mei Hojsl singn kännt,
dou tjeat er wooas drlabn.
Su stieht's oack dou, oas wenn's oack ständ, –
ganz stölle stieht 's drnabn.

Albert Schulze

Onsr Woappn

Mir hoann a Road ei onsrn Woappn,
drnabn stiehn zwei schwoarze Knoappn.
Se sein rejn vurnahm oagezojn.
De Hoammr, die se jeds enn trojn
ond die zwej Fäustl, – sein zon Schlojn.

Wjear onsr Woappn no labendsch,
kej andersch mächt'sch, bei kenn sonst ständ'sch. –
'ch führ möt de Stolln raus ond nei
ond binkrn tjeat'sch doas hört mr glei.
Ond 's Zinn ljeag ghefflt glei drbei.

Sa 'ch an Museum su de Koastn
ond sa 'ch doas Zojg su häng'n ond roastn, . . .?
Du ahle, liebe Hejmchtsche Du!
's ös bal, oas ließ mersch kejne Ruh. –
Ganz sacht'sche mach'sch de Tiere zu.

Albert Schulze

D' hoalbe Million

De Sonne finklt hichr schun,
dr Schnie leit oack nou hoalb vrstackt;
de Wiese, 's ös ju etz ejtun,
hout'sch schun su hoalbwachs uffgedackt.

Oall Tache loacht de Sonne hie:
de Gänseblieml röchtnch uff.
Ond hojte, denktsch oack, hojte frieh, . . .
an hoalbe Million stond druff.

Albert Schulze

Dr Tud

Hjeatt'sch etz ond kännt'sch ond tjeat'sch au wössn,
wie 's wörd ond woas mr oageschörrt:
ne Ejs vo oalln tjeat mich vrdrißn,
ond wjear'sch au nou su hoalb vrwörrt.

Se sojn, war störbt, – die warn 's schun wössn, –
on a leit dou ond wejß ne wie,
dar hjeatt nou ejmol oall gutt Bössn
on au nou ejmol oalle Mieh.

Wenn tut mr sein, dou säß mr oalle
an Fojerla, an Paradies:
woas d' ne gutt gemacht hjeattst, brächt'sch zo Foalle,
woas d' gutt g'macht hjeattst, doas wjear dr gwieß.

Ob gruß, ob klejn, ob Herr, ob Knaacht,
kömmst ondr 's Radl, kömmst ei d' Ruh.
Wenn d' sonst oack ommr gutt ond racht:
doas gibt 'n Ausschlag, su ond su.

Albert Schulze

Noamstag

Soll ennr mich oack nejsn:
böst schinnr wie a Tannl.
Ond tust glei Anna hejßn,
fr mich, do böst oack 's Annl.

Dou host a Blum'mkränzl:
se tun d'sch ju Anna nenn'n.
Obds mach mr druff a Tänzl,
dou tust mich ju schun kenn'n.

Albert Schulze

Woas mr sinniern

’s koann sein, mr sahn ons ne mieh oft,
’s koann sein, mr sahn ons ju.
Wenn d’ kömmst, dou kumm oack onverhofft;
’ch mach oack mei Bichl zu.
Ond kumm oack glei dorch d’ Vordrtier;
ich war schun stölle haln.
Woas notzt ’s denn, wenn ’ch au lamentier,
tust mich ju ne vrfahln.

Kömmt dr Wönd,
soit: „Geschwönd!“
Soich: „Etz hal oack ei!
Jedes Ding,
nou su gring,
kömmt ond gieht vrbei!“

Tutt’sch ennr hjeamschn, loaß oack sein,
an Gunks wörscht schun vrnejsn.
Oack die, die nooch dr Hejmchte schrein,
die mußt de Lumpn hejßn.

Du sojst, du tjeatst an Thoalr gahn,
wenn d’ känntst amol ’s Fejsmannl sahn?
Dou kumm oack har, ich zeich dr’sch glei:
guck oack douhie an Spiechl nei.

Albert Schulze

Der verstockte Bauer

„Ne-i, soh mr ock, wie 's möglich sei,
Daß deine Ougen troige[1]) blieben,
Dich muß nischt freu'n und betrüben,
Du böst wie Eisen oder Blei! –
's wur ou ne enner, dan ich kennte,
Daß a ne ou gehörig flennte,
Wie a dr Frühpredcht der Kaplon
Tut vo der Höllenstroufe sohn –
Mir scheint, du böst a harter Bengel!"
„„Nu, wos dr'eiferst de denn dich? –
Dos kratzt mich ne, wos kümmert 's mich?
Ich bin ju ne aus viern Sprengel!"" –

---

[1]) Trocken.

Ferdinand Siegmund (Reichenberger Mundart)

Reichenberger Musikanten

A Reichenberg göbt 's ou Musik,
Gor hübsche Walzer spielt Stuchlik,
Der Churrekter macht's ou ne schla-icht,
Ock manchmoul blousen se ne ra-icht;
Dos aber kon ne anders sein,
Denn su a arm Tuchmacherlein,
Dos muß ba Tage fleißich schnelln,
Und wenn se oubends blousen sölln,
Wu nahm' se dou a Ouden har?
Dou gieht 's halt manchesmoul drquar –
Wing Woore für a schla-ichtes Gald,
Ös überole ai dr Walt!

Ferdinand Siegmund (Reichenberger Mundart)

Gehörich tudt!

's kon wull su a 30 Juhre har sein,
Dou sprong a Borsch aus 'n Radl
Ban Kesselstejne ei Hillebrands Teich,
Wie gewöhnlich: wagn an Madl.
A kom geloufn wie ne racht geschoidt
Und klatterte off de Schötze
Und sprong mit 'n Koppe zuvure nei,
Off 'n Wossr schwom seine Mötze. –
Viel Loite hottn dos Ding gesahn,
Se machtn glei nundr zu Hölfe,
A kom obr gor ne mieh ei de Hieh,
Ock 's Wossr rauschte an Schölfe.
Se suchtn lange mit Houkn und Stangn,
's verging Stund öm Stundn,
Se wühltn 's Wossr uf bis off'n Grund,
Obr 'n Borschn hon se ne gfundn. –
Off ejmoul, ban Bodn ganz unverhofft,
Dou fond 'n dr ale Bende.
's wor obr schun de hüchste Zeit,
De Woche ging bale zu Ende.
Off 'n Rande dort lag a ausgestrackt
Und olle froutn: „War kennt 'n?"
Dö Weibvölker hielt'n s'ch vor Harzelejd
De Scherzn vor d' Ougn und flenntn. –
Dou kom aus dr Stodt dr Polizei,
Dö Loite gingn flugs off de Seite
Und machtn 'n Plotz und ließn 'n dorch
Und gucktn ock su vo dr Weite.
Dar sog sich dan Borschn gehörig o
Und zug 'n ban Füßn und Händn,
Und fuhlt 'n o 's Harze und thot 'n drnou
Off die andere Seite röm wendn.

„Wie lange hout a an Wossr gelahn?“
Frout a nabn sich ane Froue.
„Nu, ’s warn wull bale acht Tage sein.
Ich weiß halt ne ganz genoue!“
„Ihr Loite“, sproch wöchtig dr Polizei,
„Dou ös aus, dos kenn ich zu gut,
Wenn enner acht Tage an Wossr leit,
Dou ös a schun lange tut!“ –

Ferdinand Schmidt (Gablonzer Mundart)

’s Madl

Sieh oack, host an noje Moasche,
die ös abr schiene.
Ond de feine Ladrtoasche.
Ös die ne goar griene?

Ond de rusnrutn Backn
ond de weißn Zjean,
d’ blondn Hur, dr braune Nackn,
ömmr möcht ma ’ch drjeahn.

Host su vill, woas ejn kännt gfoalln,
doaß ma oalls vergößt.
’s Schinnste abr ös vo oalln,
doaß de onser bößt.

Albert Schulze

Dreierlej Bier

Ejmoul, 's wor an Bröchner Feste,
Soußen spät noch a poor Gäste
Ei dr Schenke dröm bei Tiezn
Und touten mit schorfer Korte rietzn;
Klousetounel wor dar ejne,
Schierfornand su hieß dar Klejne,
Sunnetaus soß os dr drötte
Zwöschn bejdn ei dr Mötte.
„Wejß dr Toifl", sohte Schier,
„Tounl, kost amoul mei Bier,
's hot jo grode an Geschmak
Wie ordenarer Schnopptouwak."
„Nu, ich weiß ne", mejnte Klous,
„Meis, dos schmeckt ou su korious.
Ich hos ötz abn rausgefundn,
's schmeckt grode wie noch jungn Hundn!"
Nu tronk dr ale Sunnetaus,
Doch augnblöcklich spie as aus
Und schrie: „Herrdeckt, mich worgts an Bauche,
Wie Petroleum schmeckt die Jauche." –
Se ruftn flugs 'n Wort herbei:
„Ock soh mrsch, wos schenkst du denn ei,
Dos ös schun 's Hüchste off dr Walt,
Sött göftig Zoig for 's toire Gald,
War kon sött Luderzoig genissn?
Mr soll dr 's ei dö Ougn gissn!"
Dr Wort, dar stond ei guder Ruh
Und sohte gor kej Wurt drzu,
A ließ gemütlich orscht an jedn
Grode wos a wolle, redn,
Und sog sich immer röm und nöm
Ban Tösche ganz gehörig öm.
„Wos ös denn eigntlich geschahn?

Lot mich dos Ding doch ou besahn!
Nu jo, ich sohs jo, wie de Kindr,
Grausam vill Sums und nischt drhindr;
Ubch dann Biere, dou mei Lieber,
Hängt's Petroleumlampl drübr,
Siech ock de Troppn rundr kleckn,
Dou muß 's noch Petroleum schmeckn.
Und du dou, mit dann jungn Hundn,
Dos ho ich ou schun rausgefundn,
Du, Tounl, host drfurn halt
Dei Bierglos off de Bank gestallt,
Schiers Hund, dar hout drnabn gschloffn
Und monchmoul aus dan Glose gsoffn,
Siehste, dou hon mrsch glei entdeckt,
Warum 's noch jungn Hundn schmeckt!
Und Schierfornand, du böst mei Noppr,
An Dorfe wull dr grüßte Schnoppr,
Und daß dir 's Bier tut orntlich schmeckn,
Dos brauchste ne orscht zu verleckn! –
Nu sah ich 's doch, du host 'n Schnoppn,
O dannr Nose hängt a Troppn,
Nu steckst du mit dar softchn Nose
Oll' Augenblick amoul an Glose.
Fällt jedesmoul ej Tröppl nei,
Fornand, dos siehste salbr ei,
Dou mußt du freilich ei dann Bier'n
An Schnopptouwak-Geschmack verspürn.
Loßt ock 'n Hund ne off dö Bank,
Und putzt oich Lompe und Nose blank,
Dou ward ihr mir mei Bier ock loubn
Vo Mountsch früh bis zun Sömde zoubn."
Wie dar 'n nu dos Ding su sohte,
Und olls su klor beweisn tote,
Dor hon se 's olle eigesahn
Und hon 'n Worte racht gegahn.

Ferdinand Schmidt
(Gablonzer Mundart)

Meine Sprouche

Su vuller Sunne wor'sch a Morgen,
o jeden Grosholm hing a Diamant;
dou wor'sch, doß ich vergoß die Sorgen,
die mich vou Tag zu Tag führ'n o der Hand.

Dou ging ich o an Wiesenrejne
o Kornfald und Gehonnsblum hie
und ging su mutterseelen allejne,
mir wur su gut wie lange schun nemieh.

Ganz sachte soht ich ale Wurte,
wie ich's amoul os Kind gesoht,
su Kinderreime aus man Urte
und Hexenspröchel, die mir Jung'n gehot.

Nu horcht ich uf, der ganze Himmel
dar klong a ejnzches Morgenlied –
von Lörchn zug a ganz Gewimmel
huch über mir an Sunngefunkel mit.

Su oft ich bin ofs Fald gegang'n
und ho die Lörchen obgepoßt,
dou hout noch jede paurisch gesung'n
und himmelhuch klong's vuller Lost.

Die Blümel reden ollezsomm,
ihr hiert ock gor ne ejgen druf;
ganz ei der Früh, wenn oll's noch schläft,
dou tun se schun die Ougen uf.

D'rzähl'n anander sacht, ganz sacht,
und wenn d'amoul wellst hieren giehn,
dou steck' dich hinder Strauch und Pusch,
doch mußt' ou paurisch rajcht verstiehn.

Und wenn dö under Fichten giehst
und's rauscht und singt su fort und fort,
dou hier' amoul rajcht ejgen druf –
nouch der Schreft ho ich's noch ne gehort.

Drum wan ne meine Sprouche poßt,
Herrgott! dar gieh mer aus'n Zinn,
ich kon's 'n sohn, sunst spürt as noch,
doß ich aus Pauernstomme bin.

Adolf Wildner

A Bekenntnis

Ja, woas mor sein, doas sein mor,
und wie mor sein ös's gutt, –
wenn's moanchn Stänglgaansrich
ou ne gefoalln tutt.

Mir wardn nemmieh andorsch!
Mir bleibn deutsch und fest,
und wenn's dorbei die andorn
vor lauter Wut zorreßt!

Adolf Scholz, Friedland

Under der Frühmasse

In einer Zeit, als es in Böhmen noch Hellebarden und Wölfe gegeben hat.

„Du, horch ock, Franz, wie's bellt öms Haus –
Nu ös derhinten o der Tür."
„Ne fertn, Seffel; ich gieh naus,
Lang mir amoul a Scheit avür!

Nu kumm ock; hilt dich fest o mich.
An Hund, dan war'n mir noch bezwingn." –
„Du, horch ock, Franz, wie 's heult, dos Viech,
Hirscht 's o die Hindertüre springn.

Du lieber Gout, wie 's knackt, wie 's kracht,
Dar springt uns noch die Türe rei!"
„Ock flenn ne, Seffel, 's wär gelacht –
Dou schlüg doch 's Dunnerwater nei! –

Dou wälz' mit 's Hackeklötzel vür!
Nu spring, su lang dö Frejde host."
Dar Gang ös fenster, bei der Tür
Dan zween, dan kloppt und pocht die Brost.

Nu schorrt 's und krotzt es und miniert,
A Schiem dorch ane Spale fällt;
Ock Krotzen, Keichen, wos mer hiert,
A Spon von morschen Holze spelt.

„Herr Jesus, Franz, die Zähne siech.
Du, Franz, su sitt kej Hund ne aus!"
„Ock rujch, ich half ihm, siste 's – ich –
Dou host's, dou zieh die Schnauze naus!"

Wie 's heult! Dan Jungn werd angst und kalt.
„Ach, wär ock ne der Voter fort!"
„Dos Viech, dos ös zu zäh und alt,
Spring, Seffel, hul mer 'n Hellebort. –

Wos? Krigst, du Luder, noch kenn Wind!
Dou noch ejs – noch ejs – dou derworg!
Glühndiche Ougen – Seff, geschwind,
Der Koup buhrt schun zun Loche dorch.

Dou har – dou hoste 's – und noch ejs. –
Sist 's, Kriepel, nu, dos kost dei Blutt –
Dos Hundsviech trieb mich rejn ei Schwejß;
Nu hout 's genung – nu ös wull gutt.

Ock, Seffel, rujch, war werde denn flenn!"
Noch hält a ei der Hand sann Spieß,
Gerejt, an Rachen neizurenn,
Wenn sich dos Tier noch blöcken ließ.

Wie 's draußen heult ei Angst und Wut:
Die Hure tun zu Barge stiehn –
Der Hellebort ös noß und rut.
Nu endlich rujch. Die Jungen giehn.

Sacht ei die Stube und setzen sich
Und putzen ob dan Hellebort. –
„Ich wejß ne: äfft 's amende mich!
Horch, Seffel! host du wos gehort?"

„'s bellt wieder, Franz, öm unse Haus!"
„A Scheitel nimm dör, Seffel, spring
Und kumm mit mir zur Türe naus,
Dar Hund hout immer noch zu wing."

Und draußen schorrt 's und kajcht 's und krotzt,
Zwee Ougen, die wie Funken glühn.
„Du Hundsviech, hout 's noch nischt genotzt,
Wellst du amende Leine ziehn?

Pfitsch – sist 's – dou host 's – noch enn – dar soß –
Nu heul' ock – jauer – Luder du,
Ich war dir 'sch zeigen, wie und wos,
Loß du ock unse Haus ei Ruh."

– Der Franzel guckt zun Fanster naus.
„Die Zeit, die ös wull lange rem,
Die Kerche ös schun lange aus,
Wenn Voter doch und Mutter kwemm!"

Vör 'n Herrgoutsbelde Seffel kniet.
„Du, Heiland, bies gebaten schien,
Du sist 's, wu Voter, Mutter gieht:
Sö sölln a brinkel geschwinder giehn."

„On Bargel kumm sö!" Seffel uf
Und schreit und springt zur Türe naus,
Mi 'n Hellebort, der Franzel druf
Springt of die Wiese anouch vör 's Haus.

Und bejde schrein ock, wos sö könn,
Ock „Voter! Mutter!" immerzu.
„Wos ös denn, wollt ihr denn gor flenn!"
„A Hund wor dou und gob ne Ruh.

A Flejscherhund – su gruß und weld!"
„Ich holf 'm mit 'n Hellebort,
Doß a kenn Mucks mieh hout gebellt. – "
„Dort – Herrgott – bei der Stiege dort . . ."

Der Voter fängt zu zittern o,
Doß a kej Wurt ne reden kon;
Nu lahnt a o der Mauer dro:
„War hout – denn die – zwee Wölfe derschlohn?“

---

[1]) Während der Frühmesse.

Adolf Wildner (Isergebirger Mundart)

Maientod

Der Waber-Pauer gieht ei Ruh
Dn Rejn on Winterkorn verbei;
Ha schlendert stat 'n Posche zu,
Wie holb und holb ei Trejmerei.

Nu ös jo Zeit, von Sän zun Houn
Kon ha sich schun die Frejde gönn;
Sacht aus der Pfeife ufgefloun
Öm Koup sich bloue Wölkel spönn.

Wie ha nu zweschen Fichten gieht,
Ha sotzt se, zwanzich noch ne alt,
Dou neckt ha, brummt und gieht und stieht,
Die Pfeife wure langsom kalt.

Ganz täppsch mit schweren Fingern bejgt
Ha sich an Mej und strejchelt sacht:
Dar Mon, dar sich zun Bejmel nejgt,
Hout 's mit kenn Kinde su gemacht.

Ha wor 'n Hübel nausgekumm,
Dou wur 'n mott – su wunderlich.
„Die Knochen war'n langsom stumm,
Am besten ös, ich setze mich.“

Su brummte ha, sotzt sich eis Gros,
Dn Röcken o an Stom gestötzt;
Die Fichten [illegible] noch morgennoß,
Von Forben gold und rut dorchblötzt.

Und ane Weile soß ha su –
Verwundert schüttelt ha 'n Koup:
„Du lieber Gout, wie gieht dos zu,
Die Fichten hon jo halles Loub.

Und lauter rute Riesel blühn,
Die Fichtenwöppel olle rut –
Du lieber Gout – su schien – su schien,
Dös blüht wie lauter Troppen Blut.

Und hundert Glocken läuten sacht –
Nej – hundert Riesel – wie se schwingn –
Su rut – su rut – dos singt und lacht –
Wull hunderttausend Riesel klingn . . ."

*

Zwee Weiber gingn mi'n Raft verbei;
Derschrocken uf die ejne schrie
Und zeigte ei die Fichten nei –
Ock langsom trauten sie sich hie.

Dou leit ha lang ei 's Gros gestrackt,
Mer hirt kenn Oudenzug ne giehn –
Vou Koup und Hutte holb verdackt
An Grose hundert Riesel blühn.

Adolf Wildner (Mundart des Isergebirges)

Singt, ihr Majdl, singt!

Singt, ihr Majdl, singt!
Sonst starbn onse Lieder,
on pflanzt die ahle Gemütlichkejt
ei onse Derfer wieder.

Singt, ihr Majdl, singt!
Duas wöscht a Staub von Labn
on treibt die biesen Geister aus,
die Streit on Onhejl wabn.

Singt, ihr Majdl, singt!
Halft Lieb on Lost drweckn,
die lang vrbuante Harzlichkejt
vr jedes Häusl steckn.

Singt, ihr Majdl, singt!
Trojt euer Herrgottslachen
offs Feld, an Guartn onder d'Bejm:
's word wieder Frieden wachn.

Singt, ihr Majdl, singt!
Singt onser Hejmcht zo Ührn,
do word euch orscht ihr Harrlichkejt,
ihr ganzer Himml, ghürn.

Josef Bennesch

Drhejme

Drhejme wür'ch! Seit villen Juhren
Drhejme a dr Voterstodt.
Och, wür ich doch ne hargefuhren!
Wie ho ich hoite dos beklot.

Drhejme sein und doch ne wössen,
Wu hie mr leht sei müdes Hejt,
Gehiert zum grißten Bötternössen,
Dos macht en 's grißte Harzelejd.

An Wrtshaus sol ich hoite schloufen?
An Wrtshaus, lieber würch drvou
Naus ei de weite Walt geloufen! –
De Mutter ös halt nemie dou. –

A korzcs Bette, kales Zömmer;
Kej Schlouf a meine Ougen kömmt;
Ich denk' of ale Zeiten ömmer,
's Simlieren gur kej Ende nömmt.

Ich denk an Voter, dar gestorben,
Wie'ch nou ej klenner Junge wur,
As Voterhaus, dos sich drworben
Ej Vetter hout schun monches Juhr,

Ich denk a meine Spielkomroten,
As Schlejfefuhren, Pölzegiehn,
Wie öm de Hoiser röm mr joten,
As Rejfentreiben, Drachenziehn.

Grußaltern kummen, ale Loite,
Und 'gucken mich su traurich o –
Ich glejb, ich flenne gur nou hoite,
Ib'ch su ej Wiedersahn drtro.

Ou kömmt de Mutter, frout, wie'ch liege?
Öb kejne Fale wu mich dröckt?
Öb'ch worme Füsse denn schun kriege?
Öb'ch nou ne bale eigenöckt?

Nou Ejne kömmt. – Göb Du mr Frieden!
Du nohmst en andern Dir zun Mon;
Zu orm wor ich. – Mir sein geschieden!
Ich ho's vrgassen, ho's getron. – –

Und Stund' öm Stunde schlät vun Torme
– 's ös nou dr ale, liebe Klang –
Ich zähl' und zähl' – und wie'ch ou borme,
Kej Schlouf! – Wie ös de Nacht su lang!

Gan Se mr wos zu!

Klejne wur nou unser Nazel,
Doch dr grißte aus dr Hard;
Loufen konnt' a Boutengänge
Schun dr Mutter, 's wur wos wart,
Nöm zu Nerhatten an Loden
Schöckt s'n oft öm dos und dos,
Wur's ou ok öm a pur Kroizer,
Ömmer krichte Nazel wos.

Braune Zeltel, Kandelzocker,
Kolms, Gehonnsbrut, Sisseholz,
Oumsenejer und Lukrejzen
Brengt a frejdenvul und stolz. –
Hon se ejmoul druf vrgassen,
Nazeln gur nischt zugegan,
Bleibt a traurich stiehn ban Pudel,
Bis se, wos a wöll, gesahn.

Bale weiß a laut zu foudern:
„Om en holben Moschkeblüt,
Om en Ziemt, gestußnenPfaffer,
Und wos zu! – Kej Gald ho'ch mit.“ – –
En Tag göbt's halt nischt zu hullen,
Und de Zeltel sein su gutt;
Nazel wejß sich schun zu halfen,
Nazel wejß schun, wos a tutt.

Stieht a Bössel vr dr Türe,
Lejft geschwind an Loden nej,
„Wie vill ös denn?“ – Mit Korasche
Frout a 'n Lodendiener glei.
„Nou ne Noine!“ – sot dar freundlich.
„Dank schien! – Gan Se mr wos zu!“
„Wort, Dir war ich Bejne machen,
Du vrflischter Junge Du!“

Julius Vatter

Meine Hejmt

Wie lange schun, wie ebich lang,
bin ich vou dir getrennt;
dorch Nut und Grausen wor'sch a Gang,
die Hejmtesehnsucht brennt.
Wie schien du best, wie wunderschien,
dos wur' mir nu bewoßt;
ich mußte örscht die Walt dorchziehn,
die Sehnsucht ei der Brost.
Ich ho kej schinner Land gekannt
os dich, mei lieb Deutschbiehmerland.

Derhejme brennt Glosufenglut,
der Pusch vou Äxten hollt,
vill tausend Hände schoffen Brut
und machen Koul'n zu Gold.
Suweit sich unse Hejmicht dehnt,
ös nu an Niederland,
o der Eger – wu ihr denken könnt,
dou rührt sich Koup und Hand.
Ich ho kej fleiß'cher Land gekannt
os dich, mei gutt Deutschbiehmerland.

Mi'n Reichenbargern mußt ich ziehn
ei Krieg und Feuerbrand,
und Schabatz, Mitrowitz, Schepschin,
die hon uns gutt gekannt.
Der Rosse ös vör uns gerennt,
mir ließen's nernte fahl'n:
Mi'n Egerländer Regiment
tu ich Welschenwache hal'n.
Ich ho kej tapfrer Land gekannt
os dich, mei treu Deutschbiehmerland.

Gedanken fliegen tausend hejm,
a jeder a lieber Gruß,
muß jede Stunde vou dir trejm,
die ich noch fort sein muß.
Doch käm' ock ejs noch, käm's geschwind,
wärscht endlich du befreit,
du host der'sch tausendmoul verdinnt
ei Krieg und Friedenszeit.
Kej schinner Hejmkumm hätt'ch gekannt
os ei a frei Deutschbiehmerland.

Hügel Antonini bei Asiago, Feber 1918

Herbst

Nu gieht die Zeit!

Noch off 'm Bargel wollt sö ruhn,
Dou fingn die Bejme o zu luhn:
Der Reif, die Sunne gingn verbei,
Die sengt 'n sachte eis Harze nei.

Und dorch mei Harze ging die Zeit
Und seine Sunne klierte sich;
Nu ös su stölle und feierlich
Und wie a Herbsttag gruß und weit.

Nu gieht die Zeit!

Adolf Wildner (Mundart des Isergebirges)

Franzl und der Esel

Franzl kömmt aus dr Schule,
sitt en Esel stiehn
droa a Mölchmonns Woane,
a konn vorbei ne giehn,
muß a sen langn Uhrn
s orme Ludr ziehn.

Do kömmt drzu sei Lehrer.
Schwopp! dou setzts ejs nei.
„Mußt dus Languhr schinden?,
war dichs liehren glei!
Hejm mr gieht monierlich,
ös de Schul vorbei!“

Franzl lejft drno öm de Ecke
on sen Direkter oa.
Dar schreit: „Du Sackrmenter,
of dr Stelle soas
warum du heulst, du Junge,
schlug dich war, su kloas!“

„S haute mich mei Lehrer
hinders Uhr, doß s kracht,
und ich ho doch dan Esel
gur nischt ne gemacht. . .“
Schwopp und schwopp, dou hout
a ejne neue Tracht.
„. . . und ich ho doch dan Esel
überhaupt nischt ne gemacht!“

Julius Vatter

Wiegenlied

Die Sunne ös nu ou zu Ruh,
Eis Bette kricht, ihr Kinder;
Der Moundn kömmt ou schun azu
Und brummt: „Macht doch geschwinder!"
Kinderla, lieb Kinderla,
Kinderla, schlouft ei!

Horch, Schlingel, mit dan decken Benn,
Der Wolkenmuhme Spruchel:
„Dan Strompelhons, dan muß ich kenn!"
Sie röckt on ruten Tüchel.
Kinderla, lieb Kinderla,
Kinderla, schlouft ei!

Dou nöcken schun verschloufen rei
Die Fichten schwer und müde,
Die schliefen gor zu garne ei,
Wär ock douhenne Friede.
Kinderla, lieb Kinderla,
Kinderla, schlouft ei!

Nu floigt 's ganz sachte übern Pusch;
Off olle Fichtenspötzen,
Don hüben, drüben, husch, husch, husch,
Tun klejne Engel sötzen.
Kinderla. lieb Kinderla,
Kinderla, schlouft ei!

Hout jeds a Geigel gor gezömmt
Und froit noch dan klenn Kindel,
Ob 's denn noch ne zu Ruhe kömmt
Und strompelt ei die Windel.

Kinderla, lieb Kinderla,
Kinderla, schlouft ei!

„J freilich folgt 's und schläft ei Ruh!"
Hej, wörd don a Gefiedel,
Der ganze Pusch, dar klingt an Nu,
's sein lauter Trejmeliedel.
Kinderla, lieb Kinderla,
Kinderla, schlouft ei!

Adolf Wildner (Mundart des Isergebirges)

Grußmutters Gurten

„'s ös hoite Suntsch! Wu giehn mr denn hie?
Öm's Fald? – Drzun ös zu worm;
An Puusch? – 's ös weit, dos drlouf'ch nemie;
An Gurten? – Dou sein mr zu orm.

En Gurten mit Blumen, en schottichen Plon,
Ej Summerhoisel drbei,
Könn reiche und vurnahme Loite hon;
Mir gucken ban Zaume ok nei.

Mir giehn of'n Krchhouf! – Ej Gurten ös dos,
Kej schinnrer weit und brejt
Mit Blumen und Stroichern, Bäjmen und Gros
Und Bänken, 's ös ejne Frejd.

Drönn' Rusen und Nalken und Lilien blüh'n,
Dou weiß, dou gale, dou rut;
Vill klejne Blümel de Gräber ömziehn –
Mr denkt dorte gur ne an Tud.

Und wemm'r dro denkt, wos leit denn ou dro?
Su decken s' uns oll amoul zu.
Mich bale, Oich später. Merkt, wos ich Oich so:
Mr sehnt sich zrletzt noch dar Ruh.

Drnouchern ich ou wull mei Gartl ho –
De Loite bleiben drömm stiehn
Und sahn vull Frejden de Blumen o,
die draus su schiene drblühn." – – –

De Grußmutter lange schun draußen leit. –
Uns Ejnöckel olle vrweht
Hout's Laben vu drhejme gur weit;
A dr Walt röm sein mr vrstreet.

Ich kon ne amoul zu dan Grobe gieh'n,
Wu se schläft und kon ou ne sahn,
Öb droffe denn Rusen und Lilien blüh'n,
Kejne Ruhe wöll mr dos gan.

Julius Vatter

Des Räuberhauptmanns Glück und Ende

Motto: Ach, wie liegt so weit, ach, wie liegt so weit, was mein einst war! Rückert

Mei Grußvoter, dar kej klenner Mon wur und miehre wie achtsch Juhre alt gewuren ös, hieß bis zu sann Ende „Voter-Tounel". Mei Voter, sei äl'ster, wur ou grode ne klejne und hieß ou „Voter-Tounel". Wie ich nu of de Walt kom, wieder dr orschte Junge, sollt'ch halt ou Antoun getejft waren. Dou red'te ober meine Mutter ej Wiertel nei und mejnte, se wöll' ne zugan, doß ihr Junge ou zeitlabens a „Tounel" bleiben sol.

Su kom ich zu en andern Nomen. Wu se dan hargenummen hon, wejß ich ne. Moude ös a ne gewast, und ich hotte a manner Kindhejt moncherlej drunder zu leiden.

Dou wur ba Nerhatten of n Vrtel ej aler Lodendiener, dar sote jed'smoul, wenn'ch öm en Kroizer Moschkeblüte, öm en Soffern hullte: „Was sonst , Julius Cäsar?“ Ich woßte zwor ne, war dar Cäsar wur; ober dar Lodendiener wollte mich ok mit mann Nomen ufziehn, dos woßt'ch.

Wie'ch drnou mit dan andern Jungen aus dr Nopperschoft of n Spielplone zusommekom, dou wur n mei Gesöchte zu weiß und mei Nome zu vurnahme, und gur ofte mußt'ch hieren: „A sitt aus wie ejne Quorkschnitte und hejßt Julius.“ Die andern hotten olle, wie se mejnten, orntliche Nomen: Wenzel, Franz, Jusef, Antoun und Korl.

Dar Korl – vu dan'ch dou drzählen wöll – wur dr klennste under uns; mr hießen 'n ou dasterwajgen ok Korlei. A wur ober dr flinkste, und mr mochten ufführen, wos mr wollten, a hotte drzune s mejste Geschöcke.

Ban Rejfentreiben hotte a en Rejfen, dar zweemoul su gruß wur wie ar salber. Wemmer aber mit unsen Rejfen öm de Hoiser joten, doß de drogehangnen Blechel wie lauter Schallen klopperten, und wemmer nou su siehr mit n Polester neischlugen: Korlei wur ömmer dr orschte und kom uns monchmoul schun a dr Drehe wieder adekej, ib mir ok ejmoul röm worn.

Prügelten mr uns – wos ja ofte amoul vierkom – dou wur die klejne Kröte ömmer uben und dar, dan a a dr Packe hott', ömmr unden.

Ban Hoschen wur a ne zu drwöschen. A kom ömmer zor Moule, ib'n enner en Schlag gan konnte.

Weil a ober su flink und ne eizukriegen wur und ok su wie a Pfitschepfeil drhieflug, ös a ou jed'smoul, wemmer Ritters und Räubers spielten, zun Räuberhauptmonne drwählt wuren. Dou wur a su rajcht of sann Plotze. Olle

Knöffe und Schlöche wand a o; de Ritter konnten's ostellen, wie se wollten, a wur ne eizufangen, a kom ömmer drvou. –

Dou krichten se amoul ban Voter vu en Kom'roten ejne Lochter tänne Scheitel, und dr Holzbauer hotte ou ej bössel Tangelst mitte ofn Won geschmössen. Mir Jungen holfen, wie obgeloden wur, de Scheitel eis Färbehoisel tron und ließen uns drfier s Tangelst gan. Aus dan Tangelste bauten mr uns hindern Färbehoisel an Zaume o ejne Hötte, und wie se fertsch wur, mejnte enner: „Jötze warn mr Ritters und Räubers spielen, und dos soll de Räuberhiehle sein." Olle schrieen: „Jeß nej! Ejne Hiehle!" Korlei wur glei vorneweg zun Hauptmonne gemacht; mir andern lusten. Jusef hotte ej Masser mit zweerlej Scholen, enner schworzen und enner lichten. Jeder schmieß dos Masser a de Hieh'; bei dan die schworze Seite fiel, dar schrie vuller Frejden: „Jeß, ej Räuber!" Bei dan de weiße fiel, dar sote biese: „Nej, ok ej Ritter!"

Korlei kruch mit sann Räubern a de Hiehle nei und gob dorte o, wu se hie gerschen und wie se wieder a de Hiehle zrröckekummen wuren. Mir Ritter dorften drvou nischt hieren. Korlei sag houte orntlich ej bössel grisser aus, su strackte a sich vr Frejden und aus Stolze, wal a's sugur zu enner Hiehle gebrocht hotte, wenn a ou drönne ok knien oder kauern mußte. A stackte sich ou ejne Fader aus en Gonsflügel of de Mötze, nohm ejne Schwuppe a de Hand und fuchtelte drmitte a dr Loft röm, wie wenn a olle Ritter drschloun wöllte. Of ejmoul, ib sich's de Ritter vrsagen, broch a mit sann Räubern aus, und fort ging's, wos hoste wos konnste, wie dr Stormwind über de Stoppeln saust, dorch die Gossen, öm de Ecken, über Groben, über Pfötzen – monchmoul ou mötten nei a ejne, doß dr Drajk bis über de Uhren trejtschte! De Ritter ömmer hinten annouch. De Jacken flugen, de Ougen finkelten, de Backen sprühten Foier, und ej Gejuchse und en Töbs gob's, doß de Loite vr dar wölden Jod drschrocken ausananderfuhren. – –

Bale wur dr ejne und dr andre Räuber eigefangen, und die mußten jötze zr Stroufe mitte Ritter waren. Su wuren Ritter ömmer miehre, Räuber winger, bis zu ollerletzt ok Korlei, dr Hauptmon, allejne übrich blieb. Dar kom halt a seine Hiehle, mir Ritter konnten uns die Bejne aus n Oppeln springen! Und ömmer hiehnscher schrie a uns zu: „Na, hott'r miech schun?"

Mr bered'ten uns ober jötze, wie mr Korlein doche kriegen müssen. Mr tejlten uns a zwee Porteien; die ejne sollte 'n Rückwajg zr Hiehle verstellen, die andre Korlein su jon, doß a of en vu dan Wiesengurten nei mußte, die vu dr Wossergosse zwöschen Hoisern und Zoimen nunder zor Neiße rejchten, wu se Wolle ufstreeten und de Wäsche blejchten. Hotten mr'n amoul dou drönne, kom a uns ne mie aus. Zrröcke ließ mr'n ne, a de Neiße unten, bis zu dar de Zoi?? gingen, konnte a ne nei, und übern Zaum konnte a ou ne su geschwinde.

Und röchtsch! Korlei ging doche amoul a ejne sötte Folle. A lief wie a Wieslichen an Zaume dro nunder. Drüber ging's ne , 's fahlte kejne ejntsche Lotte. Schun schrie'n mr olle, a sol sich drgan. Ar aber ömmer nunder an Zaume bis zun Wosser. Dorte schreit a: „Ich drga mich ne!" packt de letzte Zaumlotte und wöll sich übern Wosser röm an andern Gurten schwenken. Uns blieb s Maul offestiehn. Wie a ober schun en Fuß drömmen hotte, knackste of ejmoul de Lotte, und unser Räuberhauptmon plumpste ierschlich as Wosser. Zum Glöcke wur of dr Rahmwiese über dr Neiße drüben grode sei Voter und nohm en Louden runder. Dar hotte oll's gehort und gesahn, a ließ s Tuch Tuch sein und hoppte glei as Wosser annouch und hullte sann Korl wieder raus. Und wie an su übern Orm gelet hejmtrug, ließ Korlei wie tut n Koup und Orm' und Bejne hängen und s Wosser lief ok su vou'n runder wie vu enner Daachtroufe bei en grußen Gewitter.

Mir zugen drhinder har, ließen ou de Keppe hängen, wor'n sehr stölle gewuren und hotten gruße Angst, Korlei könnte tut sein und dou käm mr eis Kriminal, wal mr'n su gejot hotten.

Sei Voter sag sich gur ne öm of uns, trug Korlein eis Haus nei und de Stiege nuf. Mir blieben unten, und enner sote ömmer zun andern: „Gieh ok nuf, sich dr'n o!" 's getraute sich ober lange kenner. Endlich nohmen mr uns, ich und Jusef, ej Harze; mr klinkten uben sachte de Stubentüre uf und drockten uns dorch ejne Spale nei.

Dou lag unser Räuberhauptmon a Voters sann Bette; drbei stond a Spultönnel. Vu Korlein sagen mr ne vill; a stackte bis zun Nosenspötzel under dr Zudecke. Wos mr sagen, wur kaseweiß, und de Hure klabten of n Koppe, und mr horten, wie a ömmer mit n Zänn' klopperte. Seine Kloft hing ban Ufen of enner Stange, und s Wosser troppte über de Ufenbank runder.

Sei Voter, dar a siehr guder Mon wur und ne vill red'te, soß schun wieder hindern Stuhle und schnellte; de Mutter soß ban Bette. Wie mr reikomen, guckte uns Korl o und wollte uns gerne wos son; 's ging ober ne, wal'n zu siehr frur. – Se hotten'n worm Wosser aus n Ufentoppe mit ej bössel Saalze zu trinken gan, und dou wur dos Neißewosser, dos a geschluckt hotte, rausgekummen. Dröm stand ou s Spultönnel ban Bette. – A guckte uns ober wieder o; 's gob'n kejne Ruh'. De Mutter froute: „Wos wöllste denn, Korlei? Bleib ocke stecken!" – Korlei fuhr ober uf ejmoul midn Koppe ganz unter dr Zudecke avier und sote g'schwinde zu uns: „Kricht hott'r miech doch ne!" Dou klopperten ober schun wieder de Zähne, und de Mutter zug de Zudecke wieder ruf.

Mir ober sagen, wu dr Zömmermon s Louch gelossen hout; denn dr Voter, dar sann Schötzen ömmer grömmcher rüber und nüber jote und of uns schielte, fing ötze o zu reden vu vrmoledeiten Jungen, nischtnötzschen, die anander as Wosser jon! Dou drockten mr uns naus, und Ritters und Räubers hon mr su bale ne wieder gespielt.

Julius Vatter

An des Schwesterleins Wiege

'S ös draußen haller Sunnenschein,
Und ich muß ei dr Stube sein!
Schlouf, Rusel, schlouf!
Ok ich muß bei dr Wiege stiehn,
An ogebund'nen Ströckel ziehn.
An Gurten giet a Schouf.
Komroten öm de Fanster jon,
Ihr Juchsen rei ich hieren kon.
Schlouf, Rusel, schlouf!
De Bande hindern Rejfn springt,
Un lostich dro jed' Blechel klingt.
Dei Voter ös a Grouf.
Se hoppen ei de Neisse nei
Und boden; ich bin ne drbei.
Schlouf, Rusel, schlouf!
De Mutter schömpft 'n ganzen Tag,
Wal's Rusel gor ne schloufen mag.
An Gurten gieht a Schouf.
Juchhej! Nu ös mr's doch geglöckt!
Ho's Rusel g'schwind a's Bejn gezwöckt.
Schlouf, Rusel, schlouf!
Se pröllt. De Mutter nömmt se raus
Und ich wusch hortsch zun Tempel naus.
Mei Voter ös a Grouf!
Mei Voter ös a Grouf!
Juchhej!

Julius Vatter

Korlei und de Wosserkonne

Konne lier stieht vr dr Türe,
Korlei sötzt drbei,
Schmaßt se öm und guckt vrwundert
Jötz zun Loche nei.

Röckt sei Keppel ömmer nähnder,
Zwengt und schoibt und dröckt,
Bis 'n endlich neizufuhren
Ei de Konne glöckt.

Drönne wur a. Ober, Jesses!
Raus dr Koup ne gieht.
Korlei pröllt os wie an Spösse,
Zieht, und zieht, und zieht.

Kömmt dr Voter, kömmt de Mutter,
Sahn's, und bejde ziehn;
Wie se Korleis Koup ou wenden,
Raus wöll a ne giehn.

„Louf ok, louf zun Nopper Binder,
G'schwinde ruf 'n röm!"
Glei fährt dar a seine Lotschen,
's Schorzfal hott a öm.

Kömmt und schlät de Rejfn runder;
Korleis Koup wrd frei;
Mutter flennt; Korln zieht dr Voter
Ei de Stube rei.

Drönne sponnt a'n o de Housen,
Macht san Schrocken Loft:
„Wort! Dich lern'ch a Konnen gucken!
Machst De dos nou oft?!!"

Julius Vatter

s Bruthoisel

Warde a rajchter aler Reichenberger ös, dan brauch' ich's ja ne orscht zu drklieren, wos mr under en Bruthoisel vrstieht; ok fr de Ejnöckel und de Fremden wöll ich dos son. S Bruthoisel hieß zu manner Zeit ej hölzerner Schranken, aus wejchen Holze vun Töschler gemacht, weiß oder sunst lichte ogeströchen, a zwee Haupttejle, s niedre und s öbere Hoisel, getejlt, jeder Tejl mit en Türel vrsahn, dos zugesperrt waren konnte. A dr Mötte hotten de Türel ej rundes Louch, über dos ej Sieb genolt wur, su, doß de Luft dorchstreichen konnte. S öbere und s niedere Hoisel wuren wieder mit Quarbratern a zwee, drei Fächer getejlt. Sötte Bruthoisel stonden bei uns zwee an Hause – hoite wier' mr an Vurhause son – dos vun Vetter und unses, jed's ne weit vu dr Stubtüre.

Unses hotte de Mutter, wie se n Voter gehejrot't hotte, mit eigeroimt, und ba dan Bruthoisel stond Tag fr Tag früh, wenn de Schule aus wur, de ganze klejne Haard, ou die, diede noune a de Schule gingen, öm de Mutter röm. Dou hing ejs a dr Schorze, dorte zug ejs an Rocke, und olle wollten ihre Schnitte hon. „Mir ejne gruße!" „Mir rajcht döcke geschmiert!" „Ok mir zu ollerorscht; ich hou gur su vill Hunger!" schrie'n se dorchananander. Und de Mutter nohm s Brut raus und stemmte's a de Brost o und schnitt ejne Schnitte öm de andere, grissere fr de Grußen, klennere fr de Klenn und en Schiefer fr de Klennste, und schmierte Botter druf oder Fetten oder ou Schmarunks oder Quork, bis olle die klenn Schreihälse zufrieden wor'n. Zu ollerletzt nohm sich ou de Mutter ihren Tejl, und monchmoul kom ou dr Voter hinder sann Wollelasstösche oder hindern Stuhle avier und hullte sich ou seine Schnitte. Ober Mutter und Voter ließen sich kejne Zeit, dos Stöckel Brut ruhig zu assen; se gingen glei wieder a ihre Orbeit und konnten ok su nabenbej monchmoul en Bössen obbeißen.

Freilich gob's a dan Bruthoisel, wie mr sich denken kon, ne ok grode Brut und Botter. Dou wor'n nou moncherlej Dinge drönne, wie mr se zur Köcherei brauchte. Dou stonden z. B. a en Fache de Mölchtöppel a Reih' und Glied. Nu ja, de Milchfraue kom ja glejb'sch ok zweemoul ei dr Woche, und dou wur de Mölch, die se gebrocht hotte, jed'smoul fr suundsuvill Koffeje eigetejlt, a su vill gleiche klejne Töppel geschütt und drönne ufgekocht. Naben dr Botter gob's an Hoisel monchmoul en Toup mit Fetten. Su hieß mr korzweg s Schweinefett. Öm dr Krms und Weihnachten röm ou en Toup mit Gonsfetten; ou ej Plätschel mit fertscher Eibrenne fahlte ne. Vun Schmarunkse und n Quorge ho ich ja schun geredt. Ou dr Prosselbiertopp wur dou mit sann Vourroute fr n ganzen Winter of Prosselbiertunke, diede zum Ejerkuchen ne fahlen dorfen. Drnou ej Toup mit Mahl, wu ej bejnerner Leffel drönne stackte, dan dr Voter vu sanner Wanderschoft mit hejmgebrocht hotte. Ou ejne Essichflosche und ej Flaschel Profanzeröle stond a en Winkel, wie mr's zun Hejtel und Gorksolote brauchte. An niedern Hoisel wor'n Dinge, vu dan mr ne su ofte nohm oder die miehre Plotz brauchten: su ej ganzes dreizöppliches Sackel Mahl, ej Toup mit eigedrockter Botter, ej Sieb mit Ejern, a Siede eigelet. Ou weiße Fisoulen, Erbsen, Lönsen, Hiersche, Gries, Graupe und sött Zoig wur dou zu finden. Ober s Brut wur halt doch de Hauptsache, und dos Böld wie de Mutter, kräftsch und gesund, mir und mann Schwastern s Brut ban Bruthoisel austejlte, dos Böld stieht hoite nou vr mir, ich sah's ömmer wieder, wenn ich dos ale Bruthoisel osah, und dos; kon ich olle Tage. Denn Voter und Mutter sein wull tut, ou vu dan Schwastern ös ejne gestorben, ich salber bin ej aler Grußvoter gewuren, dar a dr Walt römgekummen ös und jötze ei Wien draußen sötzt, ober unser Bruthoisel labt nou und ös nou ba mir.

Wie sich de Mutter endlich ihre Ruhe vrgunnt hout und zu enner Schwaster gezoun ös, vrtejlte se ihre Sachen, und mir schöckte se mit andern Zoige ou s ale Bruthoisel. Se hotte's schiene harröchten und noi ostreichen lossn, und su gönnt n denn ou meine Froue ej Platzel, wenn's ou ne ganz mit unser andern Eiröchtung stömmte. Und su wanderte s Hoisel mit uns, und wie ich miech salber zur Ruhe sotzte und of Wien naus zug, hotte ich ja zuvure moncherlej lusgeschlon, ober s ale Bruthoisel nohm mr mit.

Su ös denn dos ale Reichenberger Bruthoisel, dos bis zu Voters Tude a mann Gebortshause ei Reichenberg of n Vrtl gestanden ös, bis of Wien naus gekummen, und wie a manner Kindhejt ös drönne unser Brut vrwuhrt. Mir ober macht's de grißte Frejde, salber zum Hoisel zu traten und mir ejne Zahneschnitte zu hullen, denn dou sah ich wieder meine Mutter vr mir und naben ihr mit a pur flachskepp'schen Madeln en klenn Jungen, mit langen lichten Huren, da gur kräftsch a seine Schnitte baßt, und dar klejne Junge wur – ich.

Freilich, su neibeißen kon'ch hoite ne mie. Mit dan drötten Zänn muß mr sich miehre achtschegan wie mit dan orschten und zweiten. Ober mr muß ja nou fruh sein, daß en hoitzutage nou a drött'smoul Zähne wachsen. Wenn'ch dou a meine Stejnbruchgrußmutter denke, wos hout die ne ömmer gewichert, doß se kejne Kroste mie beißen kon! An Biere hout se sich se eigewejcht, und dou hout se oubends ömmer nou bis zun Schloufengiehn dro geknoifelt. Dou sei' mr ja doch hoite besser dro. Dröm, wenn'ch ou gerne vu alen Zeiten drzähle, su hütt'ch mich wull, oll's Ale zu louben, und so ne: „Ja, die Juhre, die Juhre, Jumpfer Orschel, dou wor'n nou andre Zeiten!“

Ja ober, öm noch ejmoul of unser Bruthoisel zu kummen: 's sitt ganz drnouch aus, ols wenn's miech überlaben wöllte. Wos drnou mid n waren wrd, wejß'sch freilich ne. De Kinder, ja die warn's wull ne miegen. Mei Gout! die sein nou vill vurnahmer gewuren; dou kon mr su wos ne vrlangen. S' möchte ja gur zu siehr obstechen vu dan, wos jötze de Töschler dou ei Wien gebaut hon. Ja, mei Hoisel, dou wrschte wull of n Tandelmort wandern! Ober mach' dr ok nischt draus! Dorte sitt und kejft dich villeicht ei ormer Familienvoter, und dou kon de Geschöchte vu vorne ogiehn, und wieder konnste öm diech a Hoifel hungriche Kinder stiehn san und möttend drunder ejne Mutter, die mit Brutschnitten de klenn Moiler stoppt.

Julius Vatter

An Pölzen

De Sunne brannte,
Kej Löftl ströch,
Kej Blatl sich wandte,
Kej Zweigel wöch,
Kej Vougel piepste an Boume,
Jed' Wrml lag wie an Troume.

A de Pölze zugen
Mir Kinder naus;
Gedanken flugen
An Pusch vuraus,
Wu an Mouse de Braunkoppen stecken
Und de Göftschen su potzich sich recken.

Jeds kruch allejne
A d' Föchtel nei!
Glei vorne an Rejne
Wur 's orschte Geschrei:
„En Pölz! Ich ho en gefunden!"
Dar wrd eis Tüchel gebunden.

An Döckchte drönne
Kej Wag, kej Stag;
Off'n Bauche hönne
A jeder lag;
De Housen krachten ban Pöcken –
De Mutter wrd se schun flöcken.

Mr nohmen klejne,
'n Fladrich ou,
Oupinkel kejne,
– 's wrd nischt drvou –
Su Höckel und Körbl mr föllten,
Drnou mr 'n Hunger orscht stöllten.

Ban Flessel mr soßen
Und ruhten uns aus;
Ejne Schnötte mr oßen,
Und 's Nuschfickel raus
Nohm jeder mit frejdschen Gefühle,
Beschnött und putzte de Stiele.

De Juppe zrrössen,
's Gesöchte zrkrotzt,
De Housen beschössen,
De Pfuckschuh geplotzt,
Ging's müde hejm, wie de Schnecken. –
„De Pölzsoppe wrd ober schmecken!"

Ihr Juhre dr Kindhejt . . .

Ihr Juhre dr Kindhejt, wu satt'r denn hie,
Wujch ho of n Vrtel gespielt?
Wu satt ihr Kom'roten, ihr kennt miech ne mie,
Mit dan'ch miech gebolgt und gesiehlt!

Ihr bliebt wull drhejme; ok ich mußte naus,
Ei dr Fremde mir suchen mei Brut.
Jung mußt' ich schun ziehn aus dr Votrstoodt raus,
Wie's hieß: dei Voter ös tut.

Dou wur of ejmoul de Frejde vrbei
Und s Spielen nohm g'schwinde ej End'.
Vu dan lieben Urt ei de Walt ging's nei;
Monch Tranel hojch dou geflennt.

Nu bin ich gewuren ej aler Mon,
Dar trof ei dr Fremde sei Glöck;
Doch denk'sch, su lang ich nou denken kon,
Of diech, of mei Vrtel, zuröck.

Und oich, ihr Kom'roten dr Kinderzeit
– Kennt ihr miech ou lange ne mie
Und sein aus ainander mr nou su weit –
Vrgassen war ich oich nie!

Julius Vatter

A Gruß a de Hejmcht

Wenn dor Wind gieht und de Wolkn
Off de Hejmcht zu ziehn,
Bleib ich immor ejne Weile
Off dor Stroußе stiehn:
Denn mir ös's, oals wärrn doas Tränen,
Die mor hoann geflennt,
Seit mor uns vo unsor Hejmcht
Mutwill'ch hot getrennt.
Und ich gah dan schwoarzn Wolkn
Liebe Grißе mit
A mei Häusl und a oalles,
Woas mor sonst nou sitt.
Und wenns rann tutt off mei Häusl
Und off Buusch und Fald,
Wejß ich, doaß die Wolkn sichor
Hoann menn Gruuß bestallt.

Adolf Scholz

Die Heimat ist nicht alles, aber doch das Wurzelwerk, aus dem der Weltbaum aufsteigt. Weder Heimatliebe als Weltflucht, noch Allerweltsliebe aus Geringschätzung der Heimat sind gut. Wohl ist Heimatbildung nicht Selbstzweck; sie soll aber zur Ehrfurcht vor der Heimat führen. Und einen Weg zu dieser müssen wir suchen, der auch für jene Volksgenossen gangbar ist, die ihr entfremdet sind. Weltliebe mit der Heimat im Herzen soll uns das Höchste sein.

G. Leutelt

Inhaltsverzeichnis:

Durch das Land

Sagen aus dem Isergebirge

Du liebe Heimatsprache

– Gedichte und Geschichten in Isergebirgs-Mundart